民法(債権関係)改正法案の〔現・新〕条文対照表

〈条文番号整理案付〉

加賀山 茂 編著

信山社

はしがき

　「民法」は、「市民生活の基本法」とか、「市民生活の憲法」ともいわれており、法令の中でも、その長い歴史と1044条に及ぶ量と質の観点から、最も重要な法律の一つとされている。その民法（1896（明治29）年に制定・公布）について、債権法を含む財産編の約120年ぶりの大改正が予定されている。

　この大改正、すなわち、民法（債権関係）改正の経緯を振り返ってみると、2009（平成21）年10月28日法制審議会総会での法務大臣の諮問（法制審諮問第88号）がその出発点といえよう。この諮問において、「民事基本法典である民法のうち債権関係の規定について、同法制定以来の社会・経済の変化への対応を図り、国民一般に分かりやすいものとする等の観点から、国民の日常生活や経済活動にかかわりの深い契約に関する規定を中心に見直しを行う必要があると思われるので、その要綱を示されたい。」との改正の指針が示された。それと同時に、民法（債権関係）部会が設置され、それ以来、現在までに、5年を超える審議がなされてきた。

　具体的には、2011（平成23）年4月に「民法（債権関係）の改正に関する中間的な論点整理」、2013（平成25）年2月に「民法（債権関係）の改正に関する中間試案」、2014（平成26）年8月に「民法（債権関係）の改正に関する要綱仮案」、そして本年2月10日には要綱案が承認され、2月24日には、「民法（債権関係）の改正に関する要綱」が採択されて、いよいよ3月31日に「民法の一部を改正する法律案」が、国会に提出（189閣法63号）され、7月11日現在、その成立を待っている状況である（現在、国会で審議されている民法改正案については、法務省ホームページ（http://www.moj.go.jp/MINJI/minji07_00175.html）で公開されている）。

　　　　　　　　　　＊　　　＊　　　＊

　本書は、その法務省ホームページの中でも、現行民法がどのように改正されるのかが分かると思われる「新旧対照条文」（出版物としては、商事法務編『民法（債権関係）改正法案新旧対照条文』（2015年5月25日刊）がある）について、

単なる条文番号に基づく比較ではなく、内容面から現行法の条文と改正法案の条文を対照し、現行法から何がどのように変わるのか、より分かりやすくすべく、大幅に編集を加えたものである。

　全体構成としては、おもて表紙からは、現行法の条文から改正法案の条文を検索できる「序」と第Ⅰ部と第Ⅱ部が、また、裏表紙からは、改正法案の条文から現行法の条文を検索できる第Ⅲ部が掲載されている。

　第Ⅰ部「〔現・新〕条文番号対照表」では、現行民法の条文をベースに、条文番号と条文見出しについて、現行法の条文と改正法案の条文の比較をした対照表が、全体の詳細目次の役割を果たすとともに、現行民法のどこが削除や改正されたのか、また、どの条文が新設される予定なのかが、一目瞭然となるように工夫している。

　第Ⅱ部「現行民法(現)と改正法案(新)との対照表〔条文番号整理案付〕」では、〈条文番号をなるべく変更しない〉という方針に基づく「条文番号整理案」を提示し、また合わせて、現行条文（現）と改正法案（新）とを条文内容で比較した対照表を掲載している。

　第Ⅲ部「法務省版新旧対照条文と編者による内容対照・コメント」では、法務省が作成した、改正法案(新)と現行法(現)の比較対照条文をそのまま活かしつつも、最下段に、もう一段を追加し、その段において、比較対照条文の誤りの修正、改正法案の問題点の指摘、内容を修正すべき代案とその理由等の筆者のコメントを付した。

　特に、中心となる第Ⅱ部においては、従来の貴重な文献・判例との連続性を保持するために、(1)条文番号をなるべく変更しないようにするための「条文番号整理案」を付し、その方針の下で、(2)現行条文と改正法案とを正確に対照し、また、現行条文が変更されたのかどうかをわかりやすくするために、(3)変更を受けていない現行条文の見出しを明記し、しかも、立法の行き過ぎと思われる最小限の箇所について、(4)修正すべき代案とその理由を付している。

＊　　＊　　＊

　現在、国会では、安全保障関連法案をめぐる国会審議が大詰めを迎え、学問の世界でも、憲法学、国際政治学等々から、広く、激しい議論が展開されてい

る。しかしながら、「市民生活の憲法」ともいわれる民法の大改正については、そのような激しい議論が沸き起こる気配が感じられない。

　今から120年前に民法が制定される際には、「民法出デテ忠孝亡ブ」とのスローガンによって、国を二分する激しい「法典論争」が生じ、「旧民法」から「現行民法」へとつながる道が開かれた。もっとも、この「法典論争」については、感情的で中傷的な議論の応酬等、負の側面も指摘されているが、「法典論争」の結果として1893（明治26）年3月25日に内閣に設置された法典調査会における理性的で建設的な議論は、今なお、法律学の宝となっている。

　現行民法と改正法案との内容による比較対照を行った本書の出版が契機となって、今回の民法（債権関係）改正について、国会においても、学界においても、さらに、市民の間においても、改正内容の適否にまで踏み込んだ議論が展開され、理性的で平和的な「新・法典論争」が沸き起こることを期待している。

＊　　＊　　＊

　民法（債権関係）改正に関する出版物に関しては、現在のところ、法務省版（(株)商事法務刊）が一人勝ちの様相を呈している。本書は、そのような状況の中で、民法の新旧対照条文という最も基本となる問題についてさえ、全く異なる観点から民法（債権関係）改正に関する書物を出版することが可能となることを示そうとする最初の試みである。法務省版に異議を申し立てるという、ある意味で危険を伴う出版にもかかわらず、快く引き受けていただいた信山社に深く感謝するとともに、このような出版が、他の出版社からも相次ぐことを願っている。

2015年7月11日

加賀山　茂

目　次

◆ 序 ──────────────────────────────── 1

　　◆　1　新旧条文対照表のあるべき姿（3）
　　◆　2　法務省作成の新旧対照条文に存在する数多くの欠陥（3）
　　◆　3　正確でわかりやすい新旧対照表の作成の必要性（3）
　　◆　4　条文番号は法曹の宝であり、むやみに変更すべきではない（4）
　　◆　5　新旧条文の対照表の作成方針（5）
　　◆　6　素人でも誤りのない新旧対照表を作成できる方法（10）
　　◆　7　「法務省・新旧対照条文」の新旧対照の体をなしていない部分の責任の所在（12）

◆ 第Ⅰ部 ◆　〔現・新〕条文番号対照表 ──────────── 15

◆ 第Ⅱ部 ◆　現行民法(現)と改正法案(新)との対照表
　　　　　　〔条文番号整理案付〕────────────────── 53

────── ・ ─ ・ ──────

◆ 第Ⅲ部 ◆　法務省版新旧対照条文と編者による内容
　　　　　　対照・コメント ─────────────────── 326
　　　　　　　　　　　　　　　　　（縦書裏表紙より　1～147）

◆ 序 ◆

〈目　次〉

1　新旧条文対照表のあるべき姿……………………………………… 3
2　法務省作成の新旧対照条文に存在する数多くの欠陥…………… 3
3　正確でわかりやすい新旧対照表の作成の必要性………………… 3
4　条文番号は法曹の宝であり、むやみに変更すべきではない…… 4
5　新旧条文の対照表の作成方針……………………………………… 5
　　A　新条文と最も密接な関連を有する旧条文の選定（5）
　　B　修正か新設かの区別の明示（6）
　　C　削除条文の保持による他の条文の条文番号の変更の回避（9）
6　素人でも誤りのない新旧対照表を作成できる方法……………… 10
7　「法務省・新旧対照条文」の新旧対照の体をなしていない部分の
　　責任の所在……………………………………………………………… 12

1　新旧条文対照表のあるべき姿

　法律が改正される際の関心事は、「どの条文がどのように変化したのか」である。すなわち、第1に、どの条文が不要となって削除されたのか、第2に、どのような条項が必要とされて新設されたのか、第3に、どの条文がどのように修正されたのかという3点である。

　これらの問題のすべてに応えるのが、理想的な新旧条文対照表である。逆からいうと、新旧条文対照表とは、第1に、どの条文のどの条項が削除されたのか、第2に、どの条文または条項が新設されたのか、第3に、どの条文のどの条項が修正されたのか、修正された場合は、どの部分がどのように修正されたのかを示すものでなければならない。

2　法務省作成の新旧対照条文に存在する数多くの欠陥

　この観点から、法務省が作成して国会に提出し、法務省のホームページに掲載されている「民法の一部を改正する法律案新旧対照条文」（本書第Ⅲ部『新旧対照表』上2段に収載。以下では、「法務省・新旧対照条文」という）を見てみよう（http://www.moj.go.jp/content/001142671.pdf）。

　法務省・新旧対照条文を仔細に検討してみると、多くの箇所（時効（16頁～21頁）、連帯債務者の一人との間の免除等と求償権（53頁）、債権譲渡における相殺の抗弁（73頁）、弁済の充当（82頁～83頁）、契約の成立（100頁～102頁）、契約の解除（107頁～108頁）、売主の責任（113頁～117頁）、消費貸借（120頁）、使用貸借（122頁～123頁）、賃貸借（129頁～130頁）、請負人の責任（132頁））において、改正案の欄の新条文と現行法の欄の旧条文とがうまく対応しておらず、どの旧条文がどのように修正されて新条文となるのかがわかりにくいという致命的な欠陥を有していることが明らかとなる。

3　正確でわかりやすい新旧対照表の作成の必要性

　そこで、どの条文がどのように変化して新条文が形成されているのがよくわかるようにするため、本書第Ⅰ部、第Ⅱ部では、改正案の欄の新条文に対応する適切な現行条文を現行法の欄に配置し直すとともに、第Ⅱ部では、変更されたすべての条文とその見出し（全く変更されていない章・節・款を除く）を明示し、かつ、削除された条文と条項をも省略せずに明記した。これによって、

表1　適用頻度20位

適用頻度順	条文(民法)
1	第722条
2	第415条
3	第90条
4	第541条
5	第95条
6	第601条
7	第110条
8	第416条
9	第724条
10	第616条
11	第424条
12	第423条
13	第446条
14	第478条
15	第467条
16	第465条
17	第666条
18	第466条
19	第166条
20	第505条

「法務省・新旧対照条文」よりも、正確でわかりやすい新旧条文対照表となり、ここに『民法(債権関係)改正法案の〔現・新〕条文対照表〈条文番号整理案付〉』を公刊することにした。

本書第Ⅱ部「現・新条文対照表」(以下において、「現・新条文対照表」という)の詳細な作成方針は、項を改めて詳しく説明するが、新旧条文の対照表を作成してみると、民法の一部を改正する法律案の条文番号のつけ方は、条文を対照する上で不適切であることがわかる。このため、新条文の条文番号については、統一的な編集方針に基づいて、わかりやすい条文番号を対案として付記することにしている。

4　条文番号は法曹の宝であり、むやみに変更すべきではない

民法は、わが国の民事基本法典であり、法律専門家にとっては、条文内容だけでなく、条文番号さえもが、お互いのコミュニケーションを迅速に行う上で、貴重な財産となっている。

戦後から2014年末までの70年間において、裁判所によって、民法の条文が、どれほどの頻度で適用されたかを判例データベースで検索し、整理してみると、どの条文が民事裁判でよく利用されているかがよくわかる。

民法の条文のうち、今回の民法改正の対象となっている条文に限定して、その適用頻度順に条文番号を20位まで並べてみると、表1のようになる(圧倒的な適用頻度を誇る民法709条など、今回の改正の対象となっていない条文は除外している)。

以上のような適用頻度の高い条文については、法律専門家であれば、その条文番号を挙げるだけで、その内容がお互いに理解できるのであり、この意味で、民法の条文番号は高い価値を有している。

幸いにして、今回の「民法の一部を改正する法律案」(平成27(2015)年3月31日国会提出)においては、これらの適用頻度ベスト20の条文番号が変更され

ることなく保持されたが、条文番号は、なるべく変更しないようにすることが重要である。上記に示したような、適用頻度ベスト20というような統計的な分析も、条文番号が変更されると、不可能となってしまうからである。

そこで、本書第Ⅱ部「現・新条文対照表」においては、条文番号の変更は最小限にとどめるという方針の下に、第1に、**新設条文は、枝番号として表記し、**第2に、**削除条文の条文番号を保持し**、他の条文への影響を極力回避している。

「法務省・新旧対照条文」が新旧条文の対照を誤っている箇所のすべてについて、本書第Ⅱ部「現・新条文対照表」が、わかりやすい新しい条文番号を提言として付記しているのは、そのような方法によれば、素人であっても、新旧条文の対比の際の誤りを簡単に回避することができると考えられる。このような旧条文の条文番号を変更しないという方法で民法改正を行うべきであるという提案に対して、大方の賛同を得ることができれば、幸いである。

5　新旧条文の対照表の作成方針

A　新条文と最も密接な関連を有する旧条文の選定

条文の新旧対照表は、表面的な条文番号で比較するのではなく、条文見出し、または、条文の内容から、新条文に対応する旧条文を選別し、対比すべきである。

単に条文の番号が同じものを対比すればよいというものではない。例えば、「法務省・新旧対照条文」の10頁を見てみよう。

表2の最初の段の改正案の欄に記載されている（新）第105条（法定代理人による復代理人の選任）に対応する条文として、現行法の欄には、（現行）第106条（法定代理人による復代理人の選任）が掲載されている。

もしも、条文番号だけで判断するのであれば、改正案の欄の新条文第105条に対応するのは、（現行）第105条（復代理人を選任した代理人の責任）であるが、単純に旧条文を掲載したのでは、新旧対照の意味をなさない。この意味で、「法務省・新旧対照条文」10頁は、新旧条文の対照表として、正しい姿を示している。

この続きの段を見ても、改正案の欄の（新）第106条（復代理人の権限等）に対応する条文として、現行法の欄には、（現行）条文の第106条ではなく、旧条文の第107条（復代理人の権限等）が正しく対比されている。

表2 「法務省・新旧対照条文」10頁

改正案	現行
（法定代理人による復代理人の選任） 第105条　法定代理人は、自己の責任で復代理人を選任することができる。この場合において、やむを得ない事由があるときは、本人に対してその選任及び監督についての責任のみを負う。	（法定代理人による復代理人の選任） 第106条　法定代理人は、自己の責任で復代理人を選任することができる。この場合において、やむを得ない事由があるときは、前条第1項の責任のみを負う。
（復代理人の権限等） 第106条　（略） 2　復代理人は、本人及び第三者に対して、その権限の範囲内において、代理人と同一の権利を有し、義務を負う。	（復代理人の権限等） 第107条　（略） 2　復代理人は、本人及び第三者に対して、代理人と同一の権利を有し、義務を負う。

　これが、新旧条文対照表の第1の基本方針とされるべきである。すなわち、新旧条文の対照表は、単に、条文番号の同じものを対比するのではなく、原則として、条文見出しが同じか、よく似ている等、もっとも密接な関連を有する条文を対比しなければならない。

　B　修正か新設かの区別の明示

　「法務省・新旧対照条文」の4頁を見てみよう。民法総則の第2章(人)の第二節に意思能力の規定が、以下のように新設されている。

第2節　意思能力
　第3条の2　法律行為の当事者が意思表示をした時に意思能力を有しなかったときは、その法律行為は、無効とする。

　この規定が新設規定であることは、条文が枝番号となっていることでよくわかる。もしも、この規定を第4条（意思能力）として新設したとすると、従来の条文の第4条（成年）以下の条文番号がすべて一条ずつ増えることになる。
　この点からも、この条文を「第4条」とするのでなく、「第3条の2」としたのは、妥当である。
　しかし、この改正法案も、節の番号を「第2節」とした点については、問題が残されている。
　もしも、この節を枝番号にしたらどうであろうか。すなわち、「第1節の2

意思能力」としたとする。そうするならば、第2節（行為能力）、第3節（住所）、第4節（不在者の管理及び失踪の宣告）、第5節（同時死亡の推定）の節は、その番号を変更する必要がなくなる。

改正法案のように、節の番号を1つずつ増やして、第3節（行為能力）、第4節（住所）、第5節（不在者の管理及び失踪の宣告）、第6節（同時死亡の推定）へと改正する手間も省けたはずである。特に、第4節（住所）、第5節（不在者の管理及び失踪の宣告）、第6節（同時死亡の推定）は、それぞれの節に属するすべての条文について、なんらの変更も行っていないのであるから、節番号だけを変更する必要性は、そもそも、存在しなかったと思われる。

このように考えると、(新)第3条の2が属する節の番号も、「第2節」と変更するのではなく、「第1節の2」とするのが適切であったと思われる。

ところで、節の番号だけでなく、新設の条文を枝番号にしないと、単なる修正なのか、完全な新設規定なのかがわかりにくいという問題点を生じる。

その典型例として、表3「法務省・新旧対照条文」16-17頁を見てみよう。

表3 「法務省・新旧対照条文」16-17頁

改正案	現行
（裁判上の請求等による時効の完成猶予及び更新） **第147条** 次に掲げる事由がある場合には、その事由が終了する（確定判決又は確定判決と同一の効力を有するものによって権利が確定することなくその事由が終了した場合にあっては、その終了の時から6箇月を経過する）までの間は、時効は、完成しない。 　一　裁判上の請求 　二　支払督促 　三　民事訴訟法第275条第1項の和解又は民事調停法（昭和26年法律第222号）若しくは家事事件手続法（平成23年法律第52号）による調停 　四　破産手続参加、再生手続参加又は更生手続参加 2　前項の場合において、確定判決又は確定判決と同一の効力を有するものによって権利が確定したときは、時効は、同項各号に掲げる事由が終了した時から新たにその進行を始める。	（時効の中断事由） **第147条** 時効は、次に掲げる事由によって中断する。 　一　請求 　二　差押え、仮差押え又は仮処分 　三　承認

表3の改正案の欄に記載されている(新)第147条（裁判上の請求等による時効の完成猶予及び更新）に対して、現行法の欄では、全く的外れの（現行）第147条（時効の中断事由）が記載されている。

表4 「法務省・新旧対照条文」17-18頁

改正案	現行
（強制執行等による時効の完成猶予及び更新） 第148条 次に掲げる事由がある場合には、その事由が終了する（申立ての取下げ又は法律の規定に従わないことによる取消しによってその事由が終了した場合にあっては、その終了の時から6箇月を経過する）までの間は、時効は、完成しない。 　一　強制執行 　二　担保権の実行 　三　民事執行法（昭和54年法律第4号）第195条に規定する担保権の実行としての競売の例による競売 　四　民事執行法第196条に規定する財産開示手続 2　前項の場合には、時効は、同項各号に掲げる事由が終了した時から新たにその進行を始める。ただし、申立ての取下げ又は法律の規定に従わないことによる取消しによってその事由が終了した場合は、この限りでない。	（時効の中断の効力が及ぶ者の範囲） 第148条　前条の規定による時効の中断は、その中断の事由が生じた当事者及びその承継人の間においてのみ、その効力を有する。

　同様にして、次に、表4「法務省・新旧対照条文」17-18頁を見てみよう。

　表4の改正案の欄にある新設条文である第148条（強制執行等による時効の完成猶予及び更新）に対して、現行法の欄では、これも的外れの(現行)第148条（時効の中断の効力が及ぶ者の範囲）が記載されている。

　ここから、以下に述べる、玉突き状態の誤りが次々に生じている。

　第1に、(新)第148条の現行法の欄に記載されている(現行)第148条は、20頁の(新)第153条（時効の完成猶予又は更新の効力が及ぶ者の範囲）と対応するものであり、本来ならば、20頁の(新)第153条の現行法の欄に記載されるべきものである。

　第2に、20頁の(新)第153条の現行法の欄に、(現行)第153条（催告）が記載されているのも、誤りであり、この(現行)第153条（催告）は、18頁の(新)第150条（催告による時効の完成猶予）の現行法の欄に記載されるべきである。

　第3に、18頁の(新)第150条の現行法の欄に記載されている(現行)第150条（支払督促）も誤りであり、これは、16-17頁の(新)147条1項2号（支払督促）の現行法の欄に記載されるべきである。

　第4に、16頁の(新)147条に対応する旧条文として現行法の欄に記載されている(現行)147条（時効の中断事由）は、これだけでは、不十分である……というように、とどまることをしらないほどの誤りの連鎖が、次から次へと生じて

いるのである。

　「法務省・新旧対照条文」が、玉突き状態ともいえる連鎖的な誤りに陥っている原因は、新設条文を素直に枝番号として記載せず、全く関係のない条文に上書きをしているからである。

　ここで、はじめに戻って、考えてみよう。「法務省・新旧対照条文」17頁の（新）第148条は、新設条文なのであるから、従来の条文に上書きするのではなく、枝番号にして、第149条の2（強制執行等による時効の完成猶予及び更新）とすべきであった。そうしておけば、それに対応する旧条文は存在しないのであるから、下段に（現行）第148条（時効の中断の効力が及ぶ者の範囲）を記載するという重大な誤りを回避することができ、その後の重大な誤りの連鎖も回避できたはずである。

C　削除条文の保持による他の条文の条文番号の変更の回避

　「法務省・新旧対照条文」16頁〜24頁における新旧条文の対応に関する玉突き状態の誤りが生じた原因は、先にあげたように、新設条文である（新）第148条（強制執行等による時効の完成猶予及び更新）を枝番号とせず、それとは無関係の（現行）148条（時効の中断の効力が及ぶ者の範囲）に上書きを行ったことに起因している。

　しかし、そもそもそのような上書きを行った理由は、実は、（現行）第147条（時効の中断事由）を削除したにもかかわらず、そのことを正直に規定しなかったことから問題が生じているのである。

　このように、削除条文を明確にし、歴史を尊重するという精神に基づいて、削除した条文を永久欠番として、記録から消さずに尊重していたならば、間違いは回避できたのである。

　すなわち、第1に、条文を削除する場合には、それを永久欠番として記録にとどめる、第2に、新設条文は、枝番号とする。以上の2つの方針を貫くならば、現行条文の削除によっても、また、新条文の追加によっても、他の条文番号に影響を与えることを回避できるため、新旧条文対照表に誤りが生じる危険性は、ほとんどなくなる。

　例えば、時効に関する第147条以下の新旧対照は、「法務省・新旧対照条文」が連鎖的な誤りに陥っているのとは異なり、次頁の表5のように誤りのないものとなる。

表5　条文番号を変更しない方針の下での改正案の対照表の一例（条文見出しのみ）

改正案〔条文番号整理案〕	現行
第147条〔改正案では、表示せず〕削除	第147条（時効の中断事由）
第148条〔改正案では、20頁の第153条〕（時効の完成猶予又は更新の効力が及ぶ者の範囲）	第148条（時効の中断の効力が及ぶ者の範囲）
第149条〔改正案では、16頁の第147条〕（裁判上の請求等による時効の完成猶予及び更新）	第149条（裁判上の請求）
149条の2（新設）〔改正案では、17頁の第148条〕（強制執行等による時効の完成猶予及び更新）	
第150条から第152条まで　削除〔改正案では、18-20頁〕	第150条（支払い督促）削除 第151条（和解及び調停申立て）削除 第152条（破産手続参加等）削除
第153条〔改正案では、18頁の第150条〕（催告による時効の完成猶予）	第153条（催告）
第154条〔改正案では、18頁の第149条〕（仮差押え等による時効の完成猶予）	第154条（差押え、仮差押え及び仮処分）
第155条〔改正案では、21頁の第154条〕	第155条
第155条の2（新設）〔改正案では、18-19頁の第151条〕（協議を行う旨の合意による時効の完成猶予）	
第156条〔改正案では、19頁の第152条〕（承認による時効の更新）	第156条（承認）
第157条〔改正案では、21頁の第155条から第157条まで〕削除	第157条（中断後の時効の進行）削除

6．素人でも誤りのない新旧対照表を作成できる方法

　先に、表2（本書6頁）において、「法務省・新旧対照条文」の10頁を取り上げ、改正案の欄が第105条であるのに対して、現行条文の欄が第106条であるのは、それぞれが最も密接な関連を有しているから正しく、また、改正案の欄が第106条であるのに対して、現行法の欄が第107条であるのも、同様の理由で正しいと述べた。

　しかし、（新）第105条に対して（現行）第106条を対比しなければならず、（新）

第106条に対して(現行)第107条を対比しなければならないというのは、ある程度の法律知識がある者でなければ、実現できない。

　ここで、原則に立ち返って、「なぜ、違う条文番号の条文同士を対照しなければならないのか」という理由を探求してみると、ここでも、「法務省・新旧対照条文」の新旧対照の編集方針が一貫性を欠いているために、複雑な問題が生じていることがわかる。すなわち、「法務省・新旧対照条文」の10頁において、新旧対照条文の条文にずれが生じている原因は、実は、10頁の最初において、(現行)第105条(復代理人を選任した代理人の責任)が削除されたからである(この条文は、第644条の2として、実質的な復活を遂げている)。

　もしも、本書第Ⅱ部「現・新条文対照表」の編集方針のように、第1に、削除条文を削除条文として保持し、第2に、新設条文は、枝番号として明らかにするという方針を一貫させるならば、「法務省・新旧対照条文」10頁が、削除した(新)第105条に、(新)第105条を上書きするという、無駄な作業(むしろ、貴重な民法の歴史を抹消するという有害な作業)を行っているのとは異なり、新旧条文の対照において、対照条文の条文数にずれが生じることはなく、した

表6　「法務省・新旧対照条文」10-11頁の改定

改正案〔条文番号整理案〕	現行
第105条　削除	第105条(復代理人を選任した代理人の責任)
(法定代理人による復代理人の選任) 第106条〔改正案では、第105条〕 　法定代理人は、自己の責任で復代理人を選任することができる。この場合において、やむを得ない事由があるときは、本人に対してその選任及び監督についての責任のみを負う。	(法定代理人による復代理人の選任) 第106条　法定代理人は、自己の責任で復代理人を選任することができる。この場合において、やむを得ない事由があるときは、前条第1項の責任のみを負う。
(復代理人の権限等) 第107条〔改正案では、第106条〕　(略) 2　復代理人は、本人及び第三者に対して、その権限の範囲内において、代理人と同一の権利を有し、義務を負う。	(復代理人の権限等) 第107条　(略) 2　復代理人は、本人及び第三者に対して、代理人と同一の権利を有し、義務を負う。
(代理権の濫用) 第107条の2　(新設)〔改正案では、第107条〕 　代理人が自己又は第三者の利益を図る目的で代理権の…	

がって、素人でも、誤りのない新旧条文の対照表を作成することができる。このことを明らかにするため、前頁の表6において、「法務省・新旧対照条文」10-11頁を、上記の新しい編集方針で作成しなおすと、どのようになるかを示している。

7．「法務省・新旧対照条文」の新旧対照の体をなしていない部分の責任の所在

　法律の専門家集団を抱える法務省が作成し、国会に提出した「法務省・新旧対照条文」が、今回の改正の最も重要な部分ともいえる、時効（16頁〜21頁）、連帯債務者の一人との間の免除等と求償権（53頁）、債権譲渡における相殺の抗弁（73頁）、弁済の充当（82頁〜83頁）、契約の成立（100頁〜102頁）、契約の解除（107頁〜108頁）、売主の責任（113頁〜117頁）、消費貸借（120頁）、使用貸借（122頁〜123頁）、賃貸借（129頁〜130頁）、請負人の責任（132頁）の箇所で、新旧対照表の体をなしていないことは、先に述べた（3頁）。このような重大な事態を私たちは、どのように評価すべきであろうか。

　先にあげた、表3　「法務省・新旧対照条文」16-17頁、および、表4　「法務省・新旧対照条文」17-18頁を法制審議会の民法改正委員が見た場合に、どのような感想をもつのだろうか。

　おそらく、法制審議会の委員は、自らの責任は、改正要綱案までであり、その後に、このような新旧の対照の体をなさない「法務省・新旧対照条文」が作成されたとしても、それは、法制審議会とは無関係の法務省の担当者が作成したものであり、法制審議会の委員の責任ではないとされるのであろう。

　本書第Ⅱ部「現・新条文対照表」は、まさに、今回の「法務省・新旧対照条文」の杜撰さ、特に、上記のような、そもそも新旧対照の体をなしていない部分を具体的、かつ、明確に指摘することを通じて、改正案の個々の条文と現行法との対照の誤りについて、誰が責任を負うべきかを問うものとなっている。

　この法案を審議する、国民の代表である国会議員に対しては、「法務省・新旧対照条文」（本書第Ⅲ部上2段に収載）と本書第Ⅱ部「現・新条文対照表」を比較検討し、法務省の担当者、および、法制審議会の委員との間で、活発な議論が展開されるよう期待したい。

　本書によって、「法務省・新旧対照条文」の誤りが国民一般に周知される契機となり、国会での議論を通じて、新設条文は枝番号として他の条文の条文番

号に影響を与えず、また、削除条文も、永久欠番として記録にとどめられて、現行民法の貴重な条文番号が保持されることになり、結果として、民法改正によっても、これまで積み上げられてきた民法に関する貴重な文献、および、民法判例の蓄積、並びに、民法の適用頻度に関する統計的な分析等の国民の文化遺産が守られ、反故となることがないよう、切に願うものである。

◆ 第Ⅰ部 ◆
〔現・新〕条文番号対照表

〈凡　例〉

・中央太線に区切られた左欄2列が現行民法の条文番号・条文見出し、右欄2列が「民法の一部を改正する法律案」(2015 (平成27) 年3月31日国会提出) の条文番号と条文見出し。

・右欄2列〔改正法案(新)〕の条文のアミカケ部分は、条文内容に変更があったことを示す (削除や見出しのみの変更を含む)。

・(新設)、【削除】、〔　〕を付した見出しは、編集部で付したものである。

現行民法（現）		改正法案（新）	
現行条文番号	現行条文見出し	新条文番号	新条文見出し
第1編 総則			
第1章 通則			
第1条	基本原則	第1条	基本原則
第2条	解釈の基準	第2条	解釈の基準
第2章 人			
第1節 権利能力			
第3条	権利能力	第3条	権利能力
—	—	（新設）第2節 意思能力	
—	—	（新設）第3条の2	〔意思能力〕
第2節 行為能力		第3節 行為能力	
第4条	成年	第4条	成年
第5条	未成年者の法律行為	第5条	未成年者の法律行為
第6条	未成年者の営業の許可	第6条	未成年者の営業の許可
第7条	後見開始の審判	第7条	後見開始の審判
第8条	成年被後見人及び成年後見人	第8条	成年被後見人及び成年後見人
第9条	成年被後見人の法律行為	第9条	成年被後見人の法律行為
第10条	後見開始の審判の取消し	第10条	後見開始の審判の取消し
第11条	保佐開始の審判	第11条	保佐開始の審判
第12条	被保佐人及び保佐人	第12条	被保佐人及び保佐人
第13条	保佐人の同意を要する行為等	第13条	保佐人の同意を要する行為等
第14条	保佐開始の審判等の取消し	第14条	保佐開始の審判の取消し
第15条	補助開始の審判	第15条	補助開始の審判
第16条	被補助人及び補助人	第16条	被補助人及び補助人
第17条	補助人の同意を要する旨の審判等	第17条	補助人の同意を要する旨の審判等
第18条	補助開始の審判等の取消し	第18条	補助開始の審判等の取消し
第19条	審判相互の関係	第19条	審判相互の関係
第20条	制限行為能力者の相手方の催告権	第20条	制限行為能力者の相手方の催告権
第21条	制限行為能力者の詐術	第21条	制限行為能力者の詐術
第3節 住所		第4節 住所	
第22条	住所	第22条	住所
第23条	居所	第23条	居所
第24条	仮住所	第24条	仮住所
第4節 不在者の財産の管理及び失踪の宣告		第5節 不在者の財産の管理及び失踪の宣告	
第25条	不在者の財産の管理	第25条	不在者の財産の管理
第26条	管理人の改任	第26条	管理人の改任
第27条	管理人の職務	第27条	管理人の職務
第28条	管理人の権限	第28条	管理人の権限
第29条	管理人の担保提供及び報酬	第29条	管理人の担保提供及び報酬
第30条	失踪の宣告	第30条	失踪の宣告

第31条	失踪の宣告の効力	第31条	失踪宣告の効力
第32条	失踪の宣告の取消し	第32条	失踪の宣告の取消し
第5節　同時死亡の推定		第6節　同時死亡の推定	
第32条の2	〔同時死亡の推定〕	第32条の2	〔同時死亡の推定〕
第3章　法人		第3章　法人	
第33条	法人の成立等	第33条	法人の成立等
第34条	法人の能力	第34条	法人の能力
第35条	外国法人	第35条	外国法人
第36条	登記	第36条	登記
第37条	外国法人の登記	第37条	外国法人の登記
第38条〜第84条	削除	第38条〜第84条	削除
第4章　物		第4章　物	
第85条	定義	第85条	定義
第86条	不動産及び動産	第86条	不動産及び動産
第87条	主物及び従物	第87条	主物及び従物
第88条	天然果実及び法定果実	第88条	天然果実及び法定果実
第89条	果実の帰属	第89条	果実の帰属
第5章　法律行為		第5章　法律行為	
第1節　総則		第1節　総則	
第90条	公序良俗	第90条	公序良俗
第91条	任意規定と異なる意思表示	第91条	任意規定と異なる意思表示
第92条	任意規定と異なる慣習	第92条	任意規定と異なる慣習
第2節　意思表示		第2節　意思表示	
第93条	心裡留保	第93条	心裡留保
第94条	虚偽表示	第94条	虚偽表示
第95条	錯誤	第95条	錯誤
第96条	詐欺又は強迫	第96条	詐欺又は強迫
第97条	隔地者に対する意思表示	第97条	意思表示の効力発生時期等
第98条	公示による意思表示	第98条	公示による意思表示
第98条の2	意思表示の受領能力	第98条の2	意思表示の受領能力
第3節　代理		第3節　代理	
第99条	代理行為の要件及び効果	第99条	代理行為の要件及び効果
第100条	本人のためにすることを示さない意思表示	第100条	本人のためにすることを示さない意思表示
第101条	代理行為の瑕疵	第101条	代理行為の瑕疵
第102条	代理人の行為能力	第102条	代理人の行為能力
第103条	権限の定めのない代理人の権限	第103条	権限の定めのない代理人の権限
第104条	任意代理人による復代理人の選任	第104条	任意代理人による復代理人の選任
第105条	復代理人を選任した代理人の責任	【削除】〔→第644条の2〕	
第106条	法定代理人による復代理人の選任	第105条	法定代理人による復代理人の選任
第107条	復代理人の権限等	第106条	復代理人の権限等
―	―	(新設) 第107条	代理権の濫用

第108条	自己契約及び双方代理	第108条	自己契約及び双方代理等
第109条	代理権授与の表示による表見代理	第109条	代理権授与の表示による表見代理等
第110条	権限外の行為の表見代理	第110条	権限外の行為の表見代理
第111条	代理権の消滅事由	第111条	代理権の消滅事由
第112条	代理権消滅後の表見代理	第112条	代理権消滅後の表見代理等
第113条	無権代理	第113条	無権代理
第114条	無権代理の相手方の催告権	第114条	無権代理の相手方の催告権
第115条	無権代理の相手方の取消権	第115条	無権代理の相手方の取消権
第116条	無権代理行為の追認	第116条	無権代理行為の追認
第117条	無権代理人の責任	第117条	無権代理人の責任
第118条	単独行為の無権代理	第118条	単独行為の無権代理
第4節　無効及び取消し		第4節　無効及び取消し	
第119条	無効な行為の追認	第119条	無効な行為の追認
第120条	取消権者	第120条	取消権者
第121条	取消しの効果	第121条	取消しの効果
－	－	(新設)第121条の2	原状回復の義務
第122条	取り消すことができる行為の追認	第122条	取り消すことができる行為の追認
第123条	取消し及び追認の方法	第123条	取消し及び追認の方法
第124条	追認の要件	第124条	追認の要件
第125条	法定追認	第125条	法定追認
第126条	取消権の期間の制限	第126条	取消権の期間の制限
第5節　条件及び期限		第5節　条件及び期限	
第127条	条件が成就した場合の効果	第127条	条件が成就した場合の効果
第128条	条件の成否未定の間における相手方の利益の侵害の禁止	第128条	条件の成否未定の間における相手方の利益の侵害の禁止
第129条	条件の成否未定の間における権利の処分等	第129条	条件の成否未定の間における権利の処分等
第130条	条件の成就の妨害	第130条	条件の成就の妨害等
第131条	既成条件	第131条	既成条件
第132条	不法条件	第132条	不法条件
第133条	不能条件	第133条	不能条件
第134条	随意条件	第134条	随意条件
第135条	期限の到来の効果	第135条	期限の到来の効果
第136条	期限の利益及びその放棄	第136条	期限の利益及びその放棄
第137条	期限の利益の喪失	第137条	期限の利益の喪失
第6章　期間の計算		第6章　期間の計算	
第138条	期間の計算の通則	第138条	期間の計算の通則
第139条	期間の起算	第139条	期間の起算
第140条	〔期間の起算　その2〕	第140条	〔期間の起算　その2〕
第141条	期間の満了	第141条	期間の満了
第142条	〔期間の満了　その2〕	第142条	〔期間の満了　その2〕
第143条	暦による期間の計算	第143条	暦による期間の計算
第7章　時　効		第7章　時　効	
第1節　総　則		第1節　総　則	

第144条	時効の効力	第144条	時効の効力
第145条	時効の援用	第145条	時効の援用
第146条	時効の利益の放棄	第146条	時効の利益の放棄
第147条	時効の中断事由	【削除】	
第148条	時効の中断の効力が及ぶ者の範囲	第153条	時効の完成猶予又は更新の効力が及ぶ者の範囲
第149条	裁判上の請求	第147条	裁判上の請求等による時効の完成猶予及び更新
—	—	(新設)第148条	強制執行等による時効の完成猶予及び更新
第150条	支払督促	第147条第1項第二号	〔支払督促〕
第151条	和解及び調停の申立て	第147条第1項第三号	〔和解及び調停の申立て〕
第152条	破産手続参加等	第147条第1項第四号	〔破産手続参加等〕
第153条	催告	第150条	催告による時効の完成猶予
第154条	差押え、仮差押え及び仮処分	第149条	仮差押え等による時効の完成猶予
第155条	〔差押え、仮差押え及び仮処分 その2〕	第154条	〔時効の完成猶予又は更新の効力が及ぶ者の範囲 その2〕
—	—	(新設)第151条	協議を行う旨の合意による時効の完成猶予
—	—	(新設)第155条〜第157条	削除
第156条	承認	第152条	承認による時効の更新
第157条	中断後の時効の進行	第147条第2項	〔中断後の時効の進行〕
第158条	未成年者又は成年被後見人と時効の停止	第158条	未成年者又は成年被後見人と時効の完成猶予
第159条	夫婦間の権利の時効の停止	第159条	夫婦間の権利の時効の完成猶予
第160条	相続財産に関する時効の停止	第160条	相続財産に関する時効の完成猶予
第161条	天災等による時効の停止	第161条	天災等による時効の完成猶予
	第2節 取得時効		第2節 取得時効
第162条	所有権の取得時効	第162条	所有権の取得時効
第163条	所有権以外の財産権の取得時効	第163条	所有権以外の財産権の取得時効
第164条	占有の中止等による取得時効の中断	第164条	占有の中止等による取得時効の中断
第165条	〔占有の中止等による取得時効の中断 その2〕	第165条	〔占有の中止等による取得時効の中断 その2〕
	第3節 消滅時効		第3節 消滅時効
第166条	消滅時効の進行等	第166条	債権等の消滅時効
第167条	債権等の消滅時効	第166条第1項第一号	〔債権等の消滅時効〕
—	—	(新設)第167条	人の生命又は身体の侵害による損害賠償請求権の消滅時効
第168条	定期金債権の消滅時効	第168条	定期金債権の消滅時効
第169条	定期給付債権の短期消滅時効	【削除】	

第170条	三年の短期消滅時効	第170条	削除
第171条	〔三年の短期消滅時効 その2〕	第171条	削除
第172条	二年の短期消滅時効	第172条	削除
第173条	〔二年の短期消滅時効 その2〕	第173条	削除
第174条	一年の短期消滅時効	第174条	削除
第174条の2	判決で確定した権利の消滅時効	第169条	判決で確定した権利の消滅時効
	第2編 物権		第2編 物権
	第1章 総則		第1章 総則
第175条	物権の創設	第175条	物権の創設
第176条	物権の設定及び移転	第176条	物権の設定及び移転
第177条	不動産に関する物権の変動の対抗要件	第177条	不動産に関する物権の変動の対抗要件
第178条	動産に関する物権の譲渡の対抗要件	第178条	動産に関する物権の譲渡の対抗要件
第179条	混同	第179条	混同
	第2章 占有権		第2章 占有権
	第1節 占有権の取得		第1節 占有権の取得
第180条	占有権の取得	第180条	占有権の取得
第181条	代理占有	第181条	代理占有
第182条	現実の引渡し及び簡易の引渡し	第182条	現実の引渡し及び簡易の引渡し
第183条	占有改定	第183条	占有改定
第184条	指図による占有移転	第184条	指図による占有移転
第185条	占有の性質の変更	第185条	占有の性質の変更
第186条	占有の態様等に関する推定	第186条	占有の態様等に関する推定
第187条	占有の承継	第187条	占有の承継
	第2節 占有権の効力		第2節 占有権の効力
第188条	占有物について行使する権利の適法の推定	第188条	占有物について行使する権利の適法の推定
第189条	善意の占有者による果実の取得等	第189条	善意の占有者による果実の取得等
第190条	悪意の占有者による果実の返還等	第190条	悪意の占有者による果実の返還等
第191条	占有者による損害賠償	第191条	占有者による損害賠償
第192条	即時取得	第192条	即時取得
第193条	盗品又は遺失物の回復	第193条	盗品又は遺失物の回復
第194条	〔盗品又は遺失物の回復 その2〕	第194条	〔盗品又は遺失物の回復 その2〕
第195条	動物の占有による権利の取得	第195条	動物の占有による権利の取得
第196条	占有者による費用の償還請求	第196条	占有者による費用の償還請求
第197条	占有の訴え	第197条	占有の訴え
第198条	占有保持の訴え	第198条	占有保持の訴え
第199条	占有保全の訴え	第199条	占有保全の訴え
第200条	占有回収の訴え	第200条	占有回収の訴え
第201条	占有の訴えの提起期間	第201条	占有の訴えの提起期間
第202条	本権の訴えとの関係	第202条	本権の訴えとの関係
	第3節 占有権の消滅		第3節 占有権の消滅
第203条	占有権の消滅事由	第203条	占有権の消滅事由

第204条	代理占有権の消滅事由	第204条	代理占有権の消滅事由
	第4節　準占有		第4節　準占有
第205条	〔準占有〕	第205条	〔準占有〕
	第3章　所有権		第3章　所有権
	第1節　所有権の限界		第1節　所有権の限界
	第1款　所有権の内容及び範囲		第1款　所有権の内容及び範囲
第206条	所有権の内容	第206条	所有権の内容
第207条	土地所有権の範囲	第207条	土地所有権の範囲
第208条	削　除	第208条	削　除
	第2款　相隣関係		第2款　相隣関係
第209条	隣地の使用請求	第209条	隣地の使用請求
第210条	公道に至るための他の土地の通行権	第210条	公道に至るための他の土地の通行権
第211条	〔公道に至るための他の土地の通行権　その2〕	第211条	〔公道に至るための他の土地の通行権　その2〕
第212条	〔公道に至るための他の土地の通行権　その3〕	第212条	〔公道に至るための他の土地の通行権　その3〕
第213条	〔公道に至るための他の土地の通行権　その4〕	第213条	〔公道に至るための他の土地の通行権　その4〕
第214条	自然水流に対する妨害の禁止	第214条	自然水流に対する妨害の禁止
第215条	水流の障害の除去	第215条	水流の障害の除去
第216条	水流に関する工作物の修繕等	第216条	水流に関する工作物の修繕等
第217条	費用の負担についての慣習	第217条	費用の負担についての慣習
第218条	雨水を隣地に注ぐ工作物の設置の禁止	第218条	雨水を隣地に注ぐ工作物の設置の禁止
第219条	水流の変更	第219条	水流の変更
第220条	排水のための低地の通水	第220条	排水のための低地の通水
第221条	通水用工作物の使用	第221条	通水用工作物の使用
第222条	堰の設置及び使用	第222条	堰の設置及び使用
第223条	境界標の設置	第223条	境界標の設置
第224条	境界標の設置及び保存の費用	第224条	境界標の設置及び保存の費用
第225条	囲障の設置	第225条	囲障の設置
第226条	囲障の設置及び保存の費用	第226条	囲障の設置及び保存の費用
第227条	相隣者の一人による囲障の設置	第227条	相隣者の一人による囲障の設置
第228条	囲障の設置等に関する慣習	第228条	囲障の設置等に関する慣習
第229条	境界標等の共有の推定	第229条	境界標等の共有の推定
第230条	〔境界標等の共有の推定　その2〕	第230条	〔境界標等の共有の推定　その2〕
第231条	共有の障壁の高さを増す工事	第231条	共有の障壁の高さを増す工事
第232条	〔共有の障壁の高さを増す工事　その2〕	第232条	〔共有の障壁の高さを増す工事　その2〕
第233条	竹木の枝の切除及び根の切取り	第233条	竹木の枝の切除及び根の切取り
第234条	境界線付近の建築の制限	第234条	境界線付近の建築の制限
第235条	〔境界線付近の建築の制限　その2〕	第235条	〔境界線付近の建築の制限　その2〕
第236条	境界線付近の建築に関する慣習	第236条	境界線付近の建築に関する慣習
第237条	境界線付近の掘削の制限	第237条	境界線付近の掘削の制限

第238条	境界線付近の掘削に関する注意義務	第238条	境界線付近の掘削に関する注意義務
	第2節　所有権の取得		第2節　所有権の取得
第239条	無主物の帰属	第239条	無主物の帰属
第240条	遺失物の拾得	第240条	遺失物の拾得
第241条	埋蔵物の発見	第241条	埋蔵物の発見
第242条	不動産の付合	第242条	不動産の付合
第243条	動産の付合	第243条	動産の付合
第244条	〔動産の付合　その2〕	第244条	〔動産の付合　その2〕
第245条	混　和	第245条	混　和
第246条	加　工	第246条	加　工
第247条	付合、混和又は加工の効果	第247条	付合、混和又は加工の効果
第248条	付合、混和又は加工に伴う償金の請求	第248条	付合、混和又は加工に伴う償金の請求
	第3節　共　有		第3節　共　有
第249条	共有物の使用	第249条	共有物の使用
第250条	共有持分の割合の推定	第250条	共有持分の割合の推定
第251条	共有物の変更	第251条	共有物の変更
第252条	共有物の管理	第252条	共有物の管理
第253条	共有物に関する負担	第253条	共有物に関する負担
第254条	共有物についての債権	第254条	共有物についての債権
第255条	持分の放棄及び共有者の死亡	第255条	持分の放棄及び共有者の死亡
第256条	共有物の分割請求	第256条	共有物の分割請求
第257条	〔共有物の分割請求　その2〕	第257条	〔共有物の分割請求　その2〕
第258条	裁判による共有物の分割	第258条	裁判による共有物の分割
第259条	共有に関する債権の弁済	第259条	共有に関する債権の弁済
第260条	共有物の分割への参加	第260条	共有物の分割への参加
第261条	分割における共有者の担保責任	第261条	分割における共有者の担保責任
第262条	共有物に関する証書	第262条	共有物に関する証書
第263条	共有の性質を有する入会権	第263条	共有の性質を有する入会権
第264条	準共有	第264条	準共有
	第4章　地上権		第4章　地上権
第265条	地上権の内容	第265条	地上権の内容
第266条	地　代	第266条	地　代
第267条	相隣関係の規定の準用	第267条	相隣関係の規定の準用
第268条	地上権の存続期間	第268条	地上権の存続期間
第269条	工作物等の収去等	第269条	工作物等の収去等
第269条の2	地下又は空間を目的とする地上権	第269条の2	地下又は空間を目的とする地上権
	第5章　永小作権		第5章　永小作権
第270条	永小作権の内容	第270条	永小作権の内容
第271条	永小作人による土地の変更の制限	第271条	永小作人による土地の変更の制限
第272条	永小作権の譲渡又は土地の賃貸	第272条	永小作権の譲渡又は土地の賃貸
第273条	賃貸借に関する規定の準用	第273条	賃貸借に関する規定の準用
第274条	小作料の減免	第274条	小作料の減免
第275条	永小作権の放棄	第275条	永小作権の放棄

第276条	永小作権の消滅請求	第276条	永小作権の消滅請求
第277条	永小作権に関する慣習	第277条	永小作権に関する慣習
第278条	永小作権の存続期間	第278条	永小作権の存続期間
第279条	工作物等の収去等	第279条	工作物等の収去等
第6章　地役権		第6章　地役権	
第280条	地役権の内容	第280条	地役権の内容
第281条	地役権の付従性	第281条	地役権の付従性
第282条	地役権の不可分性	第282条	地役権の不可分性
第283条	地役権の時効取得	第283条	地役権の時効取得
第284条	〔地役権の時効取得　その2〕	第284条	〔地役権の時効取得　その2〕
第285条	用水地役権	第285条	用水地役権
第286条	承役地の所有者の工作物の設置義務等	第286条	承役地の所有者の工作物の設置義務等
第287条	〔承役地の所有者の工作物の設置義務等　その2〕	第287条	〔承役地の所有者の工作物の設置義務等　その2〕
第288条	承役地の所有者の工作物の使用	第288条	承役地の所有者の工作物の使用
第289条	承役地の時効取得による地役権の消滅	第289条	承役地の時効取得による地役権の消滅
第290条	〔承役地の時効取得による地役権の消滅　その2〕	第290条	〔承役地の時効取得による地役権の消滅　その2〕
第291条	地役権の消滅時効	第291条	地役権の消滅時効
第292条	〔地役権の消滅時効　その2〕	第292条	〔地役権の消滅時効　その2〕
第293条	〔地役権の消滅時効　その3〕	第293条	〔地役権の消滅時効　その3〕
第294条	共有の性質を有しない入会権	第294条	共有の性質を有しない入会権
第7章　留置権		第7章　留置権	
第295条	留置権の内容	第295条	留置権の内容
第296条	留置権の不可分性	第296条	留置権の不可分性
第297条	留置権者による果実の収取	第297条	留置権者による果実の収取
第298条	留置権者による留置物の保管等	第298条	留置権者による留置物の保管等
第299条	留置権者による費用の償還請求	第299条	留置権者による費用の償還請求
第300条	留置権の行使と債権の消滅時効	第300条	留置権の行使と債権の消滅時効
第301条	担保の供与による留置権の消滅	第301条	担保の供与による留置権の消滅
第302条	占有の喪失による留置権の消滅	第302条	占有の喪失による留置権の消滅
第8章　先取特権		第8章　先取特権	
第1節　総　則		第1節　総　則	
第303条	先取特権の内容	第303条	先取特権の内容
第304条	物上代位	第304条	物上代位
第305条	先取特権の不可分性	第305条	先取特権の不可分性
第2節　先取特権の種類		第2節　先取特権の種類	
第1款　一般の先取特権		第1款　一般の先取特権	
第306条	一般の先取特権	第306条	一般の先取特権
第307条	共益費用の先取特権	第307条	共益費用の先取特権
第308条	雇用関係の先取特権	第308条	雇用関係の先取特権

第309条	葬式費用の先取特権	第309条	葬式費用の先取特権
第310条	日用品供給の先取特権	第310条	日用品供給の先取特権
第2款　動産の先取特権		第2款　動産の先取特権	
第311条	動産の先取特権	第311条	動産の先取特権
第312条	不動産賃貸の先取特権	第312条	不動産賃貸の先取特権
第313条	不動産賃貸の先取特権の目的物の範囲	第313条	不動産賃貸の先取特権の目的物の範囲
第314条	〔不動産賃貸の先取特権の目的物の範囲　その2〕	第314条	〔不動産賃貸の先取特権の目的物の範囲　その2〕
第315条	不動産賃貸の先取特権の被担保債権の範囲	第315条	不動産賃貸の先取特権の被担保債権の範囲
第316条	〔不動産賃貸の先取特権の被担保債権の範囲　その2〕	第316条	〔不動産賃貸の先取特権の被担保債権の範囲　その2〕
第317条	旅館宿泊の先取特権	第317条	旅館宿泊の先取特権
第318条	運輸の先取特権	第318条	運輸の先取特権
第319条	即時取得の規定の準用	第319条	即時取得の規定の準用
第320条	動産保存の先取特権	第320条	動産保存の先取特権
第321条	動産売買の先取特権	第321条	動産売買の先取特権
第322条	種苗又は肥料の供給の先取特権	第322条	種苗又は肥料の供給の先取特権
第323条	農業労務の先取特権	第323条	農業労務の先取特権
第324条	工業労務の先取特権	第324条	工業労務の先取特権
第3款　不動産の先取特権		第3款　不動産の先取特権	
第325条	不動産の先取特権	第325条	不動産の先取特権
第326条	不動産保存の先取特権	第326条	不動産保存の先取特権
第327条	不動産工事の先取特権	第327条	不動産工事の先取特権
第328条	不動産売買の先取特権	第328条	不動産売買の先取特権
第3節　先取特権の順位		第3節　先取特権の順位	
第329条	一般の先取特権の順位	第329条	一般の先取特権の順位
第330条	動産の先取特権の順位	第330条	動産の先取特権の順位
第331条	不動産の先取特権の順位	第331条	不動産の先取特権の順位
第332条	同一順位の先取特権	第332条	同一順位の先取特権
第4節　先取特権の効力		第4節　先取特権の効力	
第333条	先取特権と第三取得者	第333条	先取特権と第三取得者
第334条	先取特権と動産質権との競合	第334条	先取特権と動産質権との競合
第335条	一般の先取特権の効力	第335条	一般の先取特権の効力
第336条	一般の先取特権の対抗力	第336条	一般の先取特権の対抗力
第337条	不動産保存の先取特権の登記	第337条	不動産保存の先取特権の登記
第338条	不動産工事の先取特権の登記	第338条	不動産工事の先取特権の登記
第339条	登記をした不動産保存又は不動産工事の先取特権	第339条	登記をした不動産保存又は不動産工事の先取特権
第340条	不動産売買の先取特権の登記	第340条	不動産売買の先取特権の登記
第341条	抵当権に関する規定の準用	第341条	抵当権に関する規定の準用
第9章　質　権		第9章　質　権	

	第1節 総　則		第1節 総　則
第342条	質権の内容	第342条	質権の内容
第343条	質権の目的	第343条	質権の目的
第344条	質権の設定	第344条	質権の設定
第345条	質権設定者による代理占有の禁止	第345条	質権設定者による代理占有の禁止
第346条	質権の被担保債権の範囲	第346条	質権の被担保債権の範囲
第347条	質物の留置	第347条	質物の留置
第348条	転　質	第348条	転　質
第349条	契約による質物の処分の禁止	第349条	契約による質物の処分の禁止
第350条	留置権及び先取特権の規定の準用	第350条	留置権及び先取特権の規定の準用
第351条	物上保証人の求償権	第351条	物上保証人の求償権
	第2節 動産質		第2節 動産質
第352条	動産質の対抗要件	第352条	動産質の対抗要件
第353条	質物の占有の回復	第353条	質物の占有の回復
第354条	動産質権の実行	第354条	動産質権の実行
第355条	動産質権の順位	第355条	動産質権の順位
	第3節 不動産質		第3節 不動産質
第356条	不動産質権者による使用及び収益	第356条	不動産質権者による使用及び収益
第357条	不動産質権者による管理の費用等の負担	第357条	不動産質権者による管理の費用等の負担
第358条	不動産質権者による利息の請求の禁止	第358条	不動産質権者による利息の請求の禁止
第359条	設定行為に別段の定めがある場合等	第359条	設定行為に別段の定めがある場合等
第360条	不動産質権の存続期間	第360条	不動産質権の存続期間
第361条	抵当権の規定の準用	第361条	抵当権の規定の準用
	第4節　権利質		第4節　権利質
第362条	権利質の目的等	第362条	権利質の目的等
第363条	債権質の設定	第363条	削　除
第364条	指名債権を目的とする質権の対抗要件	第364条	債権を目的とする質権の対抗要件
第365条	指図債権を目的とする質権の対抗要件	第365条	削　除〔→第520条の7〕
第366条	質権者による債権の取立て等	第366条	質権者による債権の取立て等
第367条	削　除	第367条	削　除
第368条	削　除	第368条	削　除
	第10章　抵当権		第10章　抵当権
	第1節 総　則		第1節 総　則
第369条	抵当権の内容	第369条	抵当権の内容
第370条	抵当権の効力の及ぶ範囲	第370条	抵当権の効力の及ぶ範囲
第371条	〔抵当権の効力の及ぶ範囲　その2〕	第371条	〔抵当権の効力の及ぶ範囲　その2〕
第372条	留置権等の規定の準用	第372条	留置権等の規定の準用
	第2節　抵当権の効力		第2節　抵当権の効力

第373条	抵当権の順位	第373条	抵当権の順位
第374条	抵当権の順位の変更	第374条	抵当権の順位の変更
第375条	抵当権の被担保債権の範囲	第375条	抵当権の被担保債権の範囲
第376条	抵当権の処分	第376条	抵当権の処分
第377条	抵当権の処分の対抗要件	第377条	抵当権の処分の対抗要件
第378条	代価弁済	第378条	代価弁済
第379条	抵当権消滅請求	第379条	抵当権消滅請求
第380条	〔抵当権消滅請求　その2〕	第380条	〔抵当権消滅請求　その2〕
第381条	〔抵当権消滅請求　その3〕	第381条	〔抵当権消滅請求　その3〕
第382条	抵当権消滅請求の時期	第382条	抵当権消滅請求の時期
第383条	抵当権消滅請求の手続	第383条	抵当権消滅請求の手続
第384条	債権者のみなし承諾	第384条	債権者のみなし承諾
第385条	競売の申立ての通知	第385条	競売の申立ての通知
第386条	抵当権消滅請求の効果	第386条	抵当権消滅請求の効果
第387条	抵当権者の同意の登記がある場合の賃貸借の対抗力	第387条	抵当権者の同意の登記がある場合の賃貸借の対抗力
第388条	法定地上権	第388条	法定地上権
第389条	抵当地の上の建物の競売	第389条	抵当地の上の建物の競売
第390条	抵当不動産の第三取得者による買受け	第390条	抵当不動産の第三取得者による買受け
第391条	抵当不動産の第三取得者による費用の償還請求	第391条	抵当不動産の第三取得者による費用の償還請求
第392条	共同抵当における代価の配当	第392条	共同抵当における代価の配当
第393条	共同抵当における代位の付記登記	第393条	共同抵当における代位の付記登記
第394条	抵当不動産以外の財産からの弁済	第394条	抵当不動産以外の財産からの弁済
第395条	抵当建物使用者の引渡しの猶予	第395条	抵当建物使用者の引渡しの猶予
第3節　抵当権の消滅		第3節　抵当権の消滅	
第396条	抵当権の消滅時効	第396条	抵当権の消滅時効
第397条	抵当不動産の時効取得による抵当権の消滅	第397条	抵当不動産の時効取得による抵当権の消滅
第398条	抵当権の目的である地上権等の放棄	第398条	抵当権の目的である地上権等の放棄
第4節　根抵当		第4節　根抵当	
第398条の2	根抵当権	第398条の2	根抵当権
第398条の3	根抵当権の被担保債権の範囲	第398条の3	根抵当権の被担保債権の範囲
第398条の4	根抵当権の被担保債権の範囲及び債務者の変更	第398条の4	根抵当権の被担保債権の範囲及び債務者の変更
第398条の5	根抵当権の極度額の変更	第398条の5	根抵当権の極度額の変更
第398条の6	根抵当権の元本確定期日の定め	第398条の6	根抵当権の元本確定期日の定め
第398条の7	根抵当権の被担保債権の譲渡等	第398条の7	根抵当権の被担保債権の譲渡等
第398条の8	根抵当権者又は債務者の相続	第398条の8	根抵当権者又は債務者の相続
第398条の9	根抵当権者又は債務者の合併	第398条の9	根抵当権者又は債務者の合併
第398条の10	根抵当権者又は債務者の会社分割	第398条の10	根抵当権者又は債務者の会社分割
第398条の11	根抵当権の処分	第398条の11	根抵当権の処分
第398条の12	根抵当権の譲渡	第398条の12	根抵当権の譲渡
第398条の13	根抵当権の一部譲渡	第398条の13	根抵当権の一部譲渡

第398条の14	根抵当権の共有	第398条の14	根抵当権の共有
第398条の15	抵当権の順位の譲渡又は放棄と根抵当権の譲渡又は一部譲渡	第398条の15	抵当権の順位の譲渡又は放棄と根抵当権の譲渡又は一部譲渡
第398条の16	共同根抵当	第398条の16	共同根抵当
第398条の17	共同根抵当の変更等	第398条の17	共同根抵当の変更等
第398条の18	累積根抵当	第398条の18	累積根抵当
第398条の19	根抵当権の元本の確定請求	第398条の19	根抵当権の元本の確定請求
第398条の20	根抵当権の元本の確定事由	第398条の20	根抵当権の元本の確定事由
第398条の21	根抵当権の極度額の減額請求	第398条の21	根抵当権の極度額の減額請求
第398条の22	根抵当権の消滅請求	第398条の22	根抵当権の消滅請求
第3編 債権		第3編 債権	
第1章 総則		第1章 総則	
第1節 債権の目的		第1節 債権の目的	
第399条	債権の目的	第399条	債権の目的
第400条	特定物の引渡しの場合の注意義務	第400条	特定物の引渡しの場合の注意義務
第401条	種類債権	第401条	種類債権
第402条	金銭債権	第402条	金銭債権
第403条	〔金銭債権 その2〕	第403条	〔金銭債権 その2〕
第404条	法定利率	第404条	法定利率
第405条	利息の元本への組入れ	第405条	利息の元本への組入れ
第406条	選択債権における選択権の帰属	第406条	選択債権における選択権の帰属
第407条	選択権の行使	第407条	選択権の行使
第408条	選択権の移転	第408条	選択権の移転
第409条	第三者の選択権	第409条	第三者の選択権
第410条	不能による選択債権の特定	第410条	不能による選択債権の特定
第411条	選択の効力	第411条	選択の効力
第2節 債権の効力		第2節 債権の効力	
第1款 債務不履行の責任等		第1款 債務不履行の責任等	
第412条	履行期と履行遅滞	第412条	履行期と履行遅滞
—	—	(新設)第412条の2	履行不能
第413条	受領遅滞	第413条	受領遅滞
—	—	(新設)第413条の2	履行遅滞中又は受領遅滞中の履行不能と帰責事由
第414条	履行の強制	第414条	履行の強制
第415条	債務不履行による損害賠償	第415条	債務不履行による損害賠償
第416条	損害賠償の範囲	第416条	損害賠償の範囲
第417条	損害賠償の方法	第417条	損害賠償の方法
—	—	(新設)第417条の2	中間利息の控除
第418条	過失相殺	第418条	過失相殺
第419条	金銭債務の特則	第419条	金銭債務の特則
第420条	賠償額の予定	第420条	賠償額の予定
第421条	〔賠償額の予定 その2〕	第421条	〔賠償額の予定 その2〕
第422条	損害賠償による代位	第422条	損害賠償による代位
—	—	(新設)第422条の2	代償請求権

第2款	債権者代位権及び詐害行為取消権	第2款	債権者代位権
第423条	債権者代位権	第423条	債権者代位権の要件
—	—	(新設)第423条の2	代位行使の範囲
—	—	(新設)第423条の3	債権者への支払又は引渡し
—	—	(新設)第423条の4	相手方の抗弁
—	—	(新設)第423条の5	債務者の取立てその他の処分の権限等
—	—	(新設)第423条の6	被代位権利の行使に係る訴えを提起した場合の訴訟告知
—	—	(新設)第423条の7	登記又は登録の請求権を保全するための債権者代位権
—		第3款	詐害行為取消権
—	—	(新設)第1目	詐害行為取消権の要件
第424条	詐害行為取消権	第424条	詐害行為取消請求
—	—	(新設)第424条の2	相当の対価を得てした財産の処分行為の特則
—	—	(新設)第424条の3	特定の債権者に対する担保の供与等の特則
—	—	(新設)第424条の4	過大な代物弁済等の特則
—	—	(新設)第424条の5	転得者に対する詐害行為取消請求
—	—	(新設)第2目	詐害行為取消権の行使の方法等
—	—	(新設)第424条の6	財産の返還又は価額の償還の請求
—	—	(新設)第424条の7	被告及び訴訟告知
—	—	(新設)第424条の8	詐害行為の取消しの範囲
—	—	(新設)第424条の9	債権者への支払又は引渡し
—	—	(新設)第3目	詐害行為取消権の行使の効果
第425条	詐害行為の取消しの効果	第425条	認容判決の効力が及ぶ者の範囲
—	—	(新設)第425条の2	債務者の受けた反対給付に関する受益者の権利
—	—	(新設)第425条の3	受益者の債権の回復
—	—	(新設)第425条の4	詐害行為取消請求を受けた転得者の権利
—	—	(新設)第4目	詐害行為取消権の期間の制限
第426条	詐害行為取消権の期間の制限	第426条	〔詐害行為取消権の期間の制限〕
第3節	多数当事者の債権及び債務	第3節	多数当事者の債権及び債務
	第1款 総則		第1款 総則
第427条	分割債権及び分割債務	第427条	分割債権及び分割債務
	第2款 不可分債権及び不可分債務		第2款 不可分債権及び不可分債務
第428条	不可分債権	第428条	不可分債権
第429条	不可分債権者の一人について生じた事由等の効力	第429条	不可分債権者の一人との間の更改又は免除
第430条	不可分債務	第430条	不可分債務
第431条	可分債権又は可分債務への変更	第431条	可分債権又は可分債務への変更
—		(新設)第3款	連帯債権

－	－	(新設)第432条	連帯債権者による履行の請求等
－	－	(新設)第433条	連帯債権者の一人との間の更改又は免除
－	－	(新設)第434条	連帯債権者の一人との間の相殺
－	－	(新設)第435条	連帯債権者の一人との間の混同
－	－	(新設)第435条の2	相対的効力の原則
第3款 連帯債務		第4款 連帯債務	
第432条	履行の請求	第436条	連帯債務者に対する履行の請求
第433条	連帯債務者の一人についての法律行為の無効等	第437条	連帯債務者の一人についての法律行為の無効等
第434条	連帯債務者の一人に対する履行の請求	【削除】	
第435条	連帯債務者の一人との間の更改	第438条	連帯債務者の一人との間の更改
第436条	連帯債務者の一人による相殺等	第439条	連帯債務者の一人による相殺等
第437条	連帯債務者の一人に対する免除	【削除】〔→第445条〕	
－	－	(新設)第445条	連帯債務者の一人との間の免除等と求償権
第438条	連帯債務者の一人との間の混同	第440条	連帯債務者の一人との間の混同
第439条	連帯債務者の一人についての時効の完成	【削除】〔→第445条〕	
第440条	相対的効力の原則	第441条	相対的効力の原則
第441条	連帯債務者についての破産手続の開始	【削除】	
第442条	連帯債務者間の求償権	第442条	連帯債務者間の求償権
第443条	通知を怠った連帯債務者の求償の制限	第443条	通知を怠った連帯債務者の求償の制限
第444条	償還をする資力のない者の負担部分の分担	第444条	償還をする資力のない者の負担部分の分担
第445条	連帯の免除と弁済をする資力のない者の負担部分の分担	【削除】	
第4款 保証債務		第5款 保証債務	
第1目 総則		第1目 総則	
第446条	保証人の責任等	第446条	保証人の責任等
第447条	保証債務の範囲	第447条	保証債務の範囲
第448条	保証人の負担が主たる債務より重い場合	第448条	保証人の負担と主たる債務の目的又は態様
第449条	取り消すことができる債務の保証	第449条	取り消すことができる債務の保証
第450条	保証人の要件	第450条	保証人の要件
第451条	他の担保の供与	第451条	他の担保の供与
第452条	催告の抗弁	第452条	催告の抗弁
第453条	検索の抗弁	第453条	検索の抗弁
第454条	連帯保証の場合の特則	第454条	連帯保証の場合の特則
第455条	催告の抗弁及び検索の抗弁の効果	第455条	催告の抗弁及び検索の抗弁の効果
第456条	数人の保証人がある場合	第456条	数人の保証人がある場合
第457条	主たる債務者について生じた事由	第457条	主たる債務者について生じた事由

		の効力		の効力
第458条	連帯保証人について生じた事由の効力	第458条	連帯保証人について生じた事由の効力
—	—	(新設)第458条の2	主たる債務の履行状況に関する情報の提供義務
—	—	(新設)第458条の3	主たる債務者が期限の利益を喪失した場合における情報の提供義務
第459条	委託を受けた保証人の求償権	第459条	委託を受けた保証人の求償権
		(新設)第459条の2	委託を受けた保証人が弁済期前に弁済等をした場合の求償権
第460条	委託を受けた保証人の事前の求償権	第460条	委託を受けた保証人の事前の求償権
第461条	主たる債務者が保証人に対して償還をする場合	第461条	主たる債務者が保証人に対して償還をする場合
第462条	委託を受けない保証人の求償権	第462条	委託を受けない保証人の求償権
第463条	通知を怠った保証人の求償の制限	第463条	通知を怠った保証人の求償の制限等
第464条	連帯債務又は不可分債務の保証人の求償権	第464条	連帯債務又は不可分債務の保証人の求償権
第465条	共同保証人間の求償権	第465条	共同保証人間の求償権
第2目 貸金等根保証契約		第2目 個人根保証契約	
第465条の2	貸金等根保証契約の保証人の責任等	第465条の2	個人根保証契約の保証人の責任等
第465条の3	貸金等根保証契約の元本確定期日	第465条の3	個人貸金等根保証契約の元本確定期日
第465条の4	貸金等根保証契約の元本の確定事由	第465条の4	個人根保証契約の元本の確定事由
第465条の5	保証人が法人である貸金等債務の根保証契約の求償権	第465条の5	保証人が法人である根保証契約の求償権
—	—	(新設)第3目 事業に係る債務についての保証契約の特則	
—	—	(新設)第465条の6	公正証書の作成と保証の効力
—	—	(新設)第465条の7	保証に係る公正証書の方式の特則
—	—	(新設)第465条の8	公正証書の作成と求償権についての保証の効力
—	—	(新設)第465条の9	公正証書の作成と保証の効力に関する規定の適用除外
—	—	(新設)第465条の10	契約締結時の情報の提供義務
第4節 債権の譲渡		第4節 債権の譲渡	
第466条	債権の譲渡性	第466条	債権の譲渡性
—	—	(新設)第466条の2	譲渡制限の意思表示がされた債権に係る債務者の供託
—	—	(新設)第466条の3	〔譲渡制限の意思表示がされた債権に係る債務者の供託 その2〕
—	—	(新設)第466条の4	譲渡制限の意思表示がされた債権の差押え
—	—	(新設)第466条の5	預金債権又は貯金債権に係る譲渡制限の意思表示の効力
—	—	(新設)第466条の6	将来債権の譲渡性
第467条	指名債権の譲渡の対抗要件	第467条	債権の譲渡の対抗要件
第468条	指名債権の譲渡における債務者の	第468条	債権の譲渡における債務者の抗弁

—	抗弁	(新設)第469条	債権の譲渡における相殺権
第469条	指図債権の譲渡の対抗要件	【削除】〔→第520条の2〕	
第470条	指図債権の債務者の調査の権利等	【削除】〔→第520条の10〕	
第471条	記名式所持人払債権の債務者の調査の権利等	【削除】〔→第520条の18〕	
第472条	指図債権の譲渡における債務者の抗弁の制限	【削除】〔→第520条の6〕	
第473条	無記名債権の譲渡における債務者の抗弁の制限	【削除】〔→第520条の20〕	
—		(新設)第5節　債務の引受け	
—		(新設)第1款　併存的債務引受	
—	—	(新設)第470条	併存的債務引受の要件及び効果
—	—	(新設)第471条	併存的債務引受における引受人の抗弁等
—		(新設)第2款　免責的債務引受	
—	—	(新設)第472条	免責的債務引受の要件及び効果
—	—	(新設)第472条の2	免責的債務引受における引受人の抗弁等
—	—	(新設)第472条の3	免責的債務引受における引受人の求償権
—	—	(新設)第472条の4	免責的債務引受による担保の移転
	第5節　債権の消滅		第6節　債権の消滅
	第1款　弁済		第1款　弁済
	第1目　総則		第1目　総則
—	—	(新設)第473条	弁済
第474条	第三者の弁済	第474条	第三者の弁済
第475条	弁済として引き渡した物の取戻し	第475条	弁済として引き渡した物の取戻し
第476条	〔弁済として引き渡した物の取戻し　その2〕	【削除】	
第477条	弁済として引き渡した物の消費又は譲渡がされた場合の弁済の効力等	第476条	弁済として引き渡した物の消費又は譲渡がされた場合の弁済の効力等
—		(新設)第477条	預金又は貯金の口座に対する払込みによる弁済
第478条	債権の準占有者に対する弁済	第478条	受領権者としての外観を有する者に対する弁済
第479条	受領する権限のない者に対する弁済	第479条	受領権者以外の者に対する弁済
第480条	受取証書の持参人に対する弁済	第480条	削除
第481条	支払の差止めを受けた第三債務者の弁済	第481条	差押えを受けた債権の第三債務者の弁済
第482条	代物弁済	第482条	代物弁済
第483条	特定物の現状による引渡し	第483条	特定物の現状による引渡し
第484条	弁済の場所	第484条	弁済の場所及び時間
第485条	弁済の費用	第485条	弁済の費用

第486条	受取証書の交付請求	第486条	受取証書の交付請求
第487条	債権証書の返還請求	第487条	債権証書の返還請求
第488条	弁済の充当の指定	第488条	同種の給付を目的とする数個の債務がある場合の充当
第489条	法定充当	【削除】〔→第488条第4項〕	
第490条	数個の給付をすべき場合の充当	第491条	数個の給付をすべき場合の充当
第491条	元本、利息及び費用を支払うべき場合の充当	第489条	元本、利息及び費用を支払うべき場合の充当
—	—	(新設)第490条	合意による弁済の充当
第492条	弁済の提供の効果	第492条	弁済の提供の効果
第493条	弁済の提供の方法	第493条	弁済の提供の方法
第2目　弁済の目的物の供託		第2目　弁済の目的物の供託	
第494条	供　託	第494条	供　託
第495条	供託の方法	第495条	供託の方法
第496条	供託物の取戻し	第496条	供託物の取戻し
第497条	供託に適しない物等	第497条	供託に適しない物等
第498条	供託物の受領の要件	第498条	供託物の還付請求等
第3目　弁済による代位		第3目　弁済による代位	
第499条	任意代位	第499条	弁済による代位の要件
第500条	法定代位	第500条	〔弁済による代位の要件　その2〕
第501条	弁済による代位の効果	第501条	弁済による代位の効果
第502条	一部弁済による代位	第502条	一部弁済による代位
第503条	債権者による債権証書の交付等	第503条	債権者による債権証書の交付等
第504条	債権者による担保の喪失等	第504条	債権者による担保の喪失等
第2款　相　殺		第2款　相　殺	
第505条	相殺の要件等	第505条	相殺の要件等
第506条	相殺の方法及び効力	第506条	相殺の方法及び効力
第507条	履行地の異なる債務の相殺	第507条	履行地の異なる債務の相殺
第508条	時効により消滅した債権を自働債権とする相殺	第508条	時効により消滅した債権を自働債権とする相殺
第509条	不法行為により生じた債権を受働債権とする相殺の禁止	第509条	不法行為等により生じた債権を受働債権とする相殺の禁止
第510条	差押禁止債権を受働債権とする相殺の禁止	第510条	差押禁止債権を受働債権とする相殺の禁止
第511条	支払の差止めを受けた債権を受働債権とする相殺の禁止	第511条	差押えを受けた債権を受働債権とする相殺の禁止
第512条	相殺の充当	第512条	相殺の充当
—	—	(新設)第512条の2	〔相殺の充当　その2〕
第3款　更　改		第3款　更　改	
第513条	更　改	第513条	更　改
第514条	債務者の交替による更改	第514条	債務者の交替による更改
第515条	債権者の交替による更改	第515条	債権者の交替による更改
第516条	〔債権者の交替による更改　その2〕	第516条	削　除
第517条	更改前の債務が消滅しない場合	第517条	削　除

第518条	更改後の債務への担保の移転		第518条	更改後の債務への担保の移転
	第4款　免　除			第4款　免　除
第519条	〔免　除〕		第519条	〔免　除〕
	第5款　混　同			第5款　混　同
第520条	〔混　同〕		第520条	〔混　同〕
—			（新設）第7節　有価証券	
—			（新設）第1款　指図証券	
—	—		（新設）第520条の2	指図証券の譲渡
—	—		（新設）第520条の3	指図証券の裏書の方式
—	—		（新設）第520条の4	指図証券の所持人の権利の推定
—	—		（新設）第520条の5	指図証券の善意取得
—	—		（新設）第520条の6	指図証券の譲渡における債務者の抗弁の制限
—	—		（新設）第520条の7	指図証券の質入れ
—	—		（新設）第520条の8	指図証券の弁済の場所
—	—		（新設）第520条の9	指図証券の提示と履行遅滞
—	—		（新設）第520条の10	指図証券の債務者の調査の権利等
—	—		（新設）第520条の11	指図証券の喪失
—	—		（新設）第520条の12	指図証券喪失の場合の権利行使方法
—			（新設）第2款　記名式所持人払証券	
—	—		（新設）第520条の13	記名式所持人払証券の譲渡
—	—		（新設）第520条の14	記名式所持人払証券の所持人の権利の推定
—	—		（新設）第520条の15	記名式所持人払証券の善意取得
—	—		（新設）第520条の16	記名式所持人払証券の譲渡における債務者の抗弁の制限
—	—		（新設）第520条の17	記名式所持人払証券の質入れ
—	—		（新設）第520条の18	指図証券の規定の準用
—			（新設）第3款　その他の記名証券	
—	—		（新設）第520条の19	〔その他の記名証券〕
—			（新設）第4款　無記名証券	
—	—		（新設）第520条の20	〔無記名証券〕
	第2章　契　約			第2章　契　約
	第1節　総　則			第1節　総　則
	第1款　契約の成立			第1款　契約の成立
—	—		（新設）第521条	契約の締結及び内容の自由
—	—		（新設）第522条	契約の成立と方式
第521条	承諾の期間の定めのある申込み		第523条	承諾の期間の定めのある申込み
第522条	承諾の通知の延着		【削除】	
第523条	遅延した承諾の効力		第524条	遅延した承諾の効力
第524条	承諾の期間の定めのない申込み		第525条	承諾の期間の定めのない申込み

第525条	申込者の死亡又は行為能力の喪失	第526条	申込者の死亡等
第526条	隔地者間の契約の成立時期	第527条	承諾の通知を必要としない場合における契約の成立時期
第527条	申込みの撤回の通知の延着	【削除】	
第528条	申込みに変更を加えた承諾	第528条	申込みに変更を加えた承諾
第529条	懸賞広告	第529条	懸賞広告
—	—	(新設)第529条の2	指定した行為をする期間の定めのある懸賞広告
—	—	(新設)第529条の3	指定した行為をする期間の定めのない懸賞広告
第530条	懸賞広告の撤回	第530条	懸賞広告の撤回の方法
第531条	懸賞広告の報酬を受ける権利	第531条	懸賞広告の報酬を受ける権利
第532条	優等懸賞広告	第532条	優等懸賞広告
第2款　契約の効力		第2款　契約の効力	
第533条	同時履行の抗弁	第533条	同時履行の抗弁
第534条	債権者の危険負担	第534条	削　除
第535条	停止条件付双務契約における危険負担	第535条	削　除
第536条	債務者の危険負担等	第536条	債務者の危険負担等
第537条	第三者のためにする契約	第537条	第三者のためにする契約
第538条	第三者の権利の確定	第538条	第三者の権利の確定
第539条	債務者の抗弁	第539条	債務者の抗弁
—		(新設)第3款　契約上の地位の移転	
—	—	(新設)第539条の2	〔契約上の地位の移転〕
第3款　契約の解除		第4款　契約の解除	
第540条	解除権の行使	第540条	解除権の行使
第541条	履行遅滞等による解除権	第541条	催告による解除
第542条	定期行為の履行遅滞による解除権	第542条	催告によらない解除
第543条	履行不能による解除権	【削除】〔→第542条第1項第一号〕	
—	—	(新設)第543条	債権者の責めに帰すべき事由による場合
第544条	解除権の不可分性	第544条	解除権の不可分性
第545条	解除の効果	第545条	解除の効果
第546条	契約の解除と同時履行	第546条	契約の解除と同時履行
第547条	催告による解除権の消滅	第547条	催告による解除権の消滅
第548条	解除権者の行為等による解除権の消滅	第548条	解除権者の故意による目的物の損傷等による解除権の消滅
—		(新設)第5款　定型約款	
—	—	(新設)第548条の2	定型約款の合意
—	—	(新設)第548条の3	定型約款の内容の表示
—	—	(新設)第548条の4	定型約款の変更
第2節　贈　与		第2節　贈　与	
第549条	贈　与	第549条	贈　与
第550条	書面によらない贈与の撤回	第550条	書面によらない贈与の解除

第551条	贈与者の担保責任	第551条	贈与者の引渡義務等
第552条	定期贈与	第552条	定期贈与
第553条	負担付贈与	第553条	負担付贈与
第554条	死因贈与	第554条	死因贈与
第3節　売　買		第3節　売　買	
第1款　総　則		第1款　総　則	
第555条	売　買	第555条	売　買
第556条	売買の一方の予約	第556条	売買の一方の予約
第557条	手　付	第557条	手　付
第558条	売買契約に関する費用	第558条	売買契約に関する費用
第559条	有償契約への準用	第559条	有償契約への準用
第2款　売買の効力		第2款　売買の効力	
－	－	（新設）第560条	権利移転の対抗要件に係る売主の義務
第560条	他人の権利の売買における売主の義務	第561条	他人の権利の売買における売主の義務
第561条	他人の権利の売買における売主の担保責任	【削除】	
第562条	他人の権利の売買における善意の売主の解除権	【削除】	
－	－	（新設）第562条	買主の追完請求権
－	－	（新設）第563条	買主の代金減額請求権
－	－	（新設）第564条	買主の損害賠償請求及び解除権の行使
－	－	（新設）第565条	移転した権利が契約の内容に適合しない場合における売主の担保責任
－	－	（新設）第566条	目的物の種類又は品質に関する担保責任の期間の制限
－	－	（新設）第567条	目的物の滅失等についての危険の移転
第563条	権利の一部が他人に属する場合における売主の担保責任	【削除】	
第564条	〔権利の一部が他人に属する場合における売主の担保責任　その2〕	【削除】	
第565条	数量の不足又は物の一部滅失の場合における売主の担保責任	【削除】	
第566条	地上権等がある場合等における売主の担保責任	【削除】	
第567条	抵当権等がある場合における売主の担保責任	第570条	抵当権等がある場合の買主による費用の償還請求
第568条	強制競売における担保責任	第568条	競売における担保責任等
第569条	債権の売主の担保責任	第569条	債権の売主の担保責任
第570条	売主の瑕疵担保責任	【削除】	
第571条	売主の担保責任と同時履行	第571条	削　除〔→533条〕
第572条	担保責任を負わない旨の特約	第572条	担保責任を負わない旨の特約

第573条	代金の支払期限	第573条	代金の支払期限
第574条	代金の支払場所	第574条	代金の支払場所
第575条	果実の帰属及び代金の利息の支払	第575条	果実の帰属及び代金の利息の支払
第576条	権利を失うおそれがある場合の買主による代金の支払の拒絶	第576条	権利を取得することができない等のおそれがある場合の買主による代金の支払の拒絶
第577条	抵当権等の登記がある場合の買主による代金の支払の拒絶	第577条	抵当権等の登記がある場合の買主による代金の支払の拒絶
第578条	売主による代金の供託の請求	第578条	売主による代金の供託の請求,
	第3款　買戻し		第3款　買戻し
第579条	買戻しの特約	第579条	買戻しの特約
第580条	買戻しの期間	第580条	買戻しの期間
第581条	買戻しの特約の対抗力	第581条	買戻しの特約の対抗力
第582条	買戻権の代位行使	第582条	買戻権の代位行使
第583条	買戻しの実行	第583条	買戻しの実行
第584条	共有持分の買戻特約付売買	第584条	共有持分の買戻特約付売買
第585条	〔共有持分の買戻特約付売買　その2〕	第585条	〔共有持分の買戻特約付売買　その2〕
	第4節　交　換		第4節　交　換
第586条	〔交　換〕	第586条	〔交　換〕
	第5節　消費貸借		第5節　消費貸借
第587条	消費貸借	第587条	消費貸借
—	—	(新設)第587条の2	書面でする消費貸借等
第588条	準消費貸借	第588条	準消費貸借
		(新設)第589条	利　息
第589条	消費貸借の予約と破産手続の開始	【削除】	
第590条	貸主の担保責任	第590条	貸主の引渡義務等
第591条	返還の時期	第591条	返還の時期
第592条	価額の償還	第592条	価額の償還
	第6節　使用貸借		第6節　使用貸借
第593条	使用貸借	第593条	使用貸借
—	—	(新設)第593条の2	借用物受取り前の貸主による使用貸借の解除
第594条	借主による使用及び収益	第594条	借主による使用及び収益
第595条	借用物の費用の負担	第595条	借用物の費用の負担
第596条	貸主の担保責任	第596条	貸主の引渡し義務等
第597条	借用物の返還の時期	第597条	期間満了等による使用貸借の終了
—	—	(新設)第598条	使用貸借の解除
第598条	借主による収去	第599条	借主による収去等
第599条	借主の死亡による使用貸借の終了	【削除】〔→第597条第3項〕	
第600条	損害賠償及び費用の償還の請求権についての期間の制限	第600条	損害賠償及び費用の償還の請求権についての期間の制限
	第7節　賃貸借		第7節　賃貸借
	第1款　総　則		第1款　総　則

第601条	賃貸借	第601条	賃貸借
第602条	短期賃貸借	第602条	短期賃貸借
第603条	短期賃貸借の更新	第603条	短期賃貸借の更新
第604条	賃貸借の存続期間	第604条	賃貸借の存続期間
第2款　賃貸借の効力		第2款　賃貸借の効力	
第605条	不動産賃貸借の対抗力	第605条	不動産賃貸借の対抗力
－	－	(新設)第605条の2	不動産の賃貸人たる地位の移転
－	－	(新設)第605条の3	合意による不動産の賃貸人たる地位の移転
－	－	(新設)第605条の4	不動産の賃借人による妨害の停止の請求等
第606条	賃貸物の修繕等	第606条	賃貸人による修繕等
第607条	賃借人の意思に反する保存行為	第607条	賃借人の意思に反する保存行為
－	－	(新設)第607条の2	賃借人による修繕
第608条	賃借人による費用の償還請求	第608条	賃借人による費用の償還請求
第609条	減収による賃料の減額請求	第609条	減収による賃料の減額請求
第610条	減収による解除	第610条	減収による解除
第611条	賃借物の一部滅失による賃料の減額請求等	第611条	賃借物の一部滅失等による賃料の減額等
第612条	賃借権の譲渡及び転貸の制限	第612条	賃借権の譲渡及び転貸の制限
第613条	転貸の効果	第613条	転貸の効果
第614条	賃料の支払時期	第614条	賃料の支払時期
第615条	賃借人の通知義務	第615条	賃借人の通知義務
第616条	使用貸借の規定の準用	第616条	賃借人による使用及び収益
第3款　賃貸借の終了		第3款　賃貸借の終了	
－	－	(新設)第616条の2	賃借物の全部滅失等による賃貸借の終了
第617条	期間の定めのない賃貸借の解約の申入れ	第617条	期間の定めのない賃貸借の解約の申入れ
第618条	期間の定めのある賃貸借の解約をする権利の留保	第618条	期間の定めのある賃貸借の解約をする権利の留保
第619条	賃貸借の更新の推定等	第619条	賃貸借の更新の推定等
第620条	賃貸借の解除の効力	第620条	賃貸借の解除の効力
－	－	(新設)621条	賃借人の原状回復義務
第621条	損害賠償及び費用の償還の請求権についての期間の制限	622条	使用貸借の規定の準用
第622条	削　除	－	－
－		(新設)第4款　敷　金	
－		(新設)第622条の2	〔敷　金〕
第8節　雇用		第8節　雇用	
第623条	雇　用	第623条	雇　用
第624条	報酬の支払時期	第624条	報酬の支払時期
－	－	(新設)第624条の2	履行の割合に応じた報酬
第625条	使用者の権利の譲渡の制限等	第625条	使用者の権利の譲渡の制限等

第626条	期間の定めのある雇用の解除		第626条	期間の定めのある雇用の解除
第627条	期間の定めのない雇用の解約の申入れ		第627条	期間の定めのない雇用の解約の申入れ
第628条	やむを得ない事由による雇用の解除		第628条	やむを得ない事由による雇用の解除
第629条	雇用の更新の推定等		第629条	雇用の更新の推定等
第630条	雇用の解除の効力		第630条	雇用の解除の効力
第631条	使用者についての破産手続の開始による解約の申入れ		第631条	使用者についての破産手続の開始による解約の申入れ
	第9節　請　負			第9節　請　負
第632条	請　負		第632条	請　負
第633条	報酬の支払時期		第633条	報酬の支払時期
─	─		（新設）第634条	注文者が受ける利益の割合に応じた報酬
第634条	請負人の担保責任		【削除】	
第635条	〔請負人の担保責任　その2〕		第635条	削　除
第636条	請負人の担保責任に関する規定の不適用		第636条	請負人の担保責任の制限
第637条	請負人の担保責任の存続期間		第637条	目的物の種類又は品質に関する担保責任の期間の制限
第638条	〔請負人の担保責任の存続期間　その2〕		第638条	削　除
第639条	担保責任の存続期間の伸長		第639条	削　除
第640条	担保責任を負わない旨の特約		第640条	削　除
第641条	注文者による契約の解除		第641条	注文者による契約の解除
第642条	注文者についての破産手続の開始による解除		第642条	注文者についての破産手続の開始による解除
	第10節　委　任			第10節　委　任
第643条	委　任		第643条	委　任
第644条	受任者の注意義務		第644条	受任者の注意義務
─	─		第644条の2	復受任者の選任等
第645条	受任者による報告		第645条	受任者による報告
第646条	受任者による受取物の引渡し等		第646条	受任者による受取物の引渡し等
第647条	受任者の金銭の消費についての責任		第647条	受任者の金銭の消費についての責任
第648条	受任者の報酬		第648条	受任者の報酬
─	─		第648条の2	成果等に対する報酬
第649条	受任者による費用の前払請求		第649条	受任者による費用の前払請求
第650条	受任者による費用等の償還請求等		第650条	受任者による費用等の償還請求等
第651条	委任の解除		第651条	委任の解除
第652条	委任の解除の効力		第652条	委任の解除の効力
第653条	委任の終了事由		第653条	委任の終了事由
第654条	委任の終了後の処分		第654条	委任の終了後の処分
第655条	委任の終了の対抗要件		第655条	委任の終了の対抗要件
第656条	準委任		第656条	準委任
	第11節　寄　託			第11節　寄　託
第657条	寄　託		第657条	寄　託

―	―	（新設）第657条の2	寄託物受取り前の寄託者による寄託の解除等
第658条	寄託物の使用及び第三者による保管	第658条	寄託物の使用及び第三者による保管
第659条	無償受寄者の注意義務	第659条	無報酬の受寄者の注意義務
第660条	受寄者の通知義務	第660条	受寄者の通知義務等
第661条	寄託者による損害賠償	第661条	寄託者による損害賠償
第662条	寄託者による返還請求	第662条	寄託者による返還請求等
第663条	寄託物の返還の時期	第663条	寄託物の返還の時期
第664条	寄託物の返還の場所	第664条	寄託物の返還の場所
―	―	（新設）第664条の2	損害賠償及び費用の償還の請求権についての期間の制限
第665条	委任の規定の準用	第665条	委任の規定の準用
		（新設）第665条の2	混合寄託
第666条	消費寄託	第666条	消費寄託
第12節　組　合		第12節　組　合	
第667条	組合契約	第667条	組合契約
―	―	（新設）第667条の2	他の組合員の債務不履行
―	―	（新設）第667条の3	組合員の一人についての意思表示の無効等
第668条	組合財産の共有	第668条	組合財産の共有
第669条	金銭出資の不履行の責任	第669条	金銭出資の不履行の責任
第670条	業務の執行の方法	第670条	業務の決定及び執行の方法
		（新設）第670条の2	組合の代理
第671条	委任の規定の準用	第671条	委任の規定の準用
第672条	業務執行組合員の辞任及び解任	第672条	業務執行組合員の辞任及び解任
第673条	組合員の組合の業務及び財産状況に関する検査	第673条	組合員の組合の業務及び財産状況に関する検査
第674条	組合員の損益分配の割合	第674条	組合員の損益分配の割合
第675条	組合員に対する組合の債権者の権利の行使	第675条	組合の債権者の権利の行使
第676条	組合員の持分の処分及び組合財産の分割	第676条	組合員の持分の処分及び組合財産の分割
第677条	組合の債務者による相殺の禁止	第677条	組合財産に対する組合員の債権者の権利の行使の禁止
―	―	（新設）第677条の2	組合の加入
第678条	組合員の脱退	第678条	組合員の脱退
第679条	〔組合員の脱退　その2〕	第679条	〔組合員の脱退　その2〕
第680条	組合員の除名	第680条	組合員の除名
―	―	（新設）第680条の2	脱退した組合員の責任等
第681条	脱退した組合員の持分の払戻し	第681条	脱退した組合員の持分の払戻し
第682条	組合の解散事由	第682条	組合の解散事由
第683条	組合の解散の請求	第683条	組合の解散の請求
第684条	組合契約の解除の効力	第684条	組合契約の解除の効力
第685条	組合の清算及び清算人の選任	第685条	組合の清算及び清算人の選任
第686条	清算人の業務の執行の方法	第686条	清算人の業務の決定及び執行の方法
第687条	組合員である清算人の辞任及び解任	第687条	組合員である清算人の辞任及び解任

第688条	清算人の職務及び権限並びに残余財産の分割方法	第688条	清算人の職務及び権限並びに残余財産の分割方法
第13節　終身定期金		第13節　終身定期金	
第689条	終身定期金契約	第689条	終身定期金契約
第690条	終身定期金の計算	第690条	終身定期金の計算
第691条	終身定期金契約の解除	第691条	終身定期金契約の解除
第692条	終身定期金契約の解除と同時履行	第692条	終身定期金契約の解除と同時履行
第693条	終身定期金債権の存続の宣告	第693条	終身定期金債権の存続の宣告
第694条	終身定期金の遺贈	第694条	終身定期金の遺贈
第14節　和　解		第14節　和　解	
第695条	和　解	第695条	和　解
第696条	和解の効力	第696条	和解の効力
第3章　事務管理		第3章　事務管理	
第697条	事務管理	第697条	事務管理
第698条	緊急事務管理	第698条	緊急事務管理
第699条	管理者の通知義務	第699条	管理者の通知義務
第700条	管理者による事務管理の継続	第700条	管理者による事務管理の継続
第701条	委任の規定の準用	第701条	委任の規定の準用
第702条	管理者による費用の償還請求等	第702条	管理者による費用の償還請求等
第4章　不当利得		第4章　不当利得	
第703条	不当利得の返還義務	第703条	不当利得の返還義務
第704条	悪意の受益者の返還義務等	第704条	悪意の受益者の返還義務等
第705条	債務の不存在を知ってした弁済	第705条	債務の不存在を知ってした弁済
第706条	期限前の弁済	第706条	期限前の弁済
第707条	他人の債務の弁済	第707条	他人の債務の弁済
第708条	不法原因給付	第708条	不法原因給付
第5章　不法行為		第5章　不法行為	
第709条	不法行為による損害賠償	第709条	不法行為による損害賠償
第710条	財産以外の損害の賠償	第710条	財産以外の損害の賠償
第711条	近親者に対する損害の賠償	第711条	近親者に対する損害の賠償
第712条	責任能力	第712条	責任能力
第713条	〔責任能力　その2〕	第713条	〔責任能力　その2〕
第714条	責任無能力者の監督義務者等の責任	第714条	責任無能力者の監督義務者等の責任
第715条	使用者等の責任	第715条	使用者等の責任
第716条	注文者の責任	第716条	注文者の責任
第717条	土地の工作物等の占有者及び所有者の責任	第717条	土地の工作物等の占有者及び所有者の責任
第718条	動物の占有者等の責任	第718条	動物の占有者等の責任
第719条	共同不法行為者の責任	第719条	共同不法行為者の責任
第720条	正当防衛及び緊急避難	第720条	正当防衛及び緊急避難
第721条	損害賠償請求権に関する胎児の権利能力	第721条	損害賠償請求権に関する胎児の権利能力
第722条	損害賠償の方法及び過失相殺	第722条	損害賠償の方法、中間利息の控除

			及び過失相殺
第723条	名誉毀損における原状回復	第723条	名誉毀損における原状回復
第724条	不法行為による損害賠償請求権の期間の制限	第724条	不法行為による損害賠償請求権の消滅時効
―	―	(新設)第724条の2	人の生命又は身体を害する不法行為による損害賠償請求権の消滅時効
第4編　親　族			第4編　親　族
第1章　総　則			第1章　総　則
第725条	親族の範囲	第725条	親族の範囲
第726条	親等の計算	第726条	親等の計算
第727条	縁組による親族関係の発生	第727条	縁組による親族関係の発生
第728条	離婚等による姻族関係の終了	第728条	離婚等による姻族関係の終了
第729条	離縁による親族関係の終了	第729条	離縁による親族関係の終了
第730条	親族間の扶け合い	第730条	親族間の扶け合い
第2章　婚　姻			第2章　婚　姻
第1節　婚姻の成立			第1節　婚姻の成立
第1款　婚姻の要件			第1款　婚姻の要件
第731条	婚姻適齢	第731条	婚姻適齢
第732条	重婚の禁止	第732条	重婚の禁止
第733条	再婚禁止期間	第733条	再婚禁止期間
第734条	近親者間の婚姻の禁止	第734条	近親者間の婚姻の禁止
第735条	直系姻族間の婚姻の禁止	第735条	直系姻族間の婚姻の禁止
第736条	養親子等の間の婚姻の禁止	第736条	養親子等の間の婚姻の禁止
第737条	未成年者の婚姻についての父母の同意	第737条	未成年者の婚姻についての父母の同意
第738条	成年被後見人の婚姻	第738条	成年被後見人の婚姻
第739条	婚姻の届出	第739条	婚姻の届出
第740条	婚姻の届出の受理	第740条	婚姻の届出の受理
第741条	外国に在る日本人間の婚姻の方式	第741条	外国に在る日本人間の婚姻の方式
第2款　婚姻の無効及び取消し			第2款　婚姻の無効及び取消し
第742条	婚姻の無効	第742条	婚姻の無効
第743条	婚姻の取消し	第743条	婚姻の取消し
第744条	不適法な婚姻の取消し	第744条	不適法な婚姻の取消し
第745条	不適齢者の婚姻の取消し	第745条	不適齢者の婚姻の取消し
第746条	再婚禁止期間内にした婚姻の取消し	第746条	再婚禁止期間内にした婚姻の取消し
第747条	詐欺又は強迫による婚姻の取消し	第747条	詐欺又は強迫による婚姻の取消し
第748条	婚姻の取消しの効力	第748条	婚姻の取消しの効力
第749条	離婚の規定の準用	第749条	離婚の規定の準用
第2節　婚姻の効力			第2節　婚姻の効力
第750条	夫婦の氏	第750条	夫婦の氏
第751条	生存配偶者の復氏等	第751条	生存配偶者の復氏等
第752条	同居、協力及び扶助の義務	第752条	同居、協力及び扶助の義務
第753条	婚姻による成年擬制	第753条	婚姻による成年擬制

第754条	夫婦間の契約の取消権	第754条	夫婦間の契約の取消権
第3節 夫婦財産制		第3節 夫婦財産制	
第1款 総則		第1款 総則	
第755条	夫婦の財産関係	第755条	夫婦の財産関係
第756条	夫婦財産契約の対抗要件	第756条	夫婦財産契約の対抗要件
第757条	削除	第757条	削除
第758条	夫婦の財産関係の変更の制限等	第758条	夫婦の財産関係の変更の制限等
第759条	財産の管理者の変更及び共有財産の分割の対抗要件	第759条	財産の管理者の変更及び共有財産の分割の対抗要件
第2款 法定財産制		第2款 法定財産制	
第760条	婚姻費用の分担	第760条	婚姻費用の分担
第761条	日常の家事に関する債務の連帯責任	第761条	日常の家事に関する債務の連帯責任
第762条	夫婦間における財産の帰属	第762条	夫婦間における財産の帰属
第4節 離婚		第4節 離婚	
第1款 協議上の離婚		第1款 協議上の離婚	
第763条	協議上の離婚	第763条	協議上の離婚
第764条	婚姻の規定の準用	第764条	婚姻の規定の準用
第765条	離婚の届出の受理	第765条	離婚の届出の受理
第766条	離婚後の子の監護に関する事項の定め等	第766条	離婚後の子の監護に関する事項の定め等
第767条	離婚による復氏等	第767条	離婚による復氏等
第768条	財産分与	第768条	財産分与
第769条	離婚による復氏の際の権利の承継	第769条	離婚による復氏の際の権利の承継
第2款 裁判上の離婚		第2款 裁判上の離婚	
第770条	裁判上の離婚	第770条	裁判上の離婚
第771条	協議上の離婚の規定の準用	第771条	協議上の離婚の規定の準用
第3章 親子		第3章 親子	
第1節 実子		第1節 実子	
第772条	嫡出の推定	第772条	嫡出の推定
第773条	父を定めることを目的とする訴え	第773条	父を定めることを目的とする訴え
第774条	嫡出の否認	第774条	嫡出の否認
第775条	嫡出否認の訴え	第775条	嫡出否認の訴え
第776条	嫡出の承認	第776条	嫡出の承認
第777条	嫡出否認の訴えの出訴期間	第777条	嫡出否認の訴えの出訴期間
第778条	〔嫡出否認の訴えの出訴期間 その2〕	第778条	〔嫡出否認の訴えの出訴期間 その2〕
第779条	認知	第779条	認知
第780条	認知能力	第780条	認知能力
第781条	認知の方式	第781条	認知の方式
第782条	成年の子の認知	第782条	成年の子の認知
第783条	胎児又は死亡した子の認知	第783条	胎児又は死亡した子の認知
第784条	認知の効力	第784条	認知の効力
第785条	認知の取消しの禁止	第785条	認知の取消しの禁止

第786条	認知に対する反対の事実の主張	第786条	認知に対する反対の事実の主張
第787条	認知の訴え	第787条	認知の訴え
第788条	認知後の子の監護に関する事項の定め等	第788条	認知後の子の監護に関する事項の定め等
第789条	準　正	第789条	準　正
第790条	子の氏	第790条	子の氏
第791条	子の氏の変更	第791条	子の氏の変更
第2節　養子		第2節　養子	
第1款　縁組の要件		第1款　縁組の要件	
第792条	養親となる者の年齢	第792条	養親となる者の年齢
第793条	尊属又は年長者を養子とすることの禁止	第793条	尊属又は年長者を養子とすることの禁止
第794条	後見人が被後見人を養子とする縁組	第794条	後見人が被後見人を養子とする縁組
第795条	配偶者のある者が未成年者を養子とする縁組	第795条	配偶者のある者が未成年者を養子とする縁組
第796条	配偶者のある者の縁組	第796条	配偶者のある者の縁組
第797条	十五歳未満の者を養子とする縁組	第797条	十五歳未満の者を養子とする縁組
第798条	未成年者を養子とする縁組	第798条	未成年者を養子とする縁組
第799条	婚姻の規定の準用	第799条	婚姻の規定の準用
第800条	縁組の届出の受理	第800条	縁組の届出の受理
第801条	外国に在る日本人間の縁組の方式	第801条	外国に在る日本人間の縁組の方式
第2款　縁組の無効及び取消し		第2款　縁組の無効及び取消し	
第802条	縁組の無効	第802条	縁組の無効
第803条	縁組の取消し	第803条	縁組の取消し
第804条	養親が未成年者である場合の縁組の取消し	第804条	養親が未成年者である場合の縁組の取消し
第805条	養子が尊属又は年長者である場合の縁組の取消し	第805条	養子が尊属又は年長者である場合の縁組の取消し
第806条	後見人と被後見人との間の無許可縁組の取消し	第806条	後見人と被後見人との間の無許可縁組の取消し
第806条の2	配偶者の同意のない縁組等の取消し	第806条の2	配偶者の同意のない縁組等の取消し
第806条の3	子の監護をすべき者の同意のない縁組等の取消し	第806条の3	子の監護をすべき者の同意のない縁組等の取消し
第807条	養子が未成年者である場合の無許可縁組の取消し	第807条	養子が未成年者である場合の無許可縁組の取消し
第808条	婚姻の取消し等の規定の準用	第808条	婚姻の取消し等の規定の準用
第3款　縁組の効力		第3款　縁組の効力	
第809条	嫡出子の身分の取得	第809条	嫡出子の身分の取得
第810条	養子の氏	第810条	養子の氏
第4款　離縁		第4款　離縁	
第811条	協議上の離縁等	第811条	協議上の離縁等
第811条の2	夫婦である養親と未成年者との離縁	第811条の2	夫婦である養親と未成年者との離縁
第812条	婚姻の規定の準用	第812条	婚姻の規定の準用
第813条	離縁の届出の受理	第813条	離縁の届出の受理

第814条	裁判上の離縁	第814条	裁判上の離縁
第815条	養子が十五歳未満である場合の離縁の訴えの当事者	第815条	養子が十五歳未満である場合の離縁の訴えの当事者
第816条	離縁による復氏等	第816条	離縁による復氏等
第817条	離縁による復氏の際の権利の承継	第817条	離縁による復氏の際の権利の承継
	第5款　特別養子		第5款　特別養子
第817条の2	特別養子縁組の成立	第817条の2	特別養子縁組の成立
第817条の3	養親の夫婦共同縁組	第817条の3	養親の夫婦共同縁組
第817条の4	養親となる者の年齢	第817条の4	養親となる者の年齢
第817条の5	養子となる者の年齢	第817条の5	養子となる者の年齢
第817条の6	父母の同意	第817条の6	父母の同意
第817条の7	子の利益のための特別の必要性	第817条の7	子の利益のための特別の必要性
第817条の8	監護の状況	第817条の8	監護の状況
第817条の9	実方との親族関係の終了	第817条の9	実方との親族関係の終了
第817条の10	特別養子縁組の離縁	第817条の10	特別養子縁組の離縁
第817条の11	離縁による実方との親族関係の回復	第817条の11	離縁による実方との親族関係の回復
	第4章　親　権		第4章　親　権
	第1節　総　則		第1節　総　則
第818条	親権者	第818条	親権者
第819条	離婚又は認知の場合の親権者	第819条	離婚又は認知の場合の親権者
	第2節　親権の効力		第2節　親権の効力
第820条	監護及び教育の権利義務	第820条	監護及び教育の権利義務
第821条	居所の指定	第821条	居所の指定
第822条	懲　戒	第822条	懲　戒
第823条	職業の許可	第823条	職業の許可
第824条	財産の管理及び代表	第824条	財産の管理及び代表
第825条	父母の一方が共同の名義でした行為の効力	第825条	父母の一方が共同の名義でした行為の効力
第826条	利益相反行為	第826条	利益相反行為
第827条	財産の管理における注意義務	第827条	財産の管理における注意義務
第828条	財産の管理の計算	第828条	財産の管理の計算
第829条	〔財産の管理の計算　その2〕	第829条	〔財産の管理の計算　その2〕
第830条	第三者が無償で子に与えた財産の管理	第830条	第三者が無償で子に与えた財産の管理
第831条	委任の規定の準用	第831条	委任の規定の準用
第832条	財産の管理について生じた親子間の債権の消滅時効	第832条	財産の管理について生じた親子間の債権の消滅時効
第833条	子に代わる親権の行使	第833条	子に代わる親権の行使
	第3節　親権の喪失		第3節　親権の喪失
第834条	親権喪失の審判	第834条	親権喪失の審判
第834条の2	親権停止の審判	第834条の2	親権停止の審判
第835条	管理権喪失の審判	第835条	管理権喪失の審判
第836条	親権喪失、親権停止又は管理権喪失の審判の取消し	第836条	親権喪失、親権停止又は管理権喪失の審判の取消し

第837条	親権又は管理権の辞任及び回復	第837条	親権又は管理権の辞任及び回復
第5章　後　見		第5章　後　見	
第1節　後見の開始		第1節　後見の開始	
第838条	〔後見の開始〕	第838条	〔後見の開始〕
第2節　後見の機関		第2節　後見の機関	
第1款　後見人		第1款　後見人	
第839条	未成年後見人の指定	第839条	未成年後見人の指定
第840条	未成年後見人の選任	第840条	未成年後見人の選任
第841条	父母による未成年後見人の選任の請求	第841条	父母による未成年後見人の選任の請求
第842条	未成年後見人の数	第842条	未成年後見人の数
第843条	成年後見人の選任	第843条	成年後見人の選任
第844条	後見人の辞任	第844条	後見人の辞任
第845条	辞任した後見人による新たな後見人の選任の請求	第845条	辞任した後見人による新たな後見人の選任の請求
第846条	後見人の解任	第846条	後見人の解任
第847条	後見人の欠格事由	第847条	後見人の欠格事由
第2款　後見監督人		第2款　後見監督人	
第848条	未成年後見監督人の指定	第848条	未成年後見監督人の指定
第849条	後見監督人の選任	第849条	後見監督人の選任
第850条	後見監督人の欠格事由	第850条	後見監督人の欠格事由
第851条	後見監督人の職務	第851条	後見監督人の職務
第852条	委任及び後見人の規定の準用	第852条	委任及び後見人の規定の準用
第3節　後見の事務		第3節　後見の事務	
第853条	財産の調査及び目録の作成	第853条	財産の調査及び目録の作成
第854条	財産の目録の作成前の権限	第854条	財産の目録の作成前の権限
第855条	後見人の被後見人に対する債権又は債務の申出義務	第855条	後見人の被後見人に対する債権又は債務の申出義務
第856条	被後見人が包括財産を取得した場合についての準用	第856条	被後見人が包括財産を取得した場合についての準用
第857条	未成年被後見人の身上の監護に関する権利義務	第857条	未成年被後見人の身上の監護に関する権利義務
第857条の2	未成年後見人が数人ある場合の権限の行使等	第857条の2	未成年後見人が数人ある場合の権限の行使等
第858条	成年被後見人の意思の尊重及び身上の配慮	第858条	成年被後見人の意思の尊重及び身上の配慮
第859条	財産の管理及び代表	第859条	財産の管理及び代表
第859条の2	成年後見人が数人ある場合の権限の行使等	第859条の2	成年後見人が数人ある場合の権限の行使等
第859条の3	成年被後見人の居住用不動産の処分についての許可	第859条の3	成年被後見人の居住用不動産の処分についての許可
第860条	利益相反行為	第860条	利益相反行為
第861条	支出金額の予定及び後見の事務の	第861条	支出金額の予定及び後見の事務の

	費用		費用
第862条	後見人の報酬	第862条	後見人の報酬
第863条	後見の事務の監督	第863条	後見の事務の監督
第864条	後見監督人の同意を要する行為	第864条	後見監督人の同意を要する行為
第865条	〔後見監督人の同意を要する行為 その2〕	第865条	〔後見監督人の同意を要する行為 その2〕
第866条	被後見人の財産等の譲受けの取消し	第866条	被後見人の財産等の譲受けの取消し
第867条	未成年被後見人に代わる親権の行使	第867条	未成年被後見人に代わる親権の行使
第868条	財産に関する権限のみを有する未成年後見人	第868条	財産に関する権限のみを有する未成年後見人
第869条	委任及び親権の規定の準用	第869条	委任及び親権の規定の準用
第4節　後見の終了		第4節　後見の終了	
第870条	後見の計算	第870条	後見の計算
第871条	〔後見の計算　その2〕	第871条	〔後見の計算　その2〕
第872条	未成年被後見人と未成年後見人等との間の契約等の取消し	第872条	未成年被後見人と未成年後見人等との間の契約等の取消し
第873条	返還金に対する利息の支払等	第873条	返還金に対する利息の支払等
第874条	委任の規定の準用	第874条	委任の規定の準用
第875条	後見に関して生じた債権の消滅時効	第875条	後見に関して生じた債権の消滅時効
第6章　保佐及び補助		第6章　保佐及び補助	
第1節　保　佐		第1節　保　佐	
第876条	保佐の開始	第876条	保佐の開始
第876条の2	保佐人及び臨時保佐人の選任等	第876条の2	保佐人及び臨時保佐人の選任等
第876条の3	保佐監督人	第876条の3	保佐監督人
第876条の4	保佐人に代理権を付与する旨の審判	第876条の4	保佐人に代理権を付与する旨の審判
第876条の5	保佐の事務及び保佐人の任務の終了等	第876条の5	保佐の事務及び保佐人の任務の終了等
第2節　補　助		第2節　補　助	
第876条の6	補助の開始	第876条の6	補助の開始
第876条の7	補助人及び臨時補助人の選任等	第876条の7	補助人及び臨時補助人の選任等
第876条の8	補助監督人	第876条の8	補助監督人
第876条の9	補助人に代理権を付与する旨の審判	第876条の9	補助人に代理権を付与する旨の審判
第876条の10	補助の事務及び補助人の任務の終了等	第876条の10	補助の事務及び補助人の任務の終了等
第7章　扶　養		第7章　扶　養	
第877条	扶養義務者	第877条	扶養義務者
第878条	扶養の順位	第878条	扶養の順位
第879条	扶養の程度又は方法	第879条	扶養の程度又は方法
第880条	扶養に関する協議又は審判の変更又は取消し	第880条	扶養に関する協議又は審判の変更又は取消し
第881条	扶養請求権の処分の禁止	第881条	扶養請求権の処分の禁止
第5編　相　続		第5編　相　続	
第1章　総　則		第1章　総　則	

第882条	相続開始の原因	第882条	相続開始の原因
第883条	相続開始の場所	第883条	相続開始の場所
第884条	相続回復請求権	第884条	相続回復請求権
第885条	相続財産に関する費用	第885条	相続財産に関する費用
	第2章　相続人		第2章　相続人
第886条	相続に関する胎児の権利能力	第886条	相続に関する胎児の権利能力
第887条	子及びその代襲者等の相続権	第887条	子及びその代襲者等の相続権
第888条	削　除	第888条	削　除
第889条	直系尊属及び兄弟姉妹の相続権	第889条	直系尊属及び兄弟姉妹の相続権
第890条	配偶者の相続権	第890条	配偶者の相続権
第891条	相続人の欠格事由	第891条	相続人の欠格事由
第892条	推定相続人の廃除	第892条	推定相続人の廃除
第893条	遺言による推定相続人の廃除	第893条	遺言による推定相続人の廃除
第894条	推定相続人の廃除の取消し	第894条	推定相続人の廃除の取消し
第895条	推定相続人の廃除に関する審判確定前の遺産の管理	第895条	推定相続人の廃除に関する審判確定前の遺産の管理
	第3章　相続の効力		第3章　相続の効力
	第1節　総　則		第1節　総　則
第896条	相続の一般的効力	第896条	相続の一般的効力
第897条	祭祀に関する権利の承継	第897条	祭祀に関する権利の承継
第898条	共同相続の効力	第898条	共同相続の効力
第899条	〔共同相続の効力　その2〕	第899条	〔共同相続の効力　その2〕
	第2節　相続分		第2節　相続分
第900条	法定相続分	第900条	法定相続分
第901条	代襲相続人の相続分	第901条	代襲相続人の相続分
第902条	遺言による相続分の指定	第902条	遺言による相続分の指定
第903条	特別受益者の相続分	第903条	特別受益者の相続分
第904条	〔特別受益者の相続分　その2〕	第904条	〔特別受益者の相続分　その2〕
第904条の2	寄与分	第904条の2	寄与分
第905条	相続分の取戻権	第905条	相続分の取戻権
	第3節　遺産の分割		第3節　遺産の分割
第906条	遺産の分割の基準	第906条	遺産の分割の基準
第907条	遺産の分割の協議又は審判等	第907条	遺産の分割の協議又は審判等
第908条	遺産の分割の方法の指定及び遺産の分割の禁止	第908条	遺産の分割の方法の指定及び遺産の分割の禁止
第909条	遺産の分割の効力	第909条	遺産の分割の効力
第910条	相続の開始後に認知された者の価額の支払請求権	第910条	相続の開始後に認知された者の価額の支払請求権
第911条	共同相続人間の担保責任	第911条	共同相続人間の担保責任
第912条	遺産の分割によって受けた債権についての担保責任	第912条	遺産の分割によって受けた債権についての担保責任
第913条	資力のない共同相続人がある場合の担保責任の分担	第913条	資力のない共同相続人がある場合の担保責任の分担

第914条	遺言による担保責任の定め	第914条	遺言による担保責任の定め
第4章 相続の承認及び放棄			
第1節 総則			
第915条	相続の承認又は放棄をすべき期間	第915条	相続の承認又は放棄をすべき期間
第916条	〔相続の承認又は放棄をすべき期間 その2〕	第916条	〔相続の承認又は放棄をすべき期間 その2〕
第917条	〔相続の承認又は放棄をすべき期間 その3〕	第917条	〔相続の承認又は放棄をすべき期間 その3〕
第918条	相続財産の管理	第918条	相続財産の管理
第919条	相続の承認及び放棄の撤回及び取消し	第919条	相続の承認及び放棄の撤回及び取消し
第2節 相続の承認			
第1款 単純承認			
第920条	単純承認の効力	第920条	単純承認の効力
第921条	法定単純承認	第921条	法定単純承認
第2款 限定承認			
第922条	限定承認	第922条	限定承認
第923条	共同相続人の限定承認	第923条	共同相続人の限定承認
第924条	限定承認の方式	第924条	限定承認の方式
第925条	限定承認をしたときの権利義務	第925条	限定承認をしたときの権利義務
第926条	限定承認者による管理	第926条	限定承認者による管理
第927条	相続債権者及び受遺者に対する公告及び催告	第927条	相続債権者及び受遺者に対する公告及び催告
第928条	公告期間満了前の弁済の拒絶	第928条	公告期間満了前の弁済の拒絶
第929条	公告期間満了後の弁済	第929条	公告期間満了後の弁済
第930条	期限前の債務等の弁済	第930条	期限前の債務等の弁済
第931条	受遺者に対する弁済	第931条	受遺者に対する弁済
第932条	弁済のための相続財産の換価	第932条	弁済のための相続財産の換価
第933条	相続債権者及び受遺者の換価手続への参加	第933条	相続債権者及び受遺者の換価手続への参加
第934条	不当な弁済をした限定承認者の責任等	第934条	不当な弁済をした限定承認者の責任等
第935条	公告期間内に申出をしなかった相続債権者及び受遺者	第935条	公告期間内に申出をしなかった相続債権者及び受遺者
第936条	相続人が数人ある場合の相続財産の管理人	第936条	相続人が数人ある場合の相続財産の管理人
第937条	法定単純承認の事由がある場合の相続債権者	第937条	法定単純承認の事由がある場合の相続債権者
第3節 相続の放棄			
第938条	相続の放棄の方式	第938条	相続の放棄の方式
第939条	相続の放棄の効力	第939条	相続の放棄の効力
第940条	相続の放棄をした者による管理	第940条	相続の放棄をした者による管理
第5章 財産分離			

第941条	相続債権者又は受遺者の請求による財産分離	第941条	相続債権者又は受遺者の請求による財産分離
第942条	財産分離の効力	第942条	財産分離の効力
第943条	財産分離の請求後の相続財産の管理	第943条	財産分離の請求後の相続財産の管理
第944条	財産分離の請求後の相続人による管理	第944条	財産分離の請求後の相続人による管理
第945条	不動産についての財産分離の対抗要件	第945条	不動産についての財産分離の対抗要件
第946条	物上代位の規定の準用	第946条	物上代位の規定の準用
第947条	相続債権者及び受遺者に対する弁済	第947条	相続債権者及び受遺者に対する弁済
第948条	相続人の固有財産からの弁済	第948条	相続人の固有財産からの弁済
第949条	財産分離の請求の防止等	第949条	財産分離の請求の防止等
第950条	相続人の債権者の請求による財産分離	第950条	相続人の債権者の請求による財産分離
	第6章　相続人の不存在		第6章　相続人の不存在
第951条	相続財産法人の成立	第951条	相続財産法人の成立
第952条	相続財産の管理人の選任	第952条	相続財産の管理人の選任
第953条	不在者の財産の管理人に関する規定の準用	第953条	不在者の財産の管理人に関する規定の準用
第954条	相続財産の管理人の報告	第954条	相続財産の管理人の報告
第955条	相続財産法人の不成立	第955条	相続財産法人の不成立
第956条	相続財産の管理人の代理権の消滅	第956条	相続財産の管理人の代理権の消滅
第957条	相続債権者及び受遺者に対する弁済	第957条	相続債権者及び受遺者に対する弁済
第958条	相続人の捜索の公告	第958条	相続人の捜索の公告
第958条の2	権利を主張する者がない場合	第958条の2	権利を主張する者がない場合
第958条の3	特別縁故者に対する相続財産の分与	第958条の3	特別縁故者に対する相続財産の分与
第959条	残余財産の国庫への帰属	第959条	残余財産の国庫への帰属
	第7章　遺　言		第7章　遺　言
	第1節　総　則		第1節　総　則
第960条	遺言の方式	第960条	遺言の方式
第961条	遺言能力	第961条	遺言能力
第962条	〔遺言能力　その2〕	第962条	〔遺言能力　その2〕
第963条	〔遺言能力　その3〕	第963条	〔遺言能力　その3〕
第964条	包括遺贈及び特定遺贈	第964条	包括遺贈及び特定遺贈
第965条	相続人に関する規定の準用	第965条	相続人に関する規定の準用
第966条	被後見人の遺言の制限	第966条	被後見人の遺言の制限
	第2節　遺言の方式		第2節　遺言の方式
	第1款　普通の方式		第1款　普通の方式
第967条	普通の方式による遺言の種類	第967条	普通の方式による遺言の種類
第968条	自筆証書遺言	第968条	自筆証書遺言
第969条	公正証書遺言	第969条	公正証書遺言
第969条の2	公正証書遺言の方式の特則	第969条の2	公正証書遺言の方式の特則
第970条	秘密証書遺言	第970条	秘密証書遺言
第971条	方式に欠ける秘密証書遺言の効力	第971条	方式に欠ける秘密証書遺言の効力

第972条	秘密証書遺言の方式の特則	第972条	秘密証書遺言の方式の特則
第973条	成年被後見人の遺言	第973条	成年被後見人の遺言
第974条	証人及び立会人の欠格事由	第974条	証人及び立会人の欠格事由
第975条	共同遺言の禁止	第975条	共同遺言の禁止
第2款　特別の方式		第2款　特別の方式	
第976条	死亡の危急に迫った者の遺言	第976条	死亡の危急に迫った者の遺言
第977条	伝染病隔離者の遺言	第977条	伝染病隔離者の遺言
第978条	在船者の遺言	第978条	在船者の遺言
第979条	船舶遭難者の遺言	第979条	船舶遭難者の遺言
第980条	遺言関係者の署名及び押印	第980条	遺言関係者の署名及び押印
第981条	署名又は押印が不能の場合	第981条	署名又は押印が不能の場合
第982条	普通の方式による遺言の規定の準用	第982条	普通の方式による遺言の規定の準用
第983条	特別の方式による遺言の効力	第983条	特別の方式による遺言の効力
第984条	外国に在る日本人の遺言の方式	第984条	外国に在る日本人の遺言の方式
第3節　遺言の効力		第3節　遺言の効力	
第985条	遺言の効力の発生時期	第985条	遺言の効力の発生時期
第986条	遺贈の放棄	第986条	遺贈の放棄
第987条	受遺者に対する遺贈の承認又は放棄の催告	第987条	受遺者に対する遺贈の承認又は放棄の催告
第988条	受遺者の相続人による遺贈の承認又は放棄	第988条	受遺者の相続人による遺贈の承認又は放棄
第989条	遺贈の承認及び放棄の撤回及び取消し	第989条	遺贈の承認及び放棄の撤回及び取消し
第990条	包括受遺者の権利義務	第990条	包括受遺者の権利義務
第991条	受遺者による担保の請求	第991条	受遺者による担保の請求
第992条	受遺者による果実の取得	第992条	受遺者による果実の取得
第993条	遺贈義務者による費用の償還請求	第993条	遺贈義務者による費用の償還請求
第994条	受遺者の死亡による遺贈の失効	第994条	受遺者の死亡による遺贈の失効
第995条	遺贈の無効又は失効の場合の財産の帰属	第995条	遺贈の無効又は失効の場合の財産の帰属
第996条	相続財産に属しない権利の遺贈	第996条	相続財産に属しない権利の遺贈
第997条	〔相続財産に属しない権利の遺贈その2〕	第997条	〔相続財産に属しない権利の遺贈その2〕
第998条	不特定物の遺贈義務者の担保責任	第998条	不特定物の遺贈義務者の担保責任
第999条	遺贈の物上代位	第999条	遺贈の物上代位
第1000条	第三者の権利の目的である財産の遺贈	第1000条	第三者の権利の目的である財産の遺贈
第1001条	債権の遺贈の物上代位	第1001条	債権の遺贈の物上代位
第1002条	負担付遺贈	第1002条	負担付遺贈
第1003条	負担付遺贈の受遺者の免責	第1003条	負担付遺贈の受遺者の免責
第4節　遺言の執行		第4節　遺言の執行	
第1004条	遺言書の検認	第1004条	遺言書の検認
第1005条	過　料	第1005条	過　料
第1006条	遺言執行者の指定	第1006条	遺言執行者の指定
第1007条	遺言執行者の任務の開始	第1007条	遺言執行者の任務の開始

第1008条	遺言執行者に対する就職の催告	第1008条	遺言執行者に対する就職の催告
第1009条	遺言執行者の欠格事由	第1009条	遺言執行者の欠格事由
第1010条	遺言執行者の選任	第1010条	遺言執行者の選任
第1011条	相続財産の目録の作成	第1011条	相続財産の目録の作成
第1012条	遺言執行者の権利義務	第1012条	遺言執行者の権利義務
第1013条	遺言の執行の妨害行為の禁止	第1013条	遺言の執行の妨害行為の禁止
第1014条	特定財産に関する遺言の執行	第1014条	特定財産に関する遺言の執行
第1015条	遺言執行者の地位	第1015条	遺言執行者の地位
第1016条	遺言執行者の復任権	第1016条	遺言執行者の復任権
第1017条	遺言執行者が数人ある場合の任務の執行	第1017条	遺言執行者が数人ある場合の任務の執行
第1018条	遺言執行者の報酬	第1018条	遺言執行者の報酬
第1019条	遺言執行者の解任及び辞任	第1019条	遺言執行者の解任及び辞任
第1020条	委任の規定の準用	第1020条	委任の規定の準用
第1021条	遺言の執行に関する費用の負担	第1021条	遺言の執行に関する費用の負担
第5節　遺言の撤回及び取消し		第5節　遺言の撤回及び取消し	
第1022条	遺言の撤回	第1022条	遺言の撤回
第1023条	前の遺言と後の遺言との抵触等	第1023条	前の遺言と後の遺言との抵触等
第1024条	遺言書又は遺贈の目的物の破棄	第1024条	遺言書又は遺贈の目的物の破棄
第1025条	撤回された遺言の効力	第1025条	撤回された遺言の効力
第1026条	遺言の撤回権の放棄の禁止	第1026条	遺言の撤回権の放棄の禁止
第1027条	負担付遺贈に係る遺言の取消し	第1027条	負担付遺贈に係る遺言の取消し
第8章　遺留分		第8章　遺留分	
第1028条	遺留分の帰属及びその割合	第1028条	遺留分の帰属及びその割合
第1029条	遺留分の算定	第1029条	遺留分の算定
第1030条	〔遺留分の算定　その2〕	第1030条	〔遺留分の算定　その2〕
第1031条	遺贈又は贈与の減殺請求	第1031条	遺贈又は贈与の減殺請求
第1032条	条件付権利等の贈与又は遺贈の一部の減殺	第1032条	条件付権利等の贈与又は遺贈の一部の減殺
第1033条	贈与と遺贈の減殺の順序	第1033条	贈与と遺贈の減殺の順序
第1034条	遺贈の減殺の割合	第1034条	遺贈の減殺の割合
第1035条	贈与の減殺の順序	第1035条	贈与の減殺の順序
第1036条	受贈者による果実の返還	第1036条	受贈者による果実の返還
第1037条	受贈者の無資力による損失の負担	第1037条	受贈者の無資力による損失の負担
第1038条	負担付贈与の減殺請求	第1038条	負担付贈与の減殺請求
第1039条	不相当な対価による有償行為	第1039条	不相当な対価による有償行為
第1040条	受贈者が贈与の目的を譲渡した場合等	第1040条	受贈者が贈与の目的を譲渡した場合等
第1041条	遺留分権利者に対する価額による弁償	第1041条	遺留分権利者に対する価額による弁償
第1042条	減殺請求権の期間の制限	第1042条	減殺請求権の期間の制限
第1043条	遺留分の放棄	第1043条	遺留分の放棄
第1044条	代襲相続及び相続分の規定の準用	第1044条	代襲相続及び相続分の規定の準用

第Ⅱ部
現行民法(現)と改正法案(新)との対照表
〔条文番号整理案付〕

〈目 次〉

- 凡 例（55）
  編集方針（55）／記 号（56）／条文の表記（57）

第1編 総 則 ——————————————————58
第1章 通 則（第1条、第2条）（変更なし） ……………58
第2章 人 …………………………………………………58
- 第1節 権利能力（第3条）（変更なし）……58
- 第1節の2 意思能力……58
- 第2節 行為能力……58
- 第3節 住 所（第22条～第24条）（変更なし）……59
- 第4節 不在者の財産の管理及び失踪の宣告（第25条～第32条）（変更なし）……59
- 第5節 同時死亡の推定（第32条の2）（変更なし）……59
第3章 法 人（第33条～第84条）（変更なし） ……………59
第4章 物……………………………………………………59
第5章 法律行為……………………………………………60
- 第1節 総 則……60
- 第2節 意思表示……60
- 第3節 代 理……62
- 第4節 無効及び取消し……65
- 第5節 条件及び期限……67
第6章 期間の計算（第138条～143条）（変更なし） ………68
第7章 時 効………………………………………………68
- 第1節 総 則……68
- 第2節 取得時効（第162条～第165条）（変更なし）……73
- 第3節 消滅時効……73

第2編 物 権 ——————————————————76
第3編 債 権 ——————————————————81
第1章 総 則………………………………………………81
- 第1節 債権の目的……81
- 第2節 債権の効力……83
- 第3節 多数当事者の債権及び債務……93
- 第4節 債権の譲渡……110
- 第4節の2 債務の引受け……115
- 第5節 債権の消滅……117
- 第6節 有価証券……129
第2章 契 約………………………………………………132
- 第1節 総 則……132
- 第2節 贈 与……141
- 第3節 売 買……141
- 第4節 交 換（第586条）（変更なし）……149
- 第5節 消費貸借……149
- 第6節 使用貸借……150
- 第7節 賃貸借……152
- 第8節 雇 用……158
- 第9節 請 負……159
- 第10節 委 任……162
- 第11節 寄 託……163
- 第12節 組 合……166
- 第13節 終身定期金（第689条～第694条）（変更なし）……170
- 第14節 和 解（第695条～第696条）（変更なし）……170
第3章 事務管理（第697条～第702条）（変更なし）……………170
第4章 不当利得（第703条～第708条）（変更なし）……………170
第5章 不法行為……………………………………………170

第4編 親 族（変更なし）————————————————171
第5編 相 続 ——————————————————171
改正法案(新)〈附則〉……（172）

◆ 凡　例 ◆

　本第Ⅱ部の「現行民法(現)と改正法案(新)との対照表〔条文番号整理案付〕」は、平成27（2015）年3月31日に国会に提出され、法務省のホームページに掲載されている「民法の一部を改正する法律案新旧対照条文」(http://www.moj.go.jp/content/001142671.pdf〔本書第Ⅲ部『新旧対照表』上2段に収載。以下、「法務省・新旧対照条文」という〕）をもとにして、それを独自の編集方針に従って作成したものである。

　本第Ⅱ部のような比較対照表が必要な理由は、「法務省・新旧対照条文」が余りにも杜撰であり、これを改定しないと、どの条文がどのように改正されるのかを理解することができないばかりでなく、このような対照表では、国会での議論に支障が生じると思われるからである。

　確かに、「法務省・新旧対照条文」は、ある箇所では、条文の番号が異なっても内容が相応するかどうかを判断して新旧の条文を比較するという正しい方法を採用している（例えば、10頁の第105条と第106条との対比、第106条と第107条との対比など）。

　ところが、他の箇所では、条文の番号が同じであるという理由だけで、内容が全く相応しない新旧の条文を対照している（例えば、16頁〜24頁では、形式的に条文番号が同じ新旧の条文を対照しており、ほとんどの条文について、新旧の条文の内容が相応していない）。

　そこで、本第Ⅱ部では、現行民法の債権関係の個々の条文が、（1）改正されるのか、改正されないのか、改正される場合には、（2）不要なものとして削除されようとしているのか、（3）条文自体は必要だが内容の改正が必要とされているのか、（4）全く新しい条文の追加が必要とされているのかという観点から、改正の全体像が、一目瞭然となるような対照表を作成することにした。

◆ **編集方針**

　対照表を作成するに際しては、現行民法の条文番号をできる限り変更しないという観点から、改正法案の条文番号を整理し、本書の章立てをそれに従って記述するとともに、対照表においては、（1）条文の整理番号を**左の欄**に掲載している（本書オリジナル）。そして、（2）**中間の欄**には、現行民法の条文を掲載し、（3）**右の欄**に、それに対応する改正法案の条文を掲載している。

条文番号を整理し直した理由は、もしも、現在の法律案に従った条文番号が採択されると、従来の貴重な文献や判例と新条文との関係が不明確となり、その結果、数多くの文献や資料が反故となって、膨大な国家的損失が生じることになりかねないからである。

　これとは反対に、本書の「条文番号整理案」が採用されるならば、民法制定以来、100年以上にわたって蓄積された貴重な学術文献および判例が、今後も連続性を保って活用できるようになり、条文による判例検索、および、条文の適用頻度等の統計的な分析等の学術的な分析も引き続き可能となると思われる。

◆記　号

　〔　〕および【　】内の記述は、編集者の補足である。
　その中で、以下の記号によって、特色を出している。
　【　】は、「条文番号整理案」にしたがって、法律案の条文番号を整理し直したものである。国会の審議を通じて、「条文番号整理案」が採用されるならば、先に述べたように、民法改正による今後の判例検索の大混乱等のデメリットを最小限に抑えることができると信じる
　〔→　〕は、削除される現行条文がどの新条文に取り込まれているかを補足するものである。
　〔←　〕は、新設条文が、現行条文のどの条文と対応しているかを補足するものである。
　[　　　]網掛け部分は、新条文の内容が適切でないと思われる場合について、その修正案を提案するものである。修正案には、以下のものが含まれる。
　第1は、[　　　]である。例えば、今回の改正において、最も重要な改正場面（第95条：錯誤、第400条：善管注意義務、第412条の2：履行不能、第415条：債務不履行の帰責事由、第478条：表見受領権者、第483条：現状引渡し、第504条：担保の喪失による保証人等の保護、第541条：催告解除、第548条の2：定型約款の無効の要件）において導入されている「取引上の社会通念」という概念を削除する提案である。その理由は、「社会通念」という概念は、あまりにも漠然としており、裁判官の恣意的な判断を助長する危険な概念であって、民法の条文としてふさわしくないからである。この場合には、[社会通念]というように、網掛けと取り消し線を併用して、削除すべきであることを明らかにしている。
　第2は、[＊　　]である。[　　　]の先頭に＊を付加して、前記の削除提案

と区別している。例えば、59頁下段にあるように、債権の目的と目的物の区別を明確にするため、第85条を改正し、物には有体物のほか無体物が含まれるとし、債権の目的と債権の目的物との区別を明確にするものである。

　また、【＊　　　】には、その他の立法提案およびそれに付随するコメントが含まれる。

◆**条文の表記**

　条文を読みやすくするため、条文番号は、漢数字をアラビア数字に変換し、項番号は、①、②、③、…としている。ただし、号番号は、表記の便宜上、漢数字のままとしている。

◆ 現行民法(現)と改正法案(新)との対照表 ◆
〔条文番号整理案付〕

第1編　総　則
第1章　通　則（第1条、第2条）（変更なし）
第2章　人
　　第1節　権利能力（第3条）（変更なし）
　　第1節の2　意思能力

条文番号整理案	現行民法（現）	改正法案（新）
第1節の2 （新設）		第2節　意思能力
第3条の2 （新設）		第3条の2〔意思能力〕 法律行為の当事者が意思表示をした時に意思能力を有しなかったときは、その法律行為は、無効とする。

　　第2節　行為能力

条文番号整理案	現行民法（現）	改正法案（新）
第2節	第2節　行為能力	第3節　行為能力
第4条	第4条（成年）	（変更なし）
第5条	第5条（未成年者の法律行為）	（変更なし）
第6条	第6条（未成年者の営業の許可）	（変更なし）
第7条	第7条（後見開始の審判）	（変更なし）
第8条	第8条（成年被後見人及び成年後見人）	（変更なし）
第9条	第9条（成年被後見人の法律行為）	（変更なし）
第10条	第10条（後見開始の審判の取消し）	（変更なし）
第11条	第11条（保佐開始の審判）	（変更なし）
第12条	第12条（被保佐人及び保佐人）	（変更なし）
第13条 十（新設）	第13条（保佐人の同意を要する行為等） ①被保佐人が次に掲げる行為をするには、その保佐人の同意を得なければならない。ただし、第9条ただし書に規定する行為〔日用品の購入その他日常生活に関する行為〕については、この限りでない。 　一～九（略）	第13条（保佐人の同意を要する行為等） ①被保佐人が次に掲げる行為をするには、その保佐人の同意を得なければならない。ただし、第9条ただし書に規定する行為〔日用品の購入その他日常生活に関する行為〕については、この限りでない。 　一～九（略） 　十　前各号に掲げる行為を制限行為能力者（未成年者、成年被後見人、被保佐人及び第17条第1項の審判を受けた被補

条文番号整理案	現行民法（現）	改正法案（新）
	②〜④（略）	助人をいう。以下同じ。）の法定代理人としてすること。 ②〜④（略）
第14条	第14条（保佐開始の審判等の取消し）	（変更なし）
第15条	第15条（補助開始の審判）	（変更なし）
第16条	第16条（被補助人及び補助人）	（変更なし）
第17条	第17条（補助人の同意を要する旨の審判等）	（変更なし）
第18条	第18条（補助開始の審判等の取消し）	（変更なし）
第19条	第19条（審判相互の関係）	（変更なし）
第20条	第20条（制限行為能力者の相手方の催告権） ①制限行為能力者 ~~（未成年者、成年被後見人、被保佐人及び第17条第1項の審判（補助人の同意を要する旨の審判）を受けた被補助人をいう。以下同じ。）~~ の相手方は、その制限行為能力者が行為能力者（行為能力の制限を受けない者をいう。以下同じ。）となった後、その者に対し、1箇月以上の期間を定めて、その期間内にその取り消すことができる行為を追認するかどうかを確答すべき旨の催告をすることができる。この場合において、その者がその期間内に確答を発しないときは、その行為を追認したものとみなす。 ②〜④（略）	第20条（制限行為能力者の相手方の催告権） ①制限行為能力者の相手方は、その制限行為能力者が行為能力者（行為能力の制限を受けない者をいう。以下同じ。）となった後、その者に対し、1箇月以上の期間を定めて、その期間内にその取り消すことができる行為を追認するかどうかを確答すべき旨の催告をすることができる。この場合において、その者がその期間内に確答を発しないときは、その行為を追認したものとみなす。 ②〜④（略）
第21条	第21条（制限行為能力者の詐術）	（変更なし）

　　第3節　住　所（第22条〜第24条）（変更なし）
　　第4節　不在者の財産の管理及び失踪の宣告（第25条〜第32条）（変更なし）
　　第5節　同時死亡の推定（第32条の2）（変更なし）
第3章　法　人（第33条〜第84条）（変更なし）
第4章　物

条文番号整理案	現行民法（現）	改正法案（新）
第4章	第4章　物	第4章　物
第85条	第85条（定義）	（変更なし） 〔網掛け部分は、立法提案を示す。以下同じ。〕 〔＊第85条（定義） ①物とは、有体物又は無体物をいう。 　一　有体物とは、固体、液体、気体であって、管理可能なものをいう。

		二　無体物とは、有体物でないものであって、管理可能なものをいう。 ②所有権の目的物は、有体物に限定される。 ③所有権以外の権利の目的物は、有体物だけでなく、無体物とすることができる。
第86条 （削除）	第86条（不動産及び動産） ①土地及びその定着物は、不動産とする。 ②不動産以外の物は、すべて動産とする。 ③無記名債権は、動産とみなす。	第86条（不動産及び動産） ①（略） ②（略） ③（削る）
第87条	第87条（主物及び従物）	（変更なし）
第88条	第88条（天然果実及び法定果実）	（変更なし）
第89条	第89条（果実の帰属）	（変更なし）

第5章　法律行為
第1節　総則

条文番号整理案	現行民法（現）	改正法案（新）
第5章	第5章　法律行為	第5章　法律行為
第1節	第1節　総則	第1節　総則
第90条	第90条（公序良俗） 公の秩序又は善良の風俗に反する事項を目的とする法律行為は、無効とする。	第90条（公序良俗） 公の秩序又は善良の風俗に反する法律行為は、無効とする。
第91条	第91条（任意規定と異なる意思表示）	（変更なし）
第92条	第92条（任意規定と異なる慣習）	（変更なし）

第2節　意思表示

条文番号整理案	現行民法（現）	改正法案（新）
第2節	第2節　意思表示	第2節　意思表示
第93条 ②（新設）	第93条（心裡留保） 意思表示は、表意者がその真意ではないことを知ってしたときであっても、そのためにその効力を妨げられない。ただし、相手方が表意者の真意を知り、又は知ることができたときは、その意思表示は、無効とする。	第93条（心裡留保） ①意思表示は、表意者がその真意ではないことを知ってしたときであっても、そのためにその効力を妨げられない。ただし、相手方がその意思表示が表意者の真意ではないことを知り、又は知ることができたときは、その意思表示は、無効とする。 ②前項ただし書の規定による意思表示の無効は、善意の第三者に対抗することができない。
第94条	第94条（虚偽表示）	（変更なし）
第95条	第95条（錯誤）	第95条（錯誤）

二（新設）	意思表示は、法律行為の要素に錯誤があったときは、無効とする。ただし、表意者に重大な過失があったときは、表意者は、自らその無効を主張することができない。	①意思表示は、次に掲げる錯誤に基づくものであって、その錯誤が法律行為の目的及び取引上の社会通念に照らして重要なものであるときは、取り消すことができる。 　一　意思表示に対応する意思を欠く錯誤 　二　表意者が法律行為の基礎とした事情についてのその認識が真実に反する錯誤
②（新設）		②前項第二号の規定による意思表示の取消しは、その事情が法律行為の基礎とされていることが表示されていたときに限り、することができる。
③（新設）		③錯誤が表意者の重大な過失によるものであった場合には、次に掲げる場合を除き、第1項の規定による意思表示の取消しをすることができない。 　一　相手方が表意者に錯誤があることを知り、又は重大な過失によって知らなかったとき。 　二　相手方が表意者と同一の錯誤に陥っていたとき。
④（新設）		④第1項の規定による意思表示の取消しは、善意でかつ過失がない第三者に対抗することができない。
第96条	第96条（詐欺又は強迫） ①（略） ②相手方に対する意思表示について第三者が詐欺を行った場合においては、相手方がその事実を知っていたときに限り、その意思表示を取り消すことができる。 ③前二項の規定による詐欺による意思表示の取消しは、善意の第三者に対抗することができない。	第96条（詐欺又は強迫） ①（略） ②相手方に対する意思表示について第三者が詐欺を行った場合においては、相手方がその事実を知り、又は知ることができたときに限り、その意思表示を取り消すことができる。 ③前二項の規定による詐欺による意思表示の取消しは、善意でかつ過失がない第三者に対抗することができない。
第97条 ②（新設）	第97条（隔地者に対する意思表示） ①隔地者に対する意思表示は、その通知が相手方に到達した時からその効力を生ずる。 ②隔地者に対する意思表示は、表意者が通知を発した後に死亡し、又は行為能力	第97条（意思表示の効力発生時期等） ①意思表示は、その通知が相手方に到達した時からその効力を生ずる。 ②相手方が正当な理由なく意思表示の通知が到達することを妨げたときは、その通知は、通常到達すべきであった時に到達したものとみなす。 ③意思表示は、表意者が通知を発した後に死亡し、意思能力を喪失し、又は行為

条文番号整理案	現行民法(現)	改正法案(新)
	を喪失したときであっても、そのためにその効力を妨げられない。	能力の制限を受けたときであっても、そのためにその効力を妨げられない。
第98条	第98条(公示による意思表示)	(変更なし)
第98条の2　　　　　　　　　　　二(新設)	第98条の2(意思表示の受領能力)意思表示の相手方がその意思表示を受けた時に未成年者又は成年被後見人であったときは、その意思表示をもってその相手方に対抗することができない。ただし、その法定代理人がその意思表示を知った後は、この限りでない。	第98条の2(意思表示の受領能力)意思表示の相手方がその意思表示を受けた時に意思能力を有しなかったとき又は未成年者若しくは成年被後見人であったときは、その意思表示をもってその相手方に対抗することができない。ただし、次に掲げる者がその意思表示を知った後は、この限りでない。　一　相手方の法定代理人　二　意思能力を回復し、又は行為能力者となった相手方

第3節　代　理

条文番号整理案	現行民法(現)	改正法案(新)
第3節	第3節　代　理	第3節　代　理
第99条	第99条(代理行為の要件及び効果)	(変更なし)
第100条	第100条(本人のためにすることを示さない意思表示)	(変更なし)
第101条　　　　　　　　　　②(新設)	第101条(代理行為の瑕疵)①意思表示の効力が意思の不存在、詐欺、強迫又はある事情を知っていたこと若しくは知らなかったことにつき過失があったことによって影響を受けるべき場合には、その事実の有無は、代理人について決するものとする。②特定の法律行為をすることを委託された場合において、代理人が本人の指図に従ってその行為をしたときは、本人は、自ら知っていた事情について代理人が知らなかったことを主張することができない。本人が過失によって知らなかった事情についても、同様とする。	第101条(代理行為の瑕疵)①代理人が相手方に対してした意思表示の効力が意思の不存在、錯誤、詐欺、強迫又はある事情を知っていたこと若しくは知らなかったことにつき過失があったことによって影響を受けるべき場合には、その事実の有無は、代理人について決するものとする。②相手方が代理人に対してした意思表示の効力が意思表示を受けた者がある事情を知っていたこと又は知らなかったことにつき過失があったことによって影響を受けるべき場合には、その事実の有無は、代理人について決するものとする。③特定の法律行為をすることを委託された代理人がその行為をしたときは、本人は、自ら知っていた事情について代理人が知らなかったことを主張することができない。本人が過失によって知らなかった事情についても、同様とする。
第102条	第102条(代理人の行為能力)代理人は、行為能力者であることを要し	第102条(代理人の行為能力)制限行為能力者が代理人としてした行為

	ない。	は、行為能力の制限によっては取り消すことができない。ただし、制限行為能力者が他の制限行為能力者の法定代理人としてした行為については、この限りでない。
第103条	第103条（権限の定めのない代理人の権限）	（変更なし）
第104条	第104条（任意代理人による復代理人の選任）	（変更なし）
第105条 削除 〔→第644条の2へ〕	第105条（復代理人を選任した代理人の責任） ①代理人は、前条の規定により復代理人を選任したときは、その選任及び監督について、本人に対してその責任を負う。 ②代理人は、本人の指名に従って復代理人を選任したときは、前項の責任を負わない。ただし、その代理人が、復代理人が不適任又は不誠実であることを知りながら、その旨を本人に通知又は復代理人を解任することを怠ったときは、この限りでない。	〔削除〕
第106条	第106条（法定代理人による復代理人の選任） 法定代理人は、自己の責任で復代理人を選任することができる。この場合において、やむを得ない事由があるときは、前条第1項〔選任及び監督〕の責任のみを負う。	第105条（法定代理人による復代理人の選任） 法定代理人は、自己の責任で復代理人を選任することができる。この場合において、やむを得ない事由があるときは、本人に対してその選任及び監督についての責任のみを負う。
第107条	第107条（復代理人の権限等） ①復代理人は、その権限内の行為について、本人を代表する。 ②復代理人は、本人及び第三者に対して、代理人と同一の権利を有し、義務を負う。	第106条（復代理人の権限等） ①（略） ②復代理人は、本人及び第三者に対して、その権限の範囲内において、代理人と同一の権利を有し、義務を負う。
第107条の2 （新設）		第107条（代理権の濫用） 代理人が自己又は第三者の利益を図る目的で代理権の範囲内の行為をした場合において、相手方がその目的を知り、又は知ることができたときは、その行為は、代理権を有しない者がした行為とみなす。
第108条	第108条（自己契約及び双方代理） 同一の法律行為については、相手方の代理人となり、又は当事者双方の代理人となることはできない。ただし、債務の履	第108条（自己契約及び双方代理等） ①同一の法律行為について、相手方の代理人として、又は当事者双方の代理人としてした行為は、代理権を有しない者が

	行及び本人があらかじめ許諾した行為については、この限りでない。	した行為とみなす。ただし、債務の履行及び本人があらかじめ許諾した行為については、この限りでない。
②（新設）		②前項本文に規定するもののほか、代理人と本人との利益が相反する行為については、代理権を有しない者がした行為とみなす。ただし、本人があらかじめ許諾した行為については、この限りでない。
第109条	第109条（代理権授与の表示による表見代理） 第三者に対して他人に代理権を与えた旨を表示した者は、その代理権の範囲内においてその他人が第三者との間でした行為について、その責任を負う。ただし、第三者が、その他人が代理権を与えられていないことを知り、又は過失によって知らなかったときは、この限りでない。	第109条（代理権授与の表示による表見代理等） ①（略）
②（新設）		②第三者に対して他人に代理権を与えた旨を表示した者は、その代理権の範囲内においてその他人が第三者との間で行為をしたとすれば前項の規定によりその責任を負うべき場合において、その他人が第三者との間でその代理権の範囲外の行為をしたときは、第三者がその行為についてその他人の代理権があると信ずべき正当な理由があるときに限り、その行為についての責任を負う。
第110条	第110条（権限外の行為の表見代理） 前条〔代理権授与の表示による表見代理〕本文の規定は、代理人がその権限外の行為をした場合において、第三者が代理人の権限があると信ずべき正当な理由があるときについて準用する。	第110条（権限外の行為の表見代理） 前条〔代理権授与の表示による表見代理等〕第1項本文の規定は、代理人がその権限外の行為をした場合において、第三者が代理人の権限があると信ずべき正当な理由があるときについて準用する。
第111条	第111条（代理権の消滅事由）	（変更なし）
第112条	第112条（代理権消滅後の表見代理） 代理権の消滅は、善意の第三者に対抗することができない。ただし、第三者が過失によってその事実を知らなかったときは、この限りでない。	第112条（代理権消滅後の表見代理等） ①他人に代理権を与えた者は、代理権の消滅後にその代理権の範囲内においてその他人が第三者との間でした行為について、代理権の消滅の事実を知らなかった第三者に対してその責任を負う。ただし、第三者が過失によってその事実を知らなかったときは、この限りでない。
②（新設）		②他人に代理権を与えた者は、代理権の消滅後に、その代理権の範囲内においてその他人が第三者との間で行為をしたと

条文番号整理案	現行民法（現）	改正法案（新）
		すれば前項の規定によりその責任を負うべき場合において、その他人が第三者との間でその代理権の範囲外の行為をしたときは、第三者がその行為についてその他人の代理権があると信ずべき正当な理由があるときに限り、その行為についての責任を負う。
第113条	第113条（無権代理）	（変更なし）
第114条	第114条（無権代理の相手方の催告権）	（変更なし）
第115条	第115条（無権代理の相手方の取消権）	（変更なし）
第116条	第116条（無権代理行為の追認）	（変更なし）
第117条	第117条（無権代理人の責任） ①他人の代理人として契約をした者は、自己の代理権を証明することができず、かつ、本人の追認を得ることができなかったときは、相手方の選択に従い、相手方に対して履行又は損害賠償の責任を負う。 ②前項の規定は、他人の代理人として契約をした者が代理権を有しないことを相手方が知っていたとき、若しくは過失によって知らなかったとき、又は他人の代理人として契約をした者が行為能力を有しなかったときは、適用しない。	第117条（無権代理人の責任） ①他人の代理人として契約をした者は、自己の代理権を証明したとき、又は本人の追認を得たときを除き、相手方の選択に従い、相手方に対して履行又は損害賠償の責任を負う。 ②前項の規定は、次に掲げる場合には、適用しない。 　一　他人の代理人として契約をした者が代理権を有しないことを相手方が知っていたとき。 　二　他人の代理人として契約をした者が代理権を有しないことを相手方が過失によって知らなかったとき。ただし、他人の代理人として契約をした者が自己に代理権がないことを知っていたときは、この限りでない。 　三　他人の代理人として契約をした者が行為能力の制限を受けていたとき。
第118条	第118条（単独行為の無権代理）	（変更なし）

第4節　無効及び取消し

条文番号整理案	現行民法（現）	改正法案（新）
第4節	第4節　無効及び取消し	第4節　無効及び取消し
第119条	第119条（無効な行為の追認）	（変更なし）
第120条	第120条（取消権者） ①行為能力の制限によって取り消すことができる行為は、制限行為能力者又はその代理人、承継人若しくは同意をすることができる者に限り、取り消すことができる。	第120条（取消権者） ①行為能力の制限によって取り消すことができる行為は、制限行為能力者（他の制限行為能力者の法定代理人としてした行為にあっては、当該他の制限行為能力者を含む。）又はその代理人、承継人若しくは同意をすることができる者に限り、

	②詐欺又は強迫によって取り消すことができる行為は、瑕疵ある意思表示をした者又はその代理人若しくは承継人に限り、取り消すことができる。	取り消すことができる。 ②錯誤、詐欺又は強迫によって取り消すことができる行為は、瑕疵ある意思表示をした者又はその代理人若しくは承継人に限り、取り消すことができる。
第121条 ただし書き（削除） 〔ただし書き→（新）第121条の2へ〕	第121条（取消しの効果） 取り消された行為は、初めから無効であったものとみなす。<del>ただし、制限行為能力者は、その行為によって現に利益を受けている限度において、返還の義務を負う。</del>	第121条（取消しの効果） 取り消された行為は、初めから無効であったものとみなす。
第121条の2 （新設）		<u>第121条の2（原状回復の義務）</u> <u>①無効な行為に基づく債務の履行として給付を受けた者は、相手方を原状に復させる義務を負う。</u> <u>②前項の規定にかかわらず、無効な無償行為に基づく債務の履行として給付を受けた者は、給付を受けた当時その行為が無効であること（給付を受けた後に前条の規定により初めから無効であったものとみなされた行為にあっては、給付を受けた当時その行為が取り消すことができるものであること）を知らなかったときは、その行為によって現に利益を受けている限度において、返還の義務を負う。</u> <u>③第1項の規定にかかわらず、行為の時に意思能力を有しなかった者は、その行為によって現に利益を受けている限度において、返還の義務を負う。行為の時に制限行為能力者であった者についても、同様とする。</u>
第122条 ただし書き（削除）	第122条（取り消すことができる行為の追認） 取り消すことができる行為は、第120条〔取消権者〕に規定する者が追認したときは、以後、取り消すことができない。<del>ただし、追認によって第三者の権利を害することはできない。</del>	第122条（取り消すことができる行為の追認） 取り消すことができる行為は、第120条に規定する者が追認したときは、以後、取り消すことができない。
第123条	第123条（取消し及び追認の方法）	（変更なし）
第124条	第124条（追認の要件） ①追認は、取消しの原因となっていた状況が消滅した後にしなければ、その効力を生じない。 ②<u>成年被後見人</u>は、行為能力者となった	第124条（追認の要件） ①<u>取り消すことができる行為の追認は、</u>取消しの原因となっていた状況が消滅し、<u>かつ、取消権を有することを知った後に</u>しなければ、その効力を生じない。 ②次に掲げる場合には、前項の追認は、

	後にその行為を了知したときは、その了知をした後でなければ、追認をすることができない。	取消しの原因となっていた状況が消滅した後にすることを要しない。 　一　法定代理人又は制限行為能力者の保佐人若しくは補助人が追認をするとき。 　二　制限行為能力者（成年被後見人を除く。）が法定代理人、保佐人又は補助人の同意を得て追認をするとき。〔＊成年被後見人だけを別扱いとすべきではない。成年被後見人に対する不当な差別となるからである。〕
③（削除） 〔→（新）第124条2項第一号へ〕	③前二項の規定は、法定代理人又は制限行為能力者の保佐人若しくは補助人が追認をする場合には、適用しない。	
第125条	第125条（法定追認） 前条の規定により追認をすることができる時以後に、取り消すことができる行為について次に掲げる事実があったときは、追認をしたものとみなす。ただし、異議をとどめたときは、この限りでない。 　一　全部又は一部の履行 　二　履行の請求 　三　更改 　四　担保の供与 　五　取り消すことができる行為によって取得した権利の全部又は一部の譲渡 　六　強制執行	第125条（法定追認） 追認をすることができる時以後に、取り消すことができる行為について次に掲げる事実があったときは、追認をしたものとみなす。ただし、異議をとどめたときは、この限りでない。 　一～六（略）
第126条	第126条（取消権の期間の制限）	（変更なし）

第5節　条件及び期限

条文番号整理案	現行民法（現）	改正法案（新）
第5節	第5節（条件及び期限）	第5節（条件及び期限）
第127条	第127条（条件が成就した場合の効果）	（変更なし）
第128条	第128条（条件の成否未定の間における相手方の利益の侵害の禁止）	（変更なし）
第129条	第129条（条件の成否未定の間における権利の処分等）	（変更なし）
第130条 ②（新設）	第130条（条件の成就の妨害） 条件が成就することによって不利益を受ける当事者が故意にその条件の成就を妨げたときは、相手方は、その条件が成就したものとみなすことができる。	第130条（条件の成就の妨害等） ①（略） ②条件が成就することによって利益を受ける当事者が不正にその条件を成就させたときは、相手方は、その条件が成就し

第131条	第131条（既成条件）	（変更なし）
第132条	第132条（不法条件）	（変更なし）
第133条	第133条（不能条件）	（変更なし）
第134条	第134条（随意条件）	（変更なし）
第135条	第135条（期限の到来の効果）	（変更なし）
第136条	第136条（期限の利益及びその放棄）	（変更なし）
第137条	第137条（期限の利益の喪失）	（変更なし）

第6章　期間の計算（第138条～143条）（変更なし）
第7章　時　効
第1節　総　則

条文番号整理案	現行民法（現）	改正法案（新）
第7章	第7章　時　効	第7章　時　効
第1節	第1節　総　則	第1節　総　則
第144条	第144条（時効の効力）	（変更なし）
第145条	第145条（時効の援用） 時効は、当事者が援用しなければ、裁判所がこれによって裁判をすることができない。	第145条（時効の援用） 時効は、当事者（消滅時効にあっては、保証人、物上保証人、第三取得者その他権利の消滅について正当な利益を有する者を含む。）が援用しなければ、裁判所がこれによって裁判をすることができない。
第146条	第146条（時効の利益の放棄）	（変更なし）
第147条 削除	第147条（時効の中断事由） 時効は、次に掲げる事由によって中断する。 　一　請求 　二　差押え、仮差押え又は仮処分 　三　承認	〔第147条【条文番号整理案では第149条】の上書きによる削除〕
第148条 ①（新設） ②（新設）	第148条（時効の中断の効力が及ぶ者の範囲）	第153条（時効の完成猶予又は更新の効力が及ぶ者の範囲） ①第147条【条文番号整理案では第149条】又は第148条【条文番号整理案では第149条の2】の規定による時効の完成猶予又は更新は、完成猶予又は更新の事由が生じた当事者及びその承継人の間においてのみ、その効力を有する。 ②第149条【条文番号整理案では第154条】から第151条【条文番号整理案では第155条の2】までの規定による時効の

		完成猶予は、完成猶予の事由が生じた当事者及びその承継人の間においてのみ、その効力を有する。 ③前条の規定による時効の更新は、更新の事由が生じた当事者及びその承継人の間においてのみ、その効力を有する。
	前条の規定による時効の中断は、その中断の事由が生じた当事者及びその承継人の間においてのみ、その効力を有する。	
第149条	第149条（裁判上の請求） 裁判上の請求は、訴えの却下又は取下げの場合には、時効の中断の効力を生じない。	第147条（裁判上の請求等による時効の完成猶予及び更新） ①次に掲げる事由がある場合には、その事由が終了する（確定判決又は確定判決と同一の効力を有するものによって権利が確定することなくその事由が終了した場合にあっては、その終了の時から6箇月を経過する）までの間は、時効は、完成しない。
一（新設） 二（新設） 三（新設） 四（新設） ②（新設）		一　裁判上の請求 　二　支払督促 　三　民事訴訟法第275条第1項の和解又は民事調停法（昭和26年法律第222号）若しくは家事事件手続法（平成23年法律第52号）による調停 　四　破産手続参加、再生手続参加又は更生手続参加 ②前項の場合において、確定判決又は確定判決と同一の効力を有するものによって権利が確定したときは、時効は、同項各号に掲げる事由が終了した時から新たにその進行を始める。
第149条の2 （新設）		第148条（強制執行等による時効の完成猶予及び更新） ①次に掲げる事由がある場合には、その事由が終了する（申立ての取下げ又は法律の規定に従わないことによる取消しによってその事由が終了した場合にあっては、その終了の時から6箇月を経過する）までの間は、時効は、完成しない。 　一　強制執行 　二　担保権の実行 　三　民事執行法（昭和54年法律第4号）第195条に規定する担保権の実行としての競売の例による競売 　四　民事執行法第196条に規定する財産開示手続 ②前項の場合には、時効は、同項各号に掲げる事由が終了した時から新たにその進行を始める。ただし、申立ての取下げ

		又は法律の規定に従わないことによる取消しによってその事由が終了した場合は、この限りでない。
第150条削除〔→（新）第147条【条文番号整理案では第149条】第1項第二号へ〕	第150条（支払督促） 支払督促は、債権者が民事訴訟法第392条〔期間の徒過による支払督促の失効〕に規定する期間内〔仮執行の宣言の申立てをすることができる時から30日以内〕に仮執行の宣言の申立てをしないことによりその効力を失うときは、時効の中断の効力を生じない。	
第151条削除〔→（新）第147条【条文番号整理案では第149条】第1項第三号へ〕	第151条（和解及び調停の申立て） 和解の申立て又は民事調停法（昭和26年法律第222号）若しくは家事事件手続法（平成23年法律第52号）による調停の申立ては、相手方が出頭せず、又は和解若しくは調停が調わないときは、1箇月以内に訴えを提起しなければ、時効の中断の効力を生じない。	
第152条削除〔→（新）第147条【条文番号整理案では第149条】第1項第四号へ〕	第152条（破産手続参加等） 破産手続参加、再生手続参加又は更生手続参加は、債権者がその届出を取り下げ、又はその届出が却下されたときは、時効の中断の効力を生じない。	
第153条	第153条（催告） 催告は、6箇月以内に、裁判上の請求、支払督促の申立て、和解の申立て、民事調停法若しくは家事事件手続法による調停の申立て、破産手続参加、再生手続参加、更生手続参加、差押え、仮差押え又は仮処分をしなければ、時効の中断の効力を生じない。	第150条（催告による時効の完成猶予） ①催告があったときは、その時から6箇月を経過するまでの間は、時効は、完成しない。 ②催告によって時効の完成が猶予されている間にされた再度の催告は、前項の規定による時効の完成猶予の効力を有しない。
第154条	第154条（差押え、仮差押え及び仮処分） 差押え、仮差押え及び仮処分は、権利者の請求により又は法律の規定に従わないことにより取り消されたときは、時効の中断の効力を生じない。	第149条（仮差押え等による時効の完成猶予） 次に掲げる事由がある場合には、その事由が終了した時から6箇月を経過するまでの間は、時効は、完成しない。 　一　仮差押え 　二　仮処分
第155条	第155条〔差押え、仮差押え及び仮処分	第154条〔時効の完成猶予又は更新の効

	その2〕 差押え、仮差押え及び仮処分は、時効の利益を受ける者に対してしないときは、その者に通知をした後でなければ、時効の中断の効力を生じない。	力が及ぶ者の範囲　その2〕 第148条【条文番号整理案では第149条の2】第1項各号又は第149条【条文番号整理案では、第154条】各号に掲げる事由に係る手続は、時効の利益を受ける者に対してしないときは、その者に通知をした後でなければ、第148条【条文番号整理案では、149条の2】又は第149条【条文番号整理案では、第154条】の規定による時効の完成猶予又は更新の効力を生じない。
第155条の2 （新設）		第151条（協議を行う旨の合意による時効の完成猶予） ①権利についての協議を行う旨の合意が書面でされたときは、次に掲げる時のいずれか早い時までの間は、時効は、完成しない。 　一　その合意があった時から1年を経過した時 　二　その合意において当事者が協議を行う期間（1年に満たないものに限る。）を定めたときは、その期間を経過した時 　三　当事者の一方から相手方に対して協議の続行を拒絶する旨の通知が書面でされたときは、その通知の時から6箇月を経過した時 ②前項の規定により時効の完成が猶予されている間にされた再度の同項の合意は、同項の規定による時効の完成猶予の効力を有する。ただし、その効力は、時効の完成が猶予されなかったとすれば時効が完成すべき時から通じて5年を超えることができない。 ③催告によって時効の完成が猶予されている間にされた第1項の合意は、同項の規定による時効の完成猶予の効力を有しない。同項の規定により時効の完成が猶予されている間にされた催告についても、同様とする。 ④第1項の合意がその内容を記録した電磁的記録（電子的方式、磁気的方式その他人の知覚によっては認識することができない方式で作られる記録であって、電子計算機による情報処理の用に供されるものをいう。以下同じ。）によってされたときは、その合意は、書面によってさ

		れたものとみなして、前三項の規定を適用する。 ⑤前項の規定は、第1項第三号の通知について準用する。
第156条 ①（新設）	第156条（承認） 時効の中断の効力を生ずべき承認をするには、相手方の権利についての処分につき行為能力又は権限があることを要しない。	第152条（承認による時効の更新） ①時効は、権利の承認があったときは、その時から新たにその進行を始める。 ②前項の承認をするには、相手方の権利についての処分につき行為能力の制限を受けていないこと又は権限があることを要しない。
第157条 削除 〔→（新）第147条【条文番号整理案では第149条】第2項へ →（新）第148条【条文番号整理案では第149条の2】第2項へ →（新）第152条【条文番号整理案では第156条】第1項へ〕	第157条（中断後の時効の進行） ①中断した時効は、その中断の事由が終了した時から、新たにその進行を始める。 ②裁判上の請求によって中断した時効は、裁判が確定した時から、新たにその進行を始める。	第157条　削除
第158条	第158条（未成年者又は成年被後見人と時効の停止） ①時効の期間の満了前6箇月以内の間に未成年者又は成年被後見人に法定代理人がないときは、その未成年者若しくは成年被後見人が行為能力者となった時又は法定代理人が就職した時から6箇月を経過するまでの間は、その未成年者又は成年被後見人に対して、時効は、完成しない。 ②未成年者又は成年被後見人がその財産を管理する父、母又は後見人に対して権利を有するときは、その未成年者若しくは成年被後見人が行為能力者となった時又は後任の法定代理人が就職した時から6箇月を経過するまでの間は、その権利について、時効は、完成しない。	第158条（未成年者又は成年被後見人と時効の完成猶予） ①（略） ②（略）
第159条	第159条（夫婦間の権利の時効の停止）	第159条（夫婦間の権利の時効の完成猶予）

	夫婦の一方が他の一方に対して有する権利については、婚姻の解消の時から6箇月を経過するまでの間は、時効は、完成しない。	（略）
第160条	第160条（相続財産に関する時効の<u>停止</u>） 相続財産に関しては、相続人が確定した時、管理人が選任された時又は破産手続開始の決定があった時から6箇月を経過するまでの間は、時効は、完成しない。	第160条（相続財産に関する時効の<u>完成猶予</u>） （略）
第161条	第161条（天災等による時効の<u>停止</u>） 時効の期間の満了の時に当たり、天災その他避けることのできない事変のため時効を中断することができないときは、その障害が消滅した時から2週間を経過するまでの間は、時効は、完成しない。	第161条（天災等による時効の<u>完成猶予</u>） 時効の期間の満了の時に当たり、天災その他避けることのできない事変のため<u>第147条【条文番号整理案では第149条】第1項各号又は第148条【条文番号整理案では第149条の2】第1項各号に掲げる事由に係る手続を行うことができない</u>ときは、その障害が消滅した時から<u>3箇月</u>を経過するまでの間は、時効は、完成しない。

第2節　取得時効（第162条〜第165条）（変更なし）
第3節　消滅時効

条文番号整理案	現行民法（現）	改正法案（新）
第3節	第3節　消滅時効	第3節　消滅時効
第166条 〔←（現）第167条第1項から〕	第166条（消滅時効の進行等） ①消滅時効は、権利を行使することができる時から進行する。	第166条（債権等の消滅時効） ①債権は、次に掲げる場合には、時効によって消滅する。 　一　債権者が権利を行使することができることを知った時から5年間行使しないとき。 　二　権利を行使することができる時から10年間行使しないとき。
②（新設） 〔←（現）第167条第2項から〕	②前項の規定は、始期付権利又は停止条件付権利の目的物を占有する第三者のために、その占有の開始の時から取得時効が進行することを妨げない。ただし、権利者は、その時効を<u>中断</u>するため、いつでも占有者の承認を求めることができる。	②債権又は所有権以外の財産権は、権利を行使することができる時から20年間行使しないときは、時効によって消滅する。 ③前二項の規定は、始期付権利又は停止条件付権利の目的物を占有する第三者のために、その占有の開始の時から取得時効が進行することを妨げない。ただし、権利者は、その時効を<u>更新</u>するため、いつでも占有者の承認を求めることができる。
第167条 削除	<s>第167条（債権等の消滅時効）</s>	〔削除〕

〔→(新)第166条へ〕 〔→(新)第166条1項へ〕 〔→(新)第166条2項へ〕	①債権は、10年間行使しないときは、消滅する。 ②債権又は所有権以外の財産権は、20年間行使しないときは、消滅する。	
第167条の2 （新設）		第167条（人の生命又は身体の侵害による損害賠償請求権の消滅時効） 人の生命又は身体の侵害による損害賠償請求権の消滅時効についての前条【条文番号整理案では、第166条】第1項第二号の規定の適用については、同号中「10年間」とあるのは、「20年間」とする。
第168条	第168条（定期金債権の消滅時効） ①定期金の債権は、第1回の弁済期から20年間行使しないときは、消滅する。最後の弁済期から10年間行使しないときも、同様とする。 ②定期金の債権者は、時効の中断の証拠を得るため、いつでも、その債務者に対して承認書の交付を求めることができる。	第168条（定期金債権の消滅時効） ①定期金の債権は、次に掲げる場合には、時効によって消滅する。 　一　債権者が定期金の債権から生ずる金銭その他の物の給付を目的とする各債権を行使することができることを知った時から10年間行使しないとき。 　二　前号に規定する各債権を行使することができる時から20年間行使しないとき。 ②定期金の債権者は、時効の更新の証拠を得るため、いつでも、その債務者に対して承認書の交付を求めることができる。
第169条 削除	第169条（定期給付債権の短期消滅時効） 年又はこれより短い時期によって定めた金銭その他の物の給付を目的とする債権は、5年間行使しないときは、消滅する。	〔第169条【条文番号整理案では第174条の2】の上書きによる削除〕 【＊この規定がないと、弁済者は領収書を5年間保存する必要が生じる。消費者保護の観点からは、この規定は削除すべきでない】
第170条 削除	第170条（3年の短期消滅時効） 次に掲げる債権は、3年間行使しないときは、消滅する。ただし、第二号に掲げる債権の時効は、同号の工事が終了した時から起算する。 　一　医師、助産師又は薬剤師の診療、助産又は調剤に関する債権 　二　工事の設計、施工又は監理を業とする者の工事に関する債権	第170条　削除 【＊この規定がないと、弁済者は領収書を5年間保存する必要が生じる。消費者保護の観点からは、この規定は削除すべきでない】
第171条 削除	第171条〔3年の短期消滅時効 その2〕 弁護士又は弁護士法人は事件が終了した時から、公証人はその職務を執行した時から3年を経過したときは、その職務に関して受け取った書類について、その責	第171条　削除 【＊この規定がないと、弁済者は領収書を5年間保存する必要が生じる。消費者保護の観点からは、この規定は削除すべきでない】

	任を免れる。	
第172条 削除	第172条（2年の短期消滅時効） ①弁護士、弁護士法人又は公証人の職務に関する債権は、その原因となった事件が終了した時から2年間行使しないときは、消滅する。 ②前項の規定にかかわらず、同項の事件中の各事項が終了した時から5年を経過したときは、同項の期間内であっても、その事項に関する債権は、消滅する。〔項の新設〕	第172条　削除 〔＊この規定がないと、弁済者は領収書を5年間保存する必要が生じる。消費者保護の観点からは、この規定は削除すべきでない〕
第173条 削除	第173条〔2年の短期消滅時効　その2〕 次に掲げる債権は、2年間行使しないときは、消滅する。 　一　生産者、卸売商人又は小売商人が売却した産物又は商品の代価に係る債権 　二　自己の技能を用い、注文を受けて、物を製作し又は自己の仕事場で他人のために仕事をすることを業とする者の仕事に関する債権 　三　学芸又は技能の教育を行う者が生徒の教育、衣食又は寄宿の代価について有する債権	第173条　削除 〔＊この規定がないと、弁済者は領収書を5年間保存する必要が生じる。消費者保護の観点からは、この規定は削除すべきでない〕
第174条 削除	第174条（1年の短期消滅時効） 次に掲げる債権は、1年間行使しないときは、消滅する。 　一　月又はこれより短い時期によって定めた使用人の給料に係る債権 　二　自己の労力の提供又は演芸を業とする者の報酬又はその供給した物の代価に係る債権 　三　運送賃に係る債権 　四　旅館、料理店、飲食店、貸席又は娯楽場の宿泊料、飲食料、席料、入場料、消費物の代価又は立替金に係る債権 　五　動産の損料に係る債権	第174条　削除 〔＊この規定がないと、弁済者は領収書を5年間保存する必要が生じる。消費者保護の観点からは、この規定は削除すべきでない〕
第174条の2	第174条の2（判決で確定した権利の消滅時効） ①確定判決によって確定した権利については、10年より短い時効期間の定めがあるものであっても、その時効期間は、10年とする。裁判上の和解、調停その他確定判決と同一の効力を有するものによって確定した権利についても、同様とする。 ②前項の規定は、確定の時に弁済期の到	第169条（判決で確定した権利の消滅時効） ①確定判決又は確定判決と同一の効力を有するものによって確定した権利については、10年より短い時効期間の定めがあるものであっても、その時効期間は、10年とする。 ②前項の規定は、確定の時に弁済期の到

第2編 物　権

条文番号整理案	現行民法（現）	改正法案（新）
	来していない債権については、適用しない。	来していない債権については、適用しない。

条文番号整理案	現行民法（現）	改正法案（新）
第1編	第2編　物　権	第2編　物　権
第1章	第1章　総　則	（変更なし）
第2章	第2章　占有権	（変更なし）
第3章	第3章　所有権	（変更なし）
第4章	第4章　地上権	（変更なし）
第5章	第5章　永小作権	（変更なし）
第6章	第6章　地役権	第6章　地役権
第280条	第280条（地役権の内容）	（変更なし）
第281条	第281条（地役権の付従性〔随伴性〕）	（変更なし）
第282条	第282条（地役権の不可分性）	（変更なし）
第283条	第283条（地役権の時効取得）	（変更なし）
第284条	第284条〔地役権の時効取得　その2〕 ①土地の共有者の一人が時効によって地役権を取得したときは、他の共有者も、これを取得する。 ②共有者に対する時効の<u>中断</u>は、地役権を行使する各共有者に対してしなければ、その効力を生じない。 ③地役権を行使する共有者が数人ある場合には、その一人について時効の<u>停止の原因</u>があっても、時効は、各共有者のために進行する。	第284条〔地役権の時効取得　その2〕 ①（略） ②共有者に対する時効の<u>更新</u>は、地役権を行使する各共有者に対してしなければ、その効力を生じない。 ③地役権を行使する共有者が数人ある場合には、その一人について時効の<u>完成猶予の事由</u>があっても、時効は、各共有者のために進行する。
第285条	第285条（用水地役権）	（変更なし）
第286条	第286条（承役地の所有者の工作物の設置義務等）	（変更なし）
第287条	第287条〔承役地の所有者の工作物の設置義務等　その2〕	（変更なし）
第288条	第288条（承役地の所有者の工作物の使用）	（変更なし）
第289条	第289条（承役地の時効取得による地役権の消滅）	（変更なし）
第290条	第290条〔承役地の時効取得による地役権の消滅　その2〕	（変更なし）
第291条	第291条（地役権の消滅時効） <u>第167条第2項</u>に規定する消滅時効の期	第291条（地役権の消滅時効） <u>第166条</u>【条文番号整理案では第167条】

	間〔20年間〕は、継続的でなく行使される地役権については最後の行使の時から起算し、継続的に行使される地役権についてはその行使を妨げる事実が生じた時から起算する。	第2項に規定する消滅時効の期間は、継続的でなく行使される地役権については最後の行使の時から起算し、継続的に行使される地役権についてはその行使を妨げる事実が生じた時から起算する。
第292条	第292条〔地役権の消滅時効 その2〕要役地が数人の共有に属する場合において、その一人のために時効の<u>中断又は停止</u>があるときは、その中断又は停止は、他の共有者のためにも、その効力を生ずる。	第292条〔地役権の消滅時効 その2〕要役地が数人の共有に属する場合において、その一人のために時効の<u>完成猶予又は更新</u>があるときは、その完成猶予又は更新は、他の共有者のためにも、その効力を生ずる。
第293条	〔第293条地役権の消滅時効 その3〕	（変更なし）
第294条	第294条（共有の性質を有しない入会権）	（変更なし）
第7章	第7章　留置権	（変更なし）
第8章	第8章　先取特権	第8章　先取特権
第1節	第1節　総　則	（変更なし）
第2節	第2節　先取特権の種類	（変更なし）
第1款	第1款　一般の先取特権	（変更なし）
第2款	第2款　動産の先取特権	第2款　動産の先取特権
第316条	第316条〔不動産賃貸の先取特権の被担保債権の範囲 その2〕賃貸人は、敷金を受け取っている場合には、その敷金で弁済を受けない債権の部分についてのみ先取特権を有する。	第316条〔不動産賃貸の先取特権の被担保債権の範囲 その2〕賃貸人は、<u>第622条の2第1項に規定する敷金</u>を受け取っている場合には、その敷金で弁済を受けない債権の部分についてのみ先取特権を有する。
第3款	第3款　不動産の先取特権	（変更なし）
第3節	第3節　先取特権の順位	（変更なし）
第4節	第4節　先取特権の効力	（変更なし）
第9章	第9章　質　権	（変更なし）
第1節	第1節　総　則	（変更なし）
第2節	第2節　動産質	（変更なし）
第3節	第3節　不動産質	（変更なし）
第356条	第356条（不動産質権者による使用及び収益）	（変更なし）
第357条	第357条（不動産質権者による管理の費用等の負担）	（変更なし）
第358条	第358条（不動産質権者による利息の請求の禁止）	（変更なし）
第359条	第359条（設定行為に別段の定めがある場合等）	第359条（設定行為に別段の定めがある場合等）

	前三条〔不動産質権者の使用収益権、管理費用等の負担、利息請求の禁止〕の規定は、設定行為に別段の定めがあるとき、又は担保不動産収益執行（民事執行法（昭和54年法律第4号）第180条第二号に規定する担保不動産収益執行をいう。以下同じ。）の開始があったときは、適用しない。	前三条〔不動産質権者の使用収益権、管理費用等の負担、利息請求の禁止〕の規定は、設定行為に別段の定めがあるとき、又は担保不動産収益執行（民事執行法第180条第二号に規定する担保不動産収益執行をいう。以下同じ。）の開始があったときは、適用しない。
第360条	第360条（不動産質権の存続期間）	（変更なし）
第361条	第361条（抵当権の規定の準用）	（変更なし）
第4節	第4節　権利質	第4節　権利質
第362条	第362条（権利質の目的等）	（変更なし）
第363条 削除	第363条〔債権質の設定〕 <s>債権であってこれを譲り渡すにはその証書を交付することを要するものを質権の目的とするときは、質権の設定は、その証書を交付することによって、その効力を生ずる</s>（平成15（2003）年法134本条全部改正）。	第363条　削除
第364条	第364条（指名債権を目的とする質権の対抗要件） <s>指名債権</s>を質権の目的としたときは、第467条〔指名債権の譲渡の対抗要件〕の規定に従い、第三債務者に質権の設定を通知し、又は第三債務者がこれを承諾しなければ、これをもって第三債務者その他の第三者に対抗することができない。	第364条（債権を目的〔物〕とする質権の対抗要件） 債権を目的とする質権の設定（現に発生していない債権を目的〔物〕とするものを含む。）は、第467条の規定に従い、第三債務者にその質権の設定を通知し、又は第三債務者がこれを承諾しなければ、これをもって第三債務者その他の第三者に対抗することができない。
第365条 削除 〔→（新）第520条の7へ〕	第365条〔指図債権を目的とする質権の対抗要件〕 <s>指図債権を質権の目的としたときは、その証書に質権の設定の裏書をしなければ、これをもって第三者に対抗することができない。</s>	第365条　削除
第366条	第366条（質権者による債権の取立て等）	（変更なし）
第367条 削除	第367条及び第368条　削除	（変更なし）
第368条 削除		
第10章	第10章　抵当権	（変更なし）
第1節	第1節　総則	第1節　総則
第369条	第369条（抵当権の内容）	（変更なし）

第370条	第370条（抵当権の効力の及ぶ範囲） 抵当権は、抵当地の上に存する建物を除き、その目的である不動産（以下「抵当不動産」という。）に付加して一体となっている物に及ぶ。ただし、設定行為に別段の定めがある場合及び第424条〔詐害行為取消権〕の規定により債権者が債務者の行為を取り消すことができる場合は、この限りでない。	第370条（抵当権の効力の及ぶ範囲） 抵当権は、抵当地の上に存する建物を除き、その目的<u>物</u>である不動産（以下「抵当不動産」という。）に付加して一体となっている物に及ぶ。ただし、設定行為に別段の定めがある場合及び<u>債務者の行為について第424条第3項に規定する詐害行為取消請求をすることができる場合</u>は、この限りでない。
第371条	第371条〔抵当権の効力の及ぶ範囲　その2〕	（変更なし）
第372条	第372条（留置権等の規定の準用）	（変更なし）
第2節	第2節　抵当権の効力	（変更なし）
第3節	第3節　抵当権の消滅	（変更なし）
第4節	第4節　根抵当	第4節　根抵当
第398条の2	第398条の2（根抵当権） ①抵当権は、設定行為で定めるところにより、一定の範囲に属する不特定の債権を極度額の限度において担保するためにも設定することができる。 ②前項の規定による抵当権（以下「根抵当権」という。）の担保すべき不特定の債権の範囲は、債務者との特定の継続的取引契約によって生ずるものその他債務者との一定の種類の取引によって生ずるものに限定して、定めなければならない。 ③特定の原因に基づいて債務者との間に継続して生ずる債権<u>又は</u>手形上若しくは小切手上の請求権は、前項の規定にかかわらず、根抵当権の担保すべき債権とすることができる。	第398条の2（根抵当権） ①（略） ②（略） ③特定の原因に基づいて債務者との間に継続して生ずる債権、<u>手形上若しくは小切手上の請求権又は電子記録債権（電子記録債権法（平成19年法律第102号）第2条第1項に規定する電子記録債権をいう。次条第2項において同じ。）</u>は、前項の規定にかかわらず、根抵当権の担保すべき債権とすることができる。
第398条の3	第398条の3（根抵当権の被担保債権の範囲） ①根抵当権者は、確定した元本並びに利息その他の定期金及び債務の不履行によって生じた損害の賠償の全部について、極度額を限度として、その根抵当権を行使することができる。 ②債務者との取引によらないで取得する手形上<u>又は</u>小切手上の請求権を根抵当権の担保すべき債権とした場合において、	第398条の3（根抵当権の被担保債権の範囲） ①（略） ②債務者との取引によらないで取得する手形上<u>若しくは</u>小切手上の請求権<u>又は電子記録債権</u>を根抵当権の担保すべき債権

◆　第Ⅱ部　現行民法(現)と改正法案(新)との対照表〔条文番号整理案付〕　79

	次に掲げる事由があったときは、その前に取得したものについてのみ、その根抵当権を行使することができる。ただし、その後に取得したものであっても、その事由を知らないで取得したものについては、これを行使することを妨げない。 　一　債務者の支払の停止 　二　債務者についての破産手続開始、再生手続開始、更生手続開始、整理開始又は特別清算開始の申立 　三　抵当不動産に対する競売の申立て又は滞納処分による差押え	とした場合において、次に掲げる事由があったときは、その前に取得したものについてのみ、その根抵当権を行使することができる。ただし、その後に取得したものであっても、その事由を知らないで取得したものについては、これを行使することを妨げない。 　一（略） 　二（略） 　三（略）
第398条の4	第398条の4（根抵当権の被担保債権の範囲及び債務者の変更）	（変更なし）
第398条の5	第398条の5（根抵当権の極度額の変更）	（変更なし）
第398条の6	第398条の6（根抵当権の元本確定期日の定め）	（変更なし）
第398条の7 ③（新設）	第398条の7（根抵当権の被担保債権の譲渡等） ①元本の確定前に根抵当権者から債権を取得した者は、その債権について根抵当権を行使することができない。元本の確定前に債務者のために又は債務者に代わって弁済をした者も、同様とする。 ②元本の確定前に債務の引受けがあったときは、根抵当権者は、引受人の債務について、その根抵当権を行使することができない。 ③元本の確定前に債権者又は債務者の交替による更改があったときは、その当事者は、第518条〔更改後の債務への担保の移転〕の規定にかかわらず、根抵当権を更改後の債務に移すことができない。	第398条の7（根抵当権の被担保債権の譲渡等） ①（略） ②（略） ③元本の確定前に免責的債務引受があった場合における債権者は、第472条の4第1項の規定にかかわらず、根抵当権を引受人が負担する債務に移すことができない。 ④元本の確定前に債権者の交替による更改があった場合における更改前の債権者は、第518条〔更改後の債務への担保の移転〕第1項の規定にかかわらず、根抵当権を更改後の債務に移すことができない。元本の確定前に債務者の交替による更改があった場合における債権者も、同様とする。
第398条の8	第398条の8（根抵当権者又は債務者の相続）	（変更なし）
第398条の9	第398条の9（根抵当権者又は債務者の	（変更なし）

第398条の10	第398条の10(根抵当権者又は債務者の会社分割)	(変更なし)
第398条の11	第398条の11(根抵当権の処分)	(変更なし)
第398条の12	第398条の12(根抵当権の譲渡)	(変更なし)
第398条の13	第398条の13(根抵当権の一部譲渡)	(変更なし)
第398条の14	第398条の14(根抵当権の共有)	(変更なし)
第398条の15	第398条の15(抵当権の順位の譲渡又は放棄と根抵当権の譲渡又は一部譲渡)	(変更なし)
第398条の16	第398条の16(共同根抵当)	(変更なし)
第398条の17	第398条の17(共同根抵当の変更等)	(変更なし)
第398条の18	第398条の18(累積根抵当)	(変更なし)
第398条の19	第398条の19(根抵当権の元本の確定請求)	(変更なし)
第398条の20	第398条の20(根抵当権の元本の確定事由)	(変更なし)
第398条の21	第398条の21(根抵当権の極度額の減額請求)	(変更なし)
第398条の22	第398条の22(根抵当権の消滅請求)	(変更なし)

第3編 債 権
第1章 総 則
第1節 債権の目的

条文番号整理案	現行民法(現)	改正法案(新)
第1編	第3編 債 権	第3編 債 権
第1章	第1章 総 則	第1章 総 則
第1節	第1節 債権の目的	第1節 債権の目的
第399条	第399条(債権の目的)	(変更なし)
第400条	第400条(特定物の引渡しの場合の注意義務) 債権の目的が特定物の引渡しであるときは、債務者は、その引渡しをするまで、善良な管理者の注意をもって、その物を保存しなければならない。	第400条(特定物の引渡しの場合の注意義務) 債権の目的が特定物の引渡しであるときは、債務者は、その引渡しをするまで、契約その他の債権の発生原因及び取引上の社会通念に照らして定まる善良な管理者の注意をもって、その物を保存しなければならない。
第401条	第401条(種類債権)	(変更なし)
第402条	第402条(金銭債権)	(変更なし)

第403条	第403条〔金銭債権 その２〕	（変更なし）
第404条	第404条（法定利率） 利息を生ずべき債権について別段の意思表示がないときは、その利率は、<u>年５分とする</u>。	第404条（法定利率） ①利息を生ずべき債権について別段の意思表示がないときは、その利率は、<u>その利息が生じた最初の時点における法定利率による</u>。
②（新設） ③（新設）		②<u>法定利率は、年３パーセントとする。</u> ③<u>前項の規定にかかわらず、法定利率は、法務省令で定めるところにより、３年を一期とし、一期ごとに、次項の規定により変動するものとする。</u>
④（新設）		④<u>各期における法定利率は、この項の規定により法定利率に変動があった期のうち直近のもの（以下この項において「直近変動期」という。）における基準割合と当期における基準割合との差に相当する割合（その割合に１パーセント未満の端数があるときは、これを切り捨てる。）を直近変動期における法定利率に加算し、又は減算した割合とする。</u>
⑤（新設）		⑤<u>前項に規定する「基準割合」とは、法務省令で定めるところにより、各期の初日の属する年の６年前の年の１月から前々年の12月までの各月における短期貸付けの平均利率（当該各月において銀行が新たに行った貸付け（貸付期間が１年未満のものに限る。）に係る利率の平均をいう。）の合計を60で除して計算した割合（その割合に0.1パーセント未満の端数があるときは、これを切り捨てる。）として法務大臣が告示するものをいう。</u>
第405条	第405条（利息の元本への組入れ）	（変更なし）
第406条	第406条（選択債権における選択権の帰属）	（変更なし）
第407条	第407条（選択権の行使）	（変更なし）
第408条	第408条（選択権の移転）	（変更なし）
第409条	第409条（第三者の選択権）	（変更なし）
第410条	第410条（不能による選択債権の特定） ①債権の目的である給付の中に、<u>初めから不能であるもの又は後に至って不能となったものがあるときは</u>、債権は、その残存するものについて存在する。	第410条（不能による選択債権の特定） 債権の目的である給付の中に<u>不能のものがある場合において、その不能が選択権を有する者の過失によるものであるとき</u>は、債権は、その残存するものについて存在する。
②（削除）	②選択権を有しない当事者の過失によっ	

| 第411条 | 第411条（選択の効力） | （変更なし） |

第2節　債権の効力
第1款　債務不履行の責任等

条文番号整理案	現行民法（現）	改正法案（新）
	第2節　債権の効力	第2節　債権の効力
	第1款　債務不履行の責任等	第1款　債務不履行の責任等
第412条	第412条（履行期と履行遅滞） ①債務の履行について確定期限があるときは、債務者は、その期限の到来した時から遅滞の責任を負う。 ②債務の履行について不確定期限があるときは、債務者は、その期限の到来したことを知った時から遅滞の責任を負う。 ③債務の履行について期限を定めなかったときは、債務者は、履行の請求を受けた時から遅滞の責任を負う。	第412条（履行期と履行遅滞） ①（略） ②債務の履行について不確定期限があるときは、債務者は、その期限の到来した後に履行の請求を受けた時又はその期限の到来したことを知った時のいずれか早い時から遅滞の責任を負う。 ③（略）
第412条の2 （新設）		第412条の2（履行不能） ①債務の履行が契約その他の債務の発生原因及び取引上の社会通念に照らして不能であるときは、債権者は、その債務の履行を請求することができない。 ②契約に基づく債務の履行がその契約の成立の時に不能であったことは、第415条の規定によりその履行の不能によって生じた損害の賠償を請求することを妨げない。
第413条 ②（新設）	第413条（受領遅滞） 債権者が債務の履行を受けることを拒み、又は受けることができないときは、その債権者は、履行の提供があった時から遅滞の責任を負う。	第413条（受領遅滞） ①債権者が債務の履行を受けることを拒み、又は受けることができない場合において、その債務の目的が特定物の引渡しであるときは、債務者は、履行の提供をした時からその引渡しをするまで、自己の財産に対するのと同一の注意をもって、その物を保存すれば足りる。 ②債権者が債務の履行を受けることを拒み、又は受けることができないことによって、その履行の費用が増加したときは、その増加額は、債権者の負担とする。
第413条の2		第413条の2（履行遅滞中又は受領遅滞

（新設）			中の履行不能と帰責事由） ①債務者がその債務について遅滞の責任を負っている間に当事者双方の責めに帰することができない事由によってその債務の履行が不能となったときは、その履行の不能は、債務者の責めに帰すべき事由によるものとみなす〔推定する〕。〔＊提案理由：硬直的なみなし規定とするよりも、推定規定とする方が良い〕 ②債権者が債務の履行を受けることを拒み、又は受けることができない場合において、履行の提供があった時以後に当事者双方の責めに帰することができない事由によってその債務の履行が不能となったときは、その履行の不能は、債権者の責めに帰すべき事由によるものとみなす〔推定する〕。〔＊提案理由：硬直的なみなし規定とするよりも、推定規定とする方が良い。〕
第414条 ②（削除） ③（削除）		第414条（履行の強制） ①債務者が任意に債務の履行をしないときは、債権者は、その強制履行を裁判所に請求することができる。ただし、債務の性質がこれを許さないときは、この限りでない。 ②債務の性質が強制履行を許さない場合において、その債務が作為を目的とするときは、債権者は、債務者の費用で第三者にこれをさせることを裁判所に請求することができる。ただし、法律行為を目的とする債務については、裁判をもって債務者の意思表示に代えることができる。 ③不作為を目的とする債務については、債務者の費用で、債務者がした行為の結果を除去し、又は将来のため適当な処分をすることを裁判所に請求することができる。 ④前三項の規定は、損害賠償の請求を妨げない。	第414条（履行の強制） ①債務者が任意に債務の履行をしないときは、債権者は、民事執行法その他強制執行の手続に関する法令の規定に従い、直接強制、代替執行、間接強制その他の方法による履行の強制を裁判所に請求することができる。ただし、債務の性質がこれを許さないときは、この限りでない。 〔＊削除すべきでない。民事執行法には、不作為債務の強制執行に対応する条文が完備していないし、たとえ今後、整備法によって整備されたとしても、実体法上の規範を残しておくことが必要だからである。〕 ②前項の規定は、損害賠償の請求を妨げない。
第415条		第415条（債務不履行による損害賠償） 債務者がその債務の本旨に従った履行をしないときは、債権者は、これによって生じた損害の賠償を請求することができ	第415条（債務不履行による損害賠償） ①債務者がその債務の本旨に従った履行をしないとき又は債務の履行が不能であるときは、債権者は、これによって生じ

②（新設）	る。債務者の責めに帰すべき事由によって履行をすることができなくなったときも、同様とする。	た損害の賠償を請求することができる。ただし、その債務の不履行が契約その他の債務の発生原因及び取引上の社会通念に照らして債務者の責めに帰することができない事由によるものであるときは、この限りでない。 ②前項の規定により損害賠償の請求をすることができる場合において、債権者は、次に掲げるときは、債務の履行に代わる損害賠償の請求をすることができる。 　一　債務の履行が不能であるとき。 　二　債務者がその債務の履行を拒絶する意思を明確に表示したとき。 　三　債務が契約によって生じたものである場合において、その契約が解除され、又は債務の不履行による契約の解除権が発生したとき。
第416条	第416条（損害賠償の範囲） ①債務の不履行に対する損害賠償の請求は、これによって通常生ずべき損害の賠償をさせることをその目的とする。 ②特別の事情によって生じた損害であっても、当事者がその事情を予見し、又は予見することができたときは、債権者は、その賠償を請求することができる。	第416条（損害賠償の範囲） ①（略） ②特別の事情によって生じた損害であっても、当事者がその事情を予見すべきであったときは、債権者は、その賠償を請求することができる。
第417条	第417条（損害賠償の方法）	（変更なし）
第417条の2（新設）		第417条の2（中間利息の控除） ①将来において取得すべき利益についての損害賠償の額を定める場合において、その利益を取得すべき時までの利息相当額を控除するときは、その損害賠償の請求権が生じた時点における法定利率により、これをする。 ②将来において負担すべき費用についての損害賠償の額を定める場合において、その費用を負担すべき時までの利息相当額を控除するときも、前項と同様とする。
第418条	第418条（過失相殺） 債務の不履行に関して債権者に過失があったときは、裁判所は、これを考慮して、損害賠償の責任及びその額を定める。	第418条（過失相殺） 債務の不履行又はこれによる損害の発生若しくは拡大に関して債権者に過失があったときは、裁判所は、これを考慮して、損害賠償の責任及びその額を定める。
第419条	第419条（金銭債務の特則） ①金銭の給付を目的とする債務の不履行については、その損害賠償の額は、法定	第419条（金銭債務の特則） 金銭の給付を目的とする債務の不履行については、その損害賠償の額は、債務者

		利率によって定める。ただし、約定利率が法定利率を超えるときは、約定利率による。 ②前項の損害賠償については、債権者は、損害の証明をすることを要しない。 ③第1項の損害賠償については、債務者は、不可抗力をもって抗弁とすることができない。	が遅滞の責任を負った最初の時点における法定利率によって定める。ただし、約定利率が法定利率を超えるときは、約定利率による。 ②（略） ③（略）
第420条		第420条（賠償額の予定） ①当事者は、債務の不履行について損害賠償の額を予定することができる。この場合において、裁判所は、その額を増減することができない。 ②賠償額の予定は、履行の請求又は解除権の行使を妨げない。 ③違約金は、賠償額の予定と推定する。	第420条（賠償額の予定） ①当事者は、債務の不履行について損害賠償の額を予定することができる。〔この場合において、その賠償額の予定が、平均的損害又は通常生ずべき損害と比較して過大であるときは、裁判所は、その額を通常生ずべき損害の範囲まで減額することができる。〕〔＊提案理由：法外な損害賠償額の予定は、無効とすべきであり、その判断基準を示すことが必要だからである。〕 ②（略） ③（略）
第421条		第421条〔賠償額の予定　その2〕	（変更なし）
第422条		第422条（損害賠償による代位）	（変更なし）
第422条の2 （新設）			第422条の2（代償請求権） 債務者が、その債務の履行が不能となったのと同一の原因により債務の目的物の代償である権利又は利益を取得したときは、債権者は、その受けた損害の額の限度において、債務者に対し、その権利の移転又はその利益の償還を請求することができる。

第2款　債権者代位権

条文番号整理案	現行民法（現）	改正法案（新）
第2款	第2款　債権者代位権及び詐害行為取消権	第2款　債権者代位権
第423条	第423条（債権者代位権） ①債権者は、自己の債権を保全するため、債務者に属する権利を行使することができる。ただし、債務者の一身に専属する権利は、この限りでない。 ②債権者は、その債権の期限が到来しな	第423条（債権者代位権の要件） ①債権者は、自己の債権を保全するため必要があるときは、債務者に属する権利（以下「被代位権利」という。）を行使することができる。ただし、債務者の一身に専属する権利及び差押えを禁じられた権利は、この限りでない。 ②債権者は、その債権の期限が到来しな

③（新設）	い間は、裁判上の代位によらなければ、前項の権利を行使することができない。ただし、保存行為は、この限りでない。	い間は、被代位権利を行使することができない。ただし、保存行為は、この限りでない。 ③債権者は、その債権が強制執行により実現することのできないものであるときは、被代位権利を行使することができない。
第423条の2 （新設）		第423条の2　（代位行使の範囲） 債権者は、被代位権利を行使する場合において、被代位権利の目的〔物〕が可分であるときは、自己の債権の額の限度においてのみ、被代位権利を行使することができる。
第423条の3 （新設）		第423条の3　（債権者への支払又は引渡し） 債権者は、被代位権利を行使する場合において、被代位権利が金銭の支払又は動産の引渡しを目的とするものであるときは、相手方に対し、その支払又は引渡しを自己に対してすることを求めることができる。この場合において、相手方が債権者に対してその支払又は引渡しをしたときは、被代位権利は、これによって消滅する。
第423条の4 （新設）		第423条の4　（相手方の抗弁） 債権者が被代位権利を行使したときは、相手方は、債務者に対して主張することができる抗弁をもって、債権者に対抗することができる。
第423条の5 （新設）		第423条の5　（債務者の取立てその他の処分の権限等） 債権者が被代位権利を行使した場合であっても、債務者は、被代位権利について、自ら取立てその他の処分をすることを妨げられない。この場合においては、相手方も、被代位権利について、債務者に対して履行をすることを妨げられない。
第423条の6 （新設）		第423条の6　（被代位権利の行使に係る訴えを提起した場合の訴訟告知） 債権者は、被代位権利の行使に係る訴えを提起したときは、遅滞なく、債務者に対し、訴訟告知をしなければならない。
第423条の7 （新設）		第423条の7　（登記又は登録の請求権を保全するための債権者代位権） 登記又は登録をしなければ権利の得喪及

		び変更を第三者に対抗することができない財産を譲り受けた者は、その譲渡人が第三者に対して有する登記手続又は登録手続をすべきことを請求する権利を行使しないときは、その権利を行使することができる。この場合においては、前三条の規定を準用する。

第3款 詐害行為取消権
第1目 詐害行為取消権の要件

条文番号整理案	現行民法（現）	改正法案（新）
第3款 （新設）		第3款　詐害行為取消権
第1目 （新設）		第1目　詐害行為取消権の要件
第424条	第424条（詐害行為取消権） ①債権者は、債務者が債権者を害することを知ってした法律行為の取消しを裁判所に請求することができる。ただし、その行為によって利益を受けた者又は転得者がその行為又は転得の時において債権者を害すべき事実を知らなかったときは、この限りでない。 ②前項の規定は、財産権を目的としない法律行為については、適用しない。	第424条（詐害行為取消請求） ①債権者は、債務者が債権者を害することを知ってした行為の取消しを裁判所に請求することができる。ただし、その行為によって利益を受けた者（以下この款において「受益者」という。）がその行為の時において債権者を害することを知らなかったときは、この限りでない。 ②前項の規定は、財産権を目的〔物〕としない行為については、適用しない。
③（新設）		③債権者は、その債権が第1項に規定する行為の前の原因に基づいて生じたものである場合に限り、同項の規定による請求（以下「詐害行為取消請求」という。）をすることができる。
④（新設）		④債権者は、その債権が強制執行により実現することのできないものであるときは、詐害行為取消請求をすることができない。
第424条の2 （新設） 〔破産法第161条（相当の対価を得てした財産の処分行為の否認）参照〕		第424条の2（相当の対価を得てした財産の処分行為の特則） 債務者が、その有する財産を処分する行為をした場合において、受益者から相当の対価を取得しているときは、債権者は、次に掲げる要件のいずれにも該当する場合に限り、その行為について、詐害行為取消請求をすることができる。 一　その行為が、不動産の金銭への換価その他の当該処分による財産の種類の変更により、債務者において隠匿、無償

		の供与その他の債権者を害することとなる処分(以下この条において「隠匿等の処分」という。)をするおそれを現に生じさせるものであること。 二　債務者が、その行為の当時、対価として取得した金銭その他の財産について、隠匿等の処分をする意思を有していたこと。 三　受益者が、その行為の当時、債務者が隠匿等の処分をする意思を有していたことを知っていたこと。
第424条の3 (新設) 〔破産法第162条(特定の債権者に対する担保の供与等の否認参照)〕		第424条の3　(特定の債権者に対する担保の供与等の特則) ①債務者がした既存の債務についての担保の供与又は債務の消滅に関する行為について、債権者は、次に掲げる要件のいずれにも該当する場合に限り、詐害行為取消請求をすることができる。 一　その行為が、債務者が支払不能(債務者が、支払能力を欠くために、その債務のうち弁済期にあるものにつき、一般的かつ継続的に弁済することができない状態をいう。次項第一号において同じ。)の時に行われたものであること。 二　その行為が、債務者と受益者とが通謀して他の債権者を害する意図をもって行われたものであること。 ②前項に規定する行為が、債務者の義務に属せず、又はその時期が債務者の義務に属しないものである場合において、次に掲げる要件のいずれにも該当するときは、債権者は、同項の規定にかかわらず、その行為について、詐害行為取消請求をすることができる。 一　その行為が、債務者が支払不能になる前30日以内に行われたものであること。 二　その行為が、債務者と受益者とが通謀して他の債権者を害する意図をもって行われたものであること。
第424条の4 (新設) 〔破産法第160条第2項(破産債権者を害する行為の否認)参照〕		第424条の4　(過大な代物弁済等の特則) 債務者がした債務の消滅に関する行為であって、受益者の受けた給付の価額がその行為によって消滅した債務の額より過大であるものについて、第424条に規定する要件に該当するときは、債権者は、

条文番号整理案	現行民法(現)	改正法案(新)
		前条第1項の規定にかかわらず、その消滅した債務の額に相当する部分以外の部分については、詐害行為取消請求をすることができる。
第424条の5 (新設) 〔破産法第170条 (転得者に対する否認権)参照〕		第424条の5 (転得者に対する詐害行為取消請求) 債権者は、受益者に対して詐害行為取消請求をすることができる場合において、受益者に移転した財産を転得した者があるときは、次の各号に掲げる区分に応じ、それぞれ当該各号に定める場合に限り、その転得者に対しても、詐害行為取消請求をすることができる。 一 その転得者が受益者から転得した者である場合 その転得者が、転得の当時、債務者がした行為が債権者を害することを知っていたとき。 二 その転得者が他の転得者から転得した者である場合 その転得者及びその前に転得した全ての転得者が、それぞれの転得の当時、債務者がした行為が債権者を害することを知っていたとき。

第2目 詐害行為取消権の行使の方法等

条文番号整理案	現行民法(現)	改正法案(新)
第2目 (新設)		第2目 詐害行為取消権の行使の方法等
第424条の6 (新設)		第424条の6 (財産の返還又は価額の償還の請求) ①債権者は、受益者に対する詐害行為取消請求において、債務者がした行為の取消しとともに、その行為によって受益者に移転した財産の返還を請求することができる。受益者がその財産の返還をすることが困難であるときは、債権者は、その価額の償還を請求することができる。 ②債権者は、転得者に対する詐害行為取消請求において、債務者がした行為の取消しとともに、転得者が転得した財産の返還を請求することができる。転得者がその財産の返還をすることが困難であるときは、債権者は、その価額の償還を請求することができる。
第424条の7 (新設)		第424条の7 (被告及び訴訟告知) ①詐害行為取消請求に係る訴えについて

条文番号整理案	現行民法（現）	改正法案（新）
		は、次の各号に掲げる区分に応じ、それぞれ当該各号に定める者を被告とする。 　一　受益者に対する詐害行為取消請求に係る訴え　受益者 　二　転得者に対する詐害行為取消請求に係る訴え　その詐害行為取消請求の相手方である転得者 ②債権者は、詐害行為取消請求に係る訴えを提起したときは、遅滞なく、債務者に対し、訴訟告知をしなければならない。
第424条の8 （新設）		第424条の8（詐害行為の取消しの範囲） ①債権者は、詐害行為取消請求をする場合において、債務者がした行為の目的〔物〕が可分であるときは、自己の債権の額の限度においてのみ、その行為の取消しを請求することができる。 ②債権者が第424条の6第1項後段又は第2項後段の規定により価額の償還を請求する場合についても、前項と同様とする。
第424条の9 （新設） 〔破産法第167条（否認権行使の効果）参照〕		第424条の9（債権者への支払又は引渡し） ①債権者は、第424条の6第1項前段又は第2項前段の規定により受益者又は転得者に対して財産の返還を請求する場合において、その返還の請求が金銭の支払又は動産の引渡しを求めるものであるときは、受益者に対してその支払又は引渡しを、転得者に対してその引渡しを、自己に対してすることを求めることができる。この場合において、受益者又は転得者は、債権者に対してその支払又は引渡しをしたときは、債務者に対してその支払又は引渡しをすることを要しない。 ②債権者が第424条の6第1項後段又は第2項後段の規定により受益者又は転得者に対して価額の償還を請求する場合についても、前項と同様とする。

第3目　詐害行為取消権の行使の効果

条文番号整理案	現行民法（現）	改正法案（新）
第3目 （新設）		第3目　詐害行為取消権の行使の効果
第425条	第425条（詐害行為の取消しの効果）	第425条（認容判決の効力が及ぶ者の範囲）

	前条の規定による取消しは、すべての債権者の利益のためにその効力を生ずる。	詐害行為取消請求を認容する確定判決は、債務者及びその全ての債権者に対してもその効力を有する。
第425条の2 （新設）		第425条の2（債務者の受けた反対給付に関する受益者の権利） 債務者がした財産の処分に関する行為（債務の消滅に関する行為を除く。）が取り消されたときは、受益者は、債務者に対し、その財産を取得するためにした反対給付の返還を請求することができる。債務者がその反対給付の返還をすることが困難であるときは、受益者は、その価額の償還を請求することができる。
第425条の3 （新設） 〔破産法第169条（相手方の債権の回復）参照〕		第425条の3（受益者の債権の回復） 債務者がした債務の消滅に関する行為が取り消された場合（第424条の4の規定により取り消された場合を除く。）において、受益者が債務者から受けた給付を返還し、又はその価額を償還したときは、受益者の債務者に対する債権は、これによって原状に復する。
第425条の4 （新設） 〔破産法第168条第2項（破産者の受けた反対給付に関する相手方の権利等）参照〕		第425条の4（詐害行為取消請求を受けた転得者の権利） 債務者がした行為が転得者に対する詐害行為取消請求によって取り消されたときは、その転得者は、次の各号に掲げる区分に応じ、それぞれ当該各号に定める権利を行使することができる。ただし、その転得者がその前者から財産を取得するためにした反対給付又はその前者から財産を取得することによって消滅した債権の価額を限度とする。 一 第425条の2に規定する行為が取り消された場合 その行為が受益者に対する詐害行為取消請求によって取り消されたとすれば同条の規定により生ずべき受益者の債務者に対する反対給付の返還請求権又はその価額の償還請求権 二 前条に規定する行為が取り消された場合（第424条の4の規定により取り消された場合を除く。）その行為が受益者に対する詐害行為取消請求によって取り消されたとすれば前条の規定により回復すべき受益者の債務者に対する債権

第4目　詐害行為取消権の期間の制限

条文番号整理案	現行民法（現）	改正法案（新）
第4目 （新設）		第4目　詐害行為取消権の期間の制限
第426条 〔破産法第176条（否認権行使の期間）参照〕	第426条（詐害行為取消権の期間の制限） 第424条〔詐害行為取消権〕の規定による取消権は、債権者が取消しの原因を知った時から2年間行使しないときは、時効によって消滅する。行為の時から20年を経過したときも、同様とする。	第426条〔詐害行為取消権の期間の制限〕 詐害行為取消請求に係る訴えは、債務者が債権者を害することを知って行為をしたことを債権者が知った時から2年を経過したときは、提起することができない。行為の時から10年を経過したときも、同様とする。

第3節　多数当事者の債権及び債務
第1款　総　則（第427条）（変更なし）
第2款　不可分債権及び不可分債務

条文番号整理案	現行民法（現）	改正法案（新）
第2款	第2款　不可分債権及び不可分債務	第2款　不可分債権及び不可分債務
第428条	第428条（不可分債権） 債権の目的がその性質上又は当事者の意思表示によって不可分である場合において、数人の債権者があるときは、各債権者はすべての債権者のために履行を請求し、債務者はすべての債権者のために各債権者に対して履行をすることができる。	第428条（不可分債権） 次款（連帯債権）の規定（第433条【条文番号整理案では第431条の3】（連帯債権者の一人との間の更改又は免除）及び第435条【条文番号整理案では第431条の5（連帯債権者の一人との間の混同）】の規定を除く。）は、債権の目的〔物〕がその性質上不可分である場合において、数人の債権者があるときについて準用する。
第429条 ②（削除）	第429条（不可分債権者の一人について生じた事由等の効力） ①不可分債権者の一人と債務者との間に更改又は免除があった場合においても、他の不可分債権者は、債務の全部の履行を請求することができる。この場合においては、その一人の不可分債権者がその権利を失わなければ分与される利益を債務者に償還しなければならない。 ②前項に規定する場合のほか、不可分債権者の一人の行為又は一人について生じた事由は、他の不可分債権者に対してその効力を生じない。	第429条（不可分債権者の一人との間の更改又は免除） 不可分債権者の一人と債務者との間に更改又は免除があった場合においても、他の不可分債権者は、債務の全部の履行を請求することができる。この場合においては、その一人の不可分債権者がその権利を失わなければ分与されるべき利益を債務者に償還しなければならない。
第430条	第430条（不可分債務） 前条の規定及び次款（連帯債務）の規定（第434条から第440条まで〔連帯債務者の一人について生じた事由の他の連帯	第430条〔不可分債務〕 第4款（連帯債務）の規定（第440条〔【条文番号整理案では第438条（連帯債務者の一人との間の混同）}〕の規定を除

条文番号整理案	現行民法（現）	改正法案（新）
	務者に対する効力〕の規定を除く。）は、数人が不可分債務を負担する場合について準用する。	く。）は、債務の目的【物】がその性質上不可分である場合において、数人の債務者があるときについて準用する。
第431条	第431条（可分債権又は可分債務への変更）	（変更なし）

第2款の2　連帯債権

条文番号整理案	現行民法（現）	改正法案（新）
第2款の2（新設）		第3款　連帯債権
第431条の2（新設）		第432条（連帯債権者による履行の請求等） 債権の目的【物】がその性質上可分である場合において、法令の規定又は当事者の意思表示によって数人が連帯して債権を有するときは、各債権者は、全ての債権者のために全部又は一部の履行を請求することができ、債務者は、全ての債権者のために各債権者に対して履行をすることができる。
第431条の3（新設）		第433条（連帯債権者の一人との間の更改又は免除） 連帯債権者の一人と債務者との間に更改又は免除があったときは、その連帯債権者がその権利を失わなければ分与されるべき利益に係る部分については、他の連帯債権者は、履行を請求することができない。
第431条の4（新設）		第434条（連帯債権者の一人との間の相殺） 債務者が連帯債権者の一人に対して債権を有する場合において、その債務者が相殺を援用したときは、その相殺は、他の連帯債権者に対しても、その効力を生ずる。
第431条の5（新設）		第435条（連帯債権者の一人との間の混同） 連帯債権者の一人と債務者との間に混同があったときは、債務者は、弁済をしたものとみなす。
第431条の6（新設）		435条の2（相対的効力の原則） 第432条【条文番号整理案では第431条の2】から前条までに規定する場合を除き、連帯債権者の一人の行為又は一人につい

| | | て生じた事由は、他の連帯債権者に対してその効力を生じない。ただし、他の連帯債権者の一人及び債務者が別段の意思を表示したときは、当該他の連帯債権者に対する効力は、その意思に従う。 |

第3款 連帯債務

条文番号整理案	現行民法（現）	改正法案（新）
第3款	第3款 連帯債務	第4款 連帯債務
第432条	第432条（履行の請求） 数人が連帯債務を負担するときは、債権者は、その連帯債務者の一人に対し、又は同時に若しくは順次にすべての連帯債務者に対し、全部又は一部の履行を請求することができる。	第436条（連帯債務者に対する履行の請求） 債務の目的〔物〕がその性質上可分である場合において、法令の規定又は当事者の意思表示によって数人が連帯して債務を負担するときは、債権者は、その連帯債務者の一人に対し、又は同時に若しくは順次に全ての連帯債務者に対し、全部又は一部の履行を請求することができる。
第433条	第433条（連帯債務者の一人についての法律行為の無効等） 連帯債務者の一人について法律行為の無効又は取消しの原因があっても、他の連帯債務者の債務は、その効力を妨げられない。	第437条（連帯債務者の一人についての法律行為の無効等） （略）（変更なし）
第434条 削除	第434条（連帯債務者の一人に対する履行の請求） 連帯債務者の一人に対する履行の請求は、他の連帯債務者に対しても、その効力を生ずる。	〔削除〕 〔＊確かに、現行第432条は、債権者を保護しすぎる規定であるが、債権者を適切に保護することは必要であり、第457条と矛盾が生じないようにするためにも、〕改正案第437条は、「連帯債務者の1人に対する履行の請求は、その負担部分の限度において、他の連帯債務者に対しても、その効力を生じる。」と改正すべきであると考える。〕
第435条	第435条（連帯債務者の一人との間の更改） 連帯債務者の一人と債権者との間に更改があったときは、債権は、すべての連帯債務者の利益のために消滅する。	第438条（連帯債務者の一人との間の更改） 連帯債務者の一人と債権者との間に更改があったときは、債権は、全ての連帯債務者の利益のために消滅する。
第436条	第436条（連帯債務者の一人による相殺等） ①連帯債務者の一人が債権者に対して債権を有する場合において、その連帯債務者が相殺を援用したときは、債権は、すべての連帯債務者の利益のために消滅す	第439条（連帯債務者の一人による相殺等） ①連帯債務者の一人が債権者に対して債権を有する場合において、その連帯債務者が相殺を援用したときは、債権は、全ての連帯債務者の利益のために消滅する。

	る。 ②前項の債権を有する連帯債務者が相殺を援用しない間は、その連帯債務者の負担部分についてのみ他の連帯債務者が相殺を援用することができる。	②前項の債権を有する連帯債務者が相殺を援用しない間は、その連帯債務者の負担部分の限度において、他の連帯債務者は、債権者に対して債務の履行を拒むことができる。〔＊第2項は修正の必要がない。〕
第437条 削除 〔→(新)第445条【条文番号整理案では第437条の2】へ〕	第437条 <s>(連帯債務者の一人に対する免除)</s> <s>連帯債務者の一人に対してした債務の免除は、その連帯債務者の負担部分についてのみ、他の連帯債務者の利益のためにも、その効力を生ずる。</s>	〔削除〕
第437条の2 (新設)		第445条(連帯債務者の一人との間の免除等と求償権) 連帯債務者の一人に対して債務の免除がされ、又は連帯債務者の一人のために時効が完成した場合においても、他の連帯債務者は、その一人の連帯債務者に対し、第442条第1項の求償権を行使することができる。
第438条	第438条(連帯債務者の一人との間の混同) 連帯債務者の一人と債権者との間に混同があったときは、その連帯債務者は、弁済をしたものとみなす。	第440条(連帯債務者の一人との間の混同) (略)(変更なし)
第439条 削除 〔→(新)第445条【条文番号整理案では第437条の2】へ〕	第439条 <s>(連帯債務者の一人についての時効の完成)</s> <s>連帯債務者の一人のために時効が完成したときは、その連帯債務者の負担部分については、他の連帯債務者も、その義務を免れる。</s>	〔削除〕
第440条	第440条(相対的効力の原則) 第434条から前条まで〔連帯債務者の一人について生じた事由の他の連帯債務者に対する絶対的効力〕に規定する場合を除き、連帯債務者の一人について生じた事由は、他の連帯債務者に対してその効力を生じない。	第441条(相対的効力の原則) 第438条【条文番号整理案では第435条(連帯債務者の一人との間の更改)】、第439条【条文番号整理案では第436条】第1項〔連帯債務者の一人による相殺〕及び前条【条文番号整理案では第438条(連帯債務者の一人との間の混同)】に規定する場合を除き、連帯債務者の一人について生じた事由は、他の連帯債務者に対してその効力を生じない。ただし、債権者及び他の連帯債務者の一人が別段の意思を表示したときは、当該他の連帯債務者に対する効力は、その意思に従う。

		〔＊連帯債務者の一人に生じた事由が他の連帯債務者に対して対外的にその効力を生じさせるのは、法律の規定によるのであり、債権者及び他の連帯債務者の一人との間の意思表示によって、対外的な効力を生じさせることはできない。この条文の但し書きに象徴されるように、今回の連帯債務の改正は、連帯債務の性質をわきまえない稚拙な改正であり、この条文のただし書きを削除すると同時に、絶対的効力について、負担部分の消滅による必然的な効力〔連帯債務の保証部分の付従性の効力〕として、連帯債務全体の全面的な見直しを行うべきである。〕
第441条 削除	第441条（連帯債務者についての破産手続の開始） 連帯債務者の全員又はそのうちの数人が破産手続開始の決定を受けたときは、債権者は、その債権の全額について各破産財団の配当に加入することができる。	〔第441条【条文番号整理案では、第440条】の上書きによる削除〕
第442条	第442条（連帯債務者間の求償権） ①連帯債務者の一人が弁済をし、その他自己の財産をもって共同の免責を得たときは、その連帯債務者は、他の連帯債務者に対し、各自の負担部分について求償権を有する。

②前項の規定による求償は、弁済その他免責があった日以後の法定利息及び避けることができなかった費用その他の損害の賠償を包含する。 | 第442条（連帯債務者間の求償権） ①連帯債務者の一人が弁済をし、その他自己の財産をもって共同の免責を得たときは、その連帯債務者は、その免責を得た額が自己の負担部分を超えるかどうかにかかわらず、他の連帯債務者に対し、その免責を得るために支出した財産の額（その財産の額が共同の免責を得た額を超える場合にあっては、その免責を得た額）のうち各自の負担部分に応じた額の求償権を有する。 ②（略） |
| 第443条 | 第443条（通知を怠った連帯債務者の求償の制限） ①連帯債務者の一人が債権者から履行の請求を受けたことを他の連帯債務者に通知しないで弁済をし、その他自己の財産をもって共同の免責を得た場合において、他の連帯債務者は、債権者に対抗することができる事由を有していたときは、その負担部分について、その事由をもってその免責を得た連帯債務者に対抗することができる。この場合において、相殺を | 第443条（通知を怠った連帯債務者の求償の制限） ①他の連帯債務者があることを知りながら、連帯債務者の一人が共同の免責を得ることを他の連帯債務者に通知しないで弁済をし、その他自己の財産をもって共同の免責を得た場合において、他の連帯債務者は、債権者に対抗することができる事由を有していたときは、その負担部分について、その事由をもってその免責を得た連帯債務者に対抗することができ |

		もってその免責を得た連帯債務者に対抗したときは、<u>過失のある</u>連帯債務者は、債権者に対し、相殺によって消滅すべきであった債務の履行を請求することができる。 ②連帯債務者の一人が弁済をし、その他自己の財産をもって共同の免責を得たことを他の連帯債務者に通知することを怠ったため、他の連帯債務者が善意で<u>弁済をし、その他有償の行為をもって免責を得たときは、その免責を得た連帯債務者は、自己の弁済その他免責のためにした行為を有効であったものとみなすことができる。</u>	る。この場合において、相殺をもってその免責を得た連帯債務者に対抗したときは、<u>その</u>連帯債務者は、債権者に対し、相殺によって消滅すべきであった債務の履行を請求することができる。 ②弁済をし、その他自己の財産をもって共同の免責を得た<u>連帯債務者が、他の連帯債務者があることを知りながらその免責を得たことを他の連帯債務者に通知すること</u>を怠ったため、他の連帯債務者が善意で弁済その他自己の財産をもって免責を得るための行為をしたときは、<u>当該他の</u>連帯債務者は、その免責を得るための行為を有効であったものとみなすことができる。
第444条		第444条（償還をする資力のない者の負担部分の分担） 連帯債務者の中に償還をする資力のない者があるときは、その償還をすることができない部分は、求償者及び他の資力のある者の間で、各自の負担部分に応じて分割して負担する。<del>ただし、求償者に過失があるときは、他の連帯債務者に対して分担を請求することができない。</del>	第444条（償還をする資力のない者の負担部分の分担） ①連帯債務者の中に償還をする資力のない者があるときは、その償還をすることができない部分は、求償者及び他の資力のある者の間で、各自の負担部分に応じて分割して負担する。
②（新設）			②前項に規定する場合において、求償者及び他の資力のある者がいずれも負担部分を有しない者であるときは、その償還をすることができない部分は、求償者及び他の資力のある者の間で、等しい割合で分割して負担する。
③（新設）			③前二項の規定にかかわらず、償還を受けることができないことについて<u>求償者に過失があるときは、他の連帯債務者に対して分担を請求することができない。</u> [＊改正案は、<u>現行第437条および第439条を削除すると同時に、債権者を保護するために、全額弁済をした連帯債務者に対して、免除を受けた連帯債務者、または、消滅時効が完成した連帯債務者に対して求償する権利を与え、その反面として、免除を受けたり、消滅時効を完成させたりした連帯債務者に対して、求償された部分を債権者から取り戻すという担を負わす規定である。これに対して、現行法は、このような回り求償を避けるために、第437条および第439条の規定を</u>

条文番号整理案	現行民法（現）	改正法案（新）
		置いていたのであり、これらの規定を削除して、回り求償の危険を連帯債務者に負担させるのは、免除を受けたり、時効を完成させたりした連帯債務者に過酷な責任を負わすものであり、立法として行き過ぎであると思われる。連帯債務者を保護するために、この規定を撤廃し、現行第437条および第439条を復活させるべきであると考える。〕
第445条 削除	第445条（連帯の免除と弁済をする資力のない者の負担部分の分担） 連帯債務者の一人が連帯の免除を得た場合において、他の連帯債務者の中に弁済をする資力のない者があるときは、債権者は、その資力のない者が弁済をすることができない部分のうち連帯の免除を得た者が負担すべき部分を負担する。	〔第445条【条文番号整理案では、第437条】の上書きによる削除〕

第4款　保証債務
第1目　総　則

条文番号整理案	現行民法（現）	改正法案（新）
第4款	第4款　保証債務	第5款　保証債務
第1目	第1目　総則	第1目　総則
第446条	第446条（保証人の責任等） ①保証人は、主たる債務者がその債務を履行しないときに、その履行をする責任を負う。 ②保証契約は、書面でしなければ、その効力を生じない。 ③保証契約がその内容を記録した電磁的記録（電子的方式、磁気的方式その他人の知覚によっては認識することができない方式で作られる記録であって、電子計算機による情報処理の用に供されるものをいう。）によってされたときは、その保証契約は、書面によってされたものとみなして、前項の規定を適用する。	第446条（保証人の責任等） ①（略） ②（略） ③保証契約がその内容を記録した電磁的記録によってされたときは、その保証契約は、書面によってされたものとみなして、前項の規定を適用する。 〔＊電磁的記録の定義は、第151条【条文番号整理案では第155条の2】ですでになされている。〕
第447条	第447条（保証債務の範囲）	（変更なし）
第448条 ②（新設）	第448条（保証人の負担が主たる債務より重い場合） 保証人の負担が債務の目的又は態様において主たる債務より重いときは、これを主たる債務の限度に減縮する。	第448条（保証人の負担と主たる債務の目的又は態様） ①（略） ②主たる債務の目的又は態様が保証契約

		の締結後に加重されたときであっても、保証人の負担は加重されない。
第449条	第449条（取り消すことができる債務の保証）	（変更なし）
第450条	第450条（保証人の要件）	（変更なし）
第451条	第451条（他の担保の供与）	（変更なし）
第452条	第452条（催告の抗弁）	（変更なし）
第453条	第453条（検索の抗弁）	（変更なし）
第454条	第454条（連帯保証の場合の特則）	（変更なし）
第454条	第455条（催告の抗弁及び検索の抗弁の効果）	（変更なし）
第456条	第456条（数人の保証人がある場合）	（変更なし）
第457条 ③（新設）	第457条（主たる債務者について生じた事由の効力） ①主たる債務者に対する履行の請求その他の事由による時効の中断は、保証人に対しても、その効力を生ずる。 ②保証人は、主たる債務者の債権による相殺をもって債権者に対抗することができる。	第457条（主たる債務者について生じた事由の効力） ①主たる債務者に対する履行の請求その他の事由による時効の完成猶予及び更新は、保証人に対しても、その効力を生ずる。 ②保証人は、[自ら又は]主たる債務者が主張することができる抗弁をもって債権者に対抗することができる。 ③主たる債務者が債権者に対して相殺権、取消権又は解除権を有するときは、これらの権利の行使によって主たる債務者がその債務を免れるべき限度において、保証人は、債権者に対して債務の履行を拒むことができる。 [＊提案理由：保証人が債権者に対して有している債権をもって、債権者の保証人に対する請求に対抗できることは、通説の認めるところであり、現行民法（現）の立法上の過誤であったことが指摘されている。したがって、改正法律案には、この点について、上記のような改正がなされるべきである。]
第458条	第458条（連帯保証人について生じた事由の効力） 第434条から第440条まで〔連帯債務者の一人について生じた事由の他の連帯債務者に対する効力〕の規定は、主たる債務者が保証人と連帯して債務を負担する場合について準用する。	第458条（連帯保証人について生じた事由の効力） 第438条【条文番号整理案では第435条（連帯債務者の一人との間の更改）】、第439条【条文番号整理案では第436条】第１項〔連帯債務者の一人による相殺〕、第440条【条文番号整理案では第438条（連帯債務者の一人との間の混同）】及び

		第441条【条文番号整理案では第440条（相対的効力の原則）】の規定は、主たる債務者と連帯して債務を負担する保証人について生じた事由について準用する。
第458条の2 （新設）		第458条の2（主たる債務の履行状況に関する情報の提供義務） 保証人が主たる債務者の委託を受けて保証をした場合において、保証人の請求があったときは、債権者は、保証人に対し、遅滞なく、主たる債務の元本及び主たる債務に関する利息、違約金、損害賠償その他その債務に従たる全てのものについての不履行の有無並びにこれらの残額及びそのうち弁済期が到来しているものの額に関する情報を提供しなければならない。
第458条の3 （新設）		第458条の3（主たる債務者が期限の利益を喪失した場合における情報の提供義務） ①主たる債務者が期限の利益を有する場合において、その利益を喪失したときは、債権者は、保証人に対し、その利益の喪失を知った時から2箇月以内に、その旨を通知しなければならない。 ②前項の期間内に同項の通知をしなかったときは、債権者は、保証人に対し、主たる債務者が期限の利益を喪失した時から同項の通知を現にするまでに生じた遅延損害金（期限の利益を喪失しなかったとしても生ずべきものを除く。）に係る保証債務の履行を請求することができない。 ③前二項の規定は、保証人が法人である場合には、適用しない。
第459条	第459条（委託を受けた保証人の求償権） ①保証人が主たる債務者の委託を受けて保証をした場合において、過失なく債権者に弁済をすべき旨の裁判の言渡しを受け、又は主たる債務者に代わって弁済をし、その他自己の財産をもって債務を消滅させるべき行為をしたときは、その保証人は、主たる債務者に対して求償権を有する。 ②第442条第2項〔連帯債務者間の求償	第459条（委託を受けた保証人の求償権） ①保証人が主たる債務者の委託を受けて保証をした場合において、主たる債務者に代わって弁済その他自己の財産をもって債務を消滅させる行為（以下「債務の消滅行為」という。）をしたときは、その保証人は、主たる債務者に対し、そのために支出した財産の額（その財産の額がその債務の消滅行為によって消滅した主たる債務の額を超える場合にあっては、その消滅した額）の求償権を有する。 ②（略）

	権の範囲〕の規定は、前項の場合について準用する。	
第459条の2 （新設）		第459条の2（委託を受けた保証人が弁済期前に弁済等をした場合の求償権） ①保証人が主たる債務者の委託を受けて保証をした場合において、主たる債務の弁済期前に債務の消滅行為をしたときは、その保証人は、主たる債務者に対し、主たる債務者がその当時利益を受けた限度において求償権を有する。この場合において、主たる債務者が債務の消滅行為の日以前に相殺の原因を有していたことを主張するときは、保証人は、債権者に対し、その相殺によって消滅すべきであった債務の履行を請求することができる。 ②前項の規定による求償は、主たる債務の弁済期以後の法定利息及びその弁済期以後に債務の消滅行為をしたとしても避けることができなかった費用その他の損害の賠償を包含する。 ③第1項の求償権は、主たる債務の弁済期以後でなければ、これを行使することができない。
	第460条（委託を受けた保証人の事前の求償権） 保証人は、主たる債務者の委託を受けて保証をした場合において、次に掲げるときは、主たる債務者に対して、あらかじめ、求償権を行使することができる。 　一　主たる債務者が破産手続開始の決定を受け、かつ、債権者がその破産財団の配当に加入しないとき。 　二　債務が弁済期にあるとき。ただし、保証契約の後に債権者が主たる債務者に許与した期限は、保証人に対抗することができない。 　三　債務の弁済期が不確定で、かつ、その最長期をも確定することができない場合において、保証契約の後10年を経過したとき。	第460条（委託を受けた保証人の事前の求償権） （略） 　一（略） 　二（略） 　三　保証人が過失なく債権者に弁済をすべき旨の裁判の言渡しを受けたとき。
第461条	第461条（主たる債務者が保証人に対して償還をする場合） ①前二条〔委託を受けた保証人の求償権〕の規定により主たる債務者が保証人に対して償還をする場合において、債権者が全部の弁済を受けない間は、主たる	第461条（主たる債務者が保証人に対して償還をする場合） ①前条の規定により主たる債務者が保証人に対して償還をする場合において、債権者が全部の弁済を受けない間は、主たる債務者は、保証人に担保を供させ、又

	債務者は、保証人に担保を供させ、又は保証人に対して自己に免責を得させることを請求することができる。 ②前項に規定する場合において、主たる債務者は、供託をし、担保を供し、又は保証人に免責を得させて、その償還の義務を免れることができる。	は保証人に対して自己に免責を得させることを請求することができる。 ②（略）
第462条	第462条（委託を受けない保証人の求償権） ①<u>主たる債務者の委託を受けないで保証をした者が弁済をし、その他自己の財産をもって主たる債務者にその債務を免れさせたときは、主たる債務者は、その当時利益を受けた限度において償還をしなければならない。</u> ②主たる債務者の意思に反して保証をした者は、主たる債務者が現に利益を受けている限度においてのみ求償権を有する。この場合において、主たる債務者が求償の日以前に相殺の原因を有していたことを主張するときは、保証人は、債権者に対し、その相殺によって消滅すべきであった債務の履行を請求することができる。	第462条（委託を受けない保証人の求償権） ①<u>第459条の2第1項〔委託を受けた保証人が弁済期前に弁済等をした場合の求償権〕の規定は、主たる債務者の委託を受けないで保証をした者が債務の消滅行為をした場合について準用する。</u> ②（略）
③（新設）		③<u>第459条の2第3項の規定は、前二項に規定する保証人が主たる債務の弁済期前に債務の消滅行為をした場合における求償権の行使について準用する。</u>
第463条	第463条（通知を怠った保証人の求償の制限） ①<u>第443条〔通知を怠った連帯債務者の求償の制限〕の規定は、保証人について準用する。</u> ②保証人が主たる債務者の委託を受けて保証をした場合において、<u>善意で弁済をし、その他自己の財産をもって債務を消滅させるべき行為をしたときは、第443条〔通知を怠った連帯債務者の求償の制</u>	第463条（通知を怠った保証人の求償の制限等） ①<u>保証人が主たる債務者の委託を受けて保証をした場合において、主たる債務者にあらかじめ通知しないで債務の消滅行為をしたときは、主たる債務者は、債権者に対抗することができた事由をもってその保証人に対抗することができる。この場合において、相殺をもってその保証人に対抗したときは、その保証人は、債権者に対し、相殺によって消滅すべきであった債務の履行を請求することができる。</u> ②保証人が主たる債務者の委託を受けて保証をした場合において、<u>主たる債務者が債務の消滅行為をしたことを保証人に通知することを怠ったため、その保証人が善意で債務の消滅行為をしたときは、</u>

◆ 第Ⅱ部　現行民法（現）と改正法案（新）との対照表〔条文番号整理案付〕　103

条文番号整理案	現行民法（現）	改正法案（新）
③（新設）	限〕の規定は、主たる債務者についても準用する。	その保証人は、その債務の消滅行為を有効であったものとみなすことができる。③保証人が債務の消滅行為をした後に主たる債務者が債務の消滅行為をした場合においては、保証人が主たる債務者の意思に反して保証をしたときのほか、保証人が債務の消滅行為をしたことを主たる債務者に通知することを怠ったため、主たる債務者が善意で債務の消滅行為をしたときも、主たる債務者は、その債務の消滅行為を有効であったものとみなすことができる。
第464条	第464条（連帯債務又は不可分債務の保証人の求償権）	（変更なし）
第465条	第465条（共同保証人間の求償権）	（変更なし）

第2目　個人根保証契約

条文番号整理案	現行民法（現）	改正法案（新）
第2目	第2目　貸金等根保証契約	第2目　個人根保証契約
第465条の2	第465条の2（貸金等根保証契約の保証人の責任等）①一定の範囲に属する不特定の債務を主たる債務とする保証契約（以下「根保証契約」という。）であってその債務の範囲に金銭の貸渡し又は手形の割引を受けることによって負担する債務（以下「貸金等債務」という。）が含まれるもの（保証人が法人であるものを除く。以下「貸金等根保証契約」という。）の保証人は、主たる債務の元本、主たる債務に関する利息、違約金、損害賠償その他その債務に従たるすべてのもの及びその保証債務について約定された違約金又は損害賠償の額について、その全部に係る極度額を限度として、その履行をする責任を負う。②貸金等根保証契約は、前項に規定する極度額を定めなければ、その効力を生じない。③第446条第2項及び第3項〔保証契約の書面性〕の規定は、貸金等根保証契約における第1項に規定する極度額の定めについて準用する。	第465条の2（個人根保証契約の保証人の責任等）①一定の範囲に属する不特定の債務を主たる債務とする保証契約（以下「根保証契約」という。）であって保証人が法人でないもの（以下「個人根保証契約」という。）の保証人は、主たる債務の元本、主たる債務に関する利息、違約金、損害賠償その他その債務に従たる全てのもの及びその保証債務について約定された違約金又は損害賠償の額について、その全部に係る極度額を限度として、その履行をする責任を負う。②個人根保証契約は、前項に規定する極度額を定めなければ、その効力を生じない。③第446条第2項及び第3項の規定は、個人根保証契約における第1項に規定する極度額の定めについて準用する。
第465条の3	第465条の3（貸金等根保証契約の元本確定期日）	第465条の3（個人貸金等根保証契約の元本確定期日）

	①貸金等根保証契約において主たる債務の元本の確定すべき期日（以下「元本確定期日」という。）の定めがある場合において、その元本確定期日がその貸金等根保証契約の締結の日から5年を経過する日より後の日と定められているときは、その元本確定期日の定めは、その効力を生じない。	①<u>個人根保証契約であってその主たる債務の範囲に金銭の貸渡し又は手形の割引を受けることによって負担する債務（以下「貸金等債務」という。）が含まれるもの（以下「個人貸金等根保証契約」という。）</u>において主たる債務の元本の確定すべき期日（以下「元本確定期日」という。）の定めがある場合において、その元本確定期日がその<u>個人貸金等根保証契約</u>の締結の日から5年を経過する日より後の日と定められているときは、その元本確定期日の定めは、その効力を生じない。
	②貸金等根保証契約において元本確定期日の定めがない場合（前項の規定により元本確定期日の定めがその効力を生じない場合を含む。）には、その元本確定期日は、その貸金等根保証契約の締結の日から3年を経過する日とする。	②<u>個人貸金等根保証契約</u>において元本確定期日の定めがない場合（前項の規定により元本確定期日の定めがその効力を生じない場合を含む。）には、その元本確定期日は、その<u>個人貸金等根保証契約</u>の締結の日から3年を経過する日とする。
	③貸金等根保証契約における元本確定期日の変更をする場合において、変更後の元本確定期日がその変更をした日から5年を経過する日より後の日となるときは、その元本確定期日の変更は、その効力を生じない。ただし、元本確定期日の前2箇月以内に元本確定期日の変更をする場合において、変更後の元本確定期日が変更前の元本確定期日から5年以内の日となるときは、この限りでない。	③<u>個人貸金等根保証契約</u>における元本確定期日の変更をする場合において、変更後の元本確定期日がその変更をした日から5年を経過する日より後の日となるときは、その元本確定期日の変更は、その効力を生じない。ただし、元本確定期日の前2箇月以内に元本確定期日の変更をする場合において、変更後の元本確定期日が変更前の元本確定期日から5年以内の日となるときは、この限りでない。
	④第446条第2項及び第3項〔保証契約の書面性〕の規定は、貸金等根保証契約における元本確定期日の定め及びその変更（その貸金等根保証契約の締結の日から3年以内の日を元本確定期日とする旨の定め及び元本確定期日より前の日を変更後の元本確定期日とする変更を除く。）について準用する。	④第446条第2項及び第3項の規定は、<u>個人</u>貸金等根保証契約における元本確定期日の定め及びその変更（その<u>個人</u>貸金等根保証契約の締結の日から3年以内の日を元本確定期日とする旨の定め及び元本確定期日より前の日を変更後の元本確定期日とする変更を除く。）について準用する。
第465条の4	第465条の4（<u>貸金等</u>根保証契約の元本の確定事由） 次に掲げる場合には、<u>貸金等</u>根保証契約における主たる債務の元本は、確定する。	第465条の4（<u>個人</u>根保証契約の元本の確定事由） ①次に掲げる場合には、<u>個人</u>根保証契約における主たる債務の元本は、確定する。ただし、第一号に掲げる場合にあっては、<u>強制執行又は担保権の実行の手続の開始があったときに限る。</u>
	一　債権者が、主たる債務者又は保証人の財産について、金銭の支払を目的と	一　債権者が、保証人の財産について、金銭の支払を目的とする債権についての

		する債権についての強制執行又は担保権の実行を申し立てたとき。ただし、強制執行又は担保権の実行の手続の開始があったときに限る。 　二　主たる債務者又は保証人が破産手続開始の決定を受けたとき。 　三　主たる債務者又は保証人が死亡したとき。	強制執行又は担保権の実行を申し立てたとき。 　二　保証人が破産手続開始の決定を受けたとき。 　三　（略）
②（新設）			②前項に規定する場合のほか、個人貸金等根保証契約における主たる債務の元本は、次に掲げる場合にも確定する。ただし、第一号に掲げる場合にあっては、強制執行又は担保権の実行の手続の開始があったときに限る。 　一　債権者が、主たる債務者の財産について、金銭の支払を目的とする債権についての強制執行又は担保権の実行を申し立てたとき。 　二　主たる債務者が破産手続開始の決定を受けたとき。
第465条の5		第465条の5（保証人が法人である貸金等債務の根保証契約の求償権） 保証人が法人である根保証契約であってその主たる債務の範囲に貸金等債務が含まれるものにおいて、第465条の2〔貸金等根保証契約〕第1項に規定する極度額の定めがないとき、元本確定期日の定めがないとき、又は元本確定期日の定め若しくはその変更が第465条の3〔貸金等根保証契約の元本確定期日〕第1項若しくは第3項の規定を適用するとすればその効力を生じないものであるときは、その根保証契約の保証人の主たる債務者に対する求償権についての保証契約（保証人が法人であるものを除く。）は、その効力を生じない。	第465条の5（保証人が法人である根保証契約の求償権） ①保証人が法人である根保証契約において、第465条の2第1項に規定する極度額の定めがないときは、その根保証契約の保証人の主たる債務者に対する求償権に係る債務を主たる債務とする保証契約は、その効力を生じない。
②（新設）			②保証人が法人である根保証契約であってその主たる債務の範囲に貸金等債務が含まれるものにおいて、元本確定期日の定めがないとき、又は元本確定期日の定め若しくはその変更が第465条の3第1項若しくは第3項の規定を適用するとすればその効力を生じないものであるときは、その根保証契約の保証人の主たる債務者に対する求償権に係る債務を主たる債務とする保証契約は、その効力を生じ

| | | ない。主たる債務の範囲にその求償権に係る債務が含まれる根保証契約も、同様とする。
③前二項の規定は、求償権に係る債務を主たる債務とする保証契約又は主たる債務の範囲に求償権に係る債務が含まれる根保証契約の保証人が法人である場合には、適用しない。 |

第3目 事業に係る債務についての保証契約の特則

条文番号整理案	現行民法（現）	改正法案（新）
第3目 （新設）		第3目 事業に係る債務についての保証契約の特則
第465条の6 （新設）		第465条の6（公正証書の作成と保証の効力） ①事業のために負担した貸金等債務を主たる債務とする保証契約又は主たる債務の範囲に事業のために負担する貸金等債務が含まれる根保証契約は、その契約の締結に先立ち、その締結の日前1箇月以内に作成された公正証書で保証人になろうとする者が保証債務を履行する意思を表示していなければ、その効力を生じない。 ②前項の公正証書を作成するには、次に掲げる方式に従わなければならない。 　一　保証人になろうとする者が、次のイ又はロに掲げる契約の区分に応じ、それぞれ当該イ又はロに定める事項を公証人に口授すること。 　　イ　保証契約（ロに掲げるものを除く。）主たる債務の債権者及び債務者、主たる債務の元本、主たる債務に関する利息、違約金、損害賠償その他その債務に従たる全てのものの定めの有無及びその内容並びに主たる債務者がその債務を履行しないときには、その債務の全額について履行する意思（保証人になろうとする者が主たる債務者と連帯して債務を負担しようとするものである場合には、債権者が主たる債務者に対して催告をしたかどうか、主たる債務者がその債務を履行することができるかどうか、又は他に保証人があるかどうかにかかわらず、その全額について履行する意思）を有していること。

			ロ　根保証契約　主たる債務の債権者及び債務者、主たる債務の範囲、根保証契約における極度額、元本確定期日の定めの有無及びその内容並びに主たる債務者がその債務を履行しないときには、極度額の限度において元本確定期日又は第465条の4第1項各号若しくは第2項各号に掲げる事由その他の元本を確定すべき事由が生ずる時までに生ずべき主たる債務の元本及び主たる債務に関する利息、違約金、損害賠償その他その債務に従たる全てのものの全額について履行する意思（保証人になろうとする者が主たる債務者と連帯して債務を負担しようとするものである場合には、債権者が主たる債務者に対して催告をしたかどうか、主たる債務者がその債務を履行することができるかどうか、又は他に保証人があるかどうかにかかわらず、その全額について履行する意思）を有していること。 二　公証人が、保証人になろうとする者の口述を筆記し、これを保証人になろうとする者に読み聞かせ、又は閲覧させること。 三　保証人になろうとする者が、筆記の正確なことを承認した後、署名し、印を押すこと。ただし、保証人になろうとする者が署名することができない場合は、公証人がその事由を付記して、署名に代えることができる。 四　公証人が、その証書は前三号に掲げる方式に従って作ったものである旨を付記して、これに署名し、印を押すこと。 ③前二項の規定は、保証人になろうとする者が法人である場合には、適用しない。
第465条の7 （新設）			第465条の7（保証に係る公正証書の方式の特則） ①前条第1項の保証契約又は根保証契約の保証人になろうとする者が口がきけない者である場合には、公証人の前で、同条第2項第一号イ又はロに掲げる契約の区分に応じ、それぞれ当該イ又はロに定める事項を通訳人の通訳により申述し、又は自書して、同号の口授に代えなければならない。この場合における同項第二号の規定の適用については、同号中「口

		述」とあるのは、「通訳人の通訳による申述又は自書」とする。 ②前条第1項の保証契約又は根保証契約の保証人になろうとする者が耳が聞こえない者である場合には、公証人は、同条第2項第二号に規定する筆記した内容を通訳人の通訳により保証人になろうとする者に伝えて、同号の読み聞かせに代えることができる。 ③公証人は、前二項に定める方式に従って公正証書を作ったときは、その旨をその証書に付記しなければならない。
第465条の8 （新設）		第465条の8（公正証書の作成と求償権についての保証の効力） ①第465条の6第1項及び第2項並びに前条の規定は、事業のために負担した貸金等債務を主たる債務とする保証契約又は主たる債務の範囲に事業のために負担する貸金等債務が含まれる根保証契約の保証人の主たる債務者に対する求償権に係る債務を主たる債務とする保証契約について準用する。主たる債務の範囲にその求償権に係る債務が含まれる根保証契約も、同様とする。 ②前項の規定は、保証人になろうとする者が法人である場合には、適用しない。
第465条の9 （新設）		第465条の9（公正証書の作成と保証の効力に関する規定の適用除外） 前三条の規定は、保証人になろうとする者が次に掲げる者である保証契約については、適用しない。 　一　主たる債務者が法人である場合のその理事、取締役、執行役又はこれらに準ずる者 　二　主たる債務者が法人である場合の次に掲げる者 　　イ　主たる債務者の総株主の議決権（株主総会において決議をすることができる事項の全部につき議決権を行使することができない株式についての議決権を除く。以下この号において同じ。）の過半数を有する者 　　ロ　主たる債務者の総株主の議決権の過半数を他の株式会社が有する場合における当該他の株式会社の総株主の議決権の過半数を有する者

条文番号整理案	現行民法（現）	改正法案（新）
		ハ　主たる債務者の総株主の議決権の過半数を他の株式会社及び当該他の株式会社の総株主の議決権の過半数を有する者が有する場合における当該他の株式会社の総株主の議決権の過半数を有する者 ニ　株式会社以外の法人が主たる債務者である場合におけるイ、ロ又はハに掲げる者に準ずる者 三　主たる債務者（法人であるものを除く。以下この号において同じ。）と共同して事業を行う者又は主たる債務者が行う事業に現に従事している主たる債務者の配偶者
第465条の10 （新設）		第465条の10（契約締結時の情報の提供義務） ①主たる債務者は、事業のために負担する債務を主たる債務とする保証又は主たる債務の範囲に事業のために負担する債務が含まれる根保証の委託をするときは、委託を受ける者に対し、次に掲げる事項に関する情報を提供しなければならない。 一　財産及び収支の状況 二　主たる債務以外に負担している債務の有無並びにその額及び履行状況 三　主たる債務の担保として他に提供し、又は提供しようとするものがあるときは、その旨及びその内容 ②主たる債務者が前項各号に掲げる事項に関して情報を提供せず、又は事実と異なる情報を提供したために委託を受けた者がその事項について誤認をし、それによって保証契約の申込み又はその承諾の意思表示をした場合において、主たる債務者がその事項に関して情報を提供せず又は事実と異なる情報を提供したことを債権者が知り又は知ることができたときは、保証人は、保証契約を取り消すことができる。 ③前二項の規定は、保証をする者が法人である場合には、適用しない。

第4節　債権の譲渡

条文番号整理案	現行民法（現）	改正法案（新）
第4節	第4節　債権の譲渡	第4節　債権の譲渡
第466条	第466条（債権の譲渡性）	第466条（債権の譲渡性）

	①債権は、譲り渡すことができる。ただし、その性質がこれを許さないときは、この限りでない。 ②前項の規定は、当事者が反対の意思を表示した場合には、適用しない。ただし、その意思表示は、善意の第三者に対抗することができない。	①（略） ②当事者が債権の譲渡を禁止し、又は制限する旨の意思表示（以下「譲渡制限の意思表示」という。）をしたときであっても、債権の譲渡は、その効力を妨げられない。
③（新設）		③前項に規定する場合には、譲渡制限の意思表示がされたことを知り、又は重大な過失によって知らなかった譲受人その他の第三者に対しては、債務者は、その債務の履行を拒むことができ、かつ、譲渡人に対する弁済その他の債務を消滅させる事由をもってその第三者に対抗することができる。
④（新設）		④前項の規定は、債務者が債務を履行しない場合において、同項に規定する第三者が相当の期間を定めて譲渡人への履行の催告をし、その期間内に履行がないときは、その債務者については、適用しない。
第466条の2 （新設）		第466条の2（譲渡制限の意思表示がされた債権に係る債務者の供託） ①債務者は、譲渡制限の意思表示がされた金銭の給付を目的とする債権が譲渡されたときは、その債権の全額に相当する金銭を債務の履行地（債務の履行地が債権者の現在の住所により定まる場合にあっては、譲渡人の現在の住所を含む。次条において同じ。）の供託所に供託することができる。 ②前項の規定により供託をした債務者は、遅滞なく、譲渡人及び譲受人に供託の通知をしなければならない。 ③第1項の規定により供託をした金銭は、譲受人に限り、還付を請求することができる。
第466条の3 （新設）		第466条の3〔譲渡制限の意思表示がされた債権に係る債務者の供託　その2〕 前条第1項に規定する場合において、譲渡人について破産手続開始の決定があったときは、譲受人（同項の債権の全額を譲り受けた者であって、その債権の譲渡を債務者その他の第三者に対抗することができるものに限る。）は、譲渡制限の

		意思表示がされたことを知り、又は重大な過失によって知らなかったときであっても、債務者にその債権の全額に相当する金銭を債務の履行地の供託所に供託させることができる。この場合においては、同条第2項及び第3項の規定を準用する。
第466条の4 （新設） ②（削除）		第466条の4（譲渡制限の意思表示がされた債権の差押え） ①第466条第3項の規定は、譲渡制限の意思表示がされた債権に対する強制執行をした差押債権者に対しては、適用しない。 ②前項の規定にかかわらず、譲受人その他の第三者が譲渡制限の意思表示がされたことを知り、又は重大な過失によって知らなかった場合において、その債権者が同項の債権に対する強制執行をしたときは、債務者は、その債務の履行を拒むことができ、かつ、譲渡人に対する弁済その他の債務を消滅させる事由をもって差押債権者に対抗することができる。 〔＊提案理由：第2項は、契約によって差押禁止債権を作り出すことになり、不当だからである。〕
第466条の5 （新設）		第466条の5（預金債権又は貯金債権に係る譲渡制限の意思表示の効力） ①預金口座又は貯金口座に係る預金又は貯金に係る債権（以下「預貯金債権」という。）について当事者がした譲渡制限の意思表示は、第466条第2項の規定にかかわらず、その譲渡制限の意思表示がされたことを知り、又は重大な過失によって知らなかった譲受人その他の第三者に対抗することができる。 ②前項の規定は、譲渡制限の意思表示がされた預貯金債権に対する強制執行をした差押債権者に対しては、適用しない。
第466条の6 （新設）		第466条の6（将来債権の譲渡性） ①債権の譲渡は、その意思表示の時に債権が現に発生していることを要しない。 ②債権が譲渡された場合において、その意思表示の時に債権が現に発生していないときは、譲受人は、発生した債権を当然に取得する。 ③前項に規定する場合において、譲渡人が次条の規定による通知をし、又は債務

		者が同条の規定による承諾をした時（以下「対抗要件具備時」という。）までに譲渡制限の意思表示がされたときは、譲受人その他の第三者がそのことを知っていたものとみなして、第466条第3項（譲渡制限の意思表示がされた債権が預貯金債権の場合にあっては、前条第1項）の規定を適用する。
第467条	第467条（指名債権の譲渡の対抗要件） ①指名債権の譲渡は、譲渡人が債務者に通知をし、又は債務者が承諾をしなければ、債務者その他の第三者に対抗することができない。 ②前項の通知又は承諾は、確定日付のある証書によってしなければ、債務者以外の第三者に対抗することができない。	第467条（債権の譲渡の対抗要件） ①債権の譲渡（現に発生していない債権の譲渡を含む。）は、譲渡人が債務者に通知をし、又は債務者が承諾をしなければ、債務者その他の第三者に対抗することができない。 ②（略）
第468条	第468条（指名債権の譲渡における債務者の抗弁） ①債務者が異議をとどめないで前条の承諾をしたときは、譲渡人に対抗することができた事由があっても、これをもって譲受人に対抗することができない。この場合において、債務者がその債務を消滅させるために譲渡人に払い渡したものがあるときはこれを取り戻し、譲渡人に対して負担した債務があるときはこれを成立しないものとみなすことができる。 ②譲渡人が譲渡の通知をしたにとどまるときは、債務者は、その通知を受けるまでに譲渡人に対して生じた事由をもって譲受人に対抗することができる。	第468条（債権の譲渡における債務者の抗弁） ①債務者は、対抗要件具備時までに譲渡人に対して生じた事由をもって譲受人に対抗することができる。 ②第466条第4項の場合における前項の規定の適用については、同項中「対抗要件具備時」とあるのは、「第466条第4項の相当の期間を経過した時」とし、第466条の3の場合における同項の規定の適用については、同項中「対抗要件具備時」とあるのは、「第466条の3の規定により同条の譲受人から供託の請求を受けた時」とする。
第468条の2 （新設）		第469条（債権の譲渡における相殺権） ①債務者は、対抗要件具備時より前に取得した譲渡人に対する債権による相殺をもって譲受人に対抗することができる。 ②債務者が対抗要件具備時より後に取得した譲渡人に対する債権であっても、その債権が次に掲げるものであるときは、前項と同様とする。ただし、債務者が対抗要件具備時より後に他人の債権を取得

		したときは、この限りでない。 二　対抗要件具備時より前の原因に基づいて生じた債権 二　前号に掲げるもののほか、譲受人の取得した債権の発生原因である契約に基づいて生じた債権 ③第466条第4項の場合における前二項の規定の適用については、これらの規定中「対抗要件具備時」とあるのは、「第466条第4項の相当の期間を経過した時」とし、第466条の3の場合におけるこれらの規定の適用については、これらの規定中「対抗要件具備時」とあるのは、「第466条の3の規定により同条の譲受人から供託の請求を受けた時」とする。
第469条 削除 〔→（新）第520条の2へ〕	第469条（指図債権の譲渡の対抗要件） 指図債権の譲渡は、その証書に譲渡の裏書をして譲受人に交付しなければ、債務者その他の第三者に対抗することができない。	〔第469【条文整理案では第468条の2】の上書きによる削除〕
第470条 削除 〔→（新）第520条の10へ〕	第470条（指図債権の債務者の調査の権利等） 指図債権の債務者は、その証書の所持人並びにその署名及び押印の真偽を調査する権利を有するが、その義務を負わない。ただし、債務者に悪意又は重大な過失があるときは、その弁済は、無効とする。	〔削除〕
第471条 削除 〔→（新）第520条の18へ〕	第471条（記名式所持人払債権の債務者の調査の権利等） 前条の規定は、債権に関する証書に債権者を指名する記載がされているが、その証書の所持人に弁済をすべき旨が付記されている場合について準用する。	〔削除〕
第472条 削除 〔→（新）第520条の6へ〕	第472条（指図債権の譲渡における債務者の抗弁の制限） 指図債権の債務者は、その証書に記載した事項及びその証書の性質から当然に生ずる結果を除き、その指図債権の譲渡前の債権者に対抗することができた事由をもって善意の譲受人に対抗することができない。	〔削除〕
第473条 削除 〔→（新）第520条の20へ〕	第473条（無記名債権の譲渡における債務者の抗弁の制限） 前条の規定は、無記名債権について準用する。	〔削除〕

第4節の2　債務の引受け
第1款　並存的債務引受

条文番号整理案	現行民法（現）	改正法案（新）
第4節の2 （新設）		第5節 債務の引受け
第1款 （新設）		第1款　並存的債務引受
第473条の2 （新設）		第470条（併存的債務引受の要件及び効果） ①併存的債務引受の引受人は、債務者と連帯して、債務者が債権者に対して負担する債務と同一の内容の債務を負担する。 ②併存的債務引受は、債権者と引受人となる者との契約によってすることができる。 ③併存的債務引受は、債務者と引受人となる者との契約によってもすることができる。この場合において、併存的債務引受は、債権者が引受人となる者に対して承諾をした時に、その効力を生ずる。 ④前項の規定によってする併存的債務引受は、第三者のためにする契約に関する規定に従う。
第473条の3 （新設）		第471条（併存的債務引受における引受人の抗弁等） ①引受人は、併存的債務引受により負担した自己の債務について、その効力が生じた時に債務者が主張することができた抗弁をもって債権者に対抗することができる。 ②債務者が債権者に対して取消権又は解除権を有するときは、引受人は、これらの権利の行使によって債務者がその債務を免れるべき限度において、債権者に対して債務の履行を拒むことができる。

第2款　免責的債務引受

条文番号整理案	現行民法（現）	改正法案（新）
第2款 （新設）		第2款　免責的債務引受
第473条の4 （新設）		第472条（免責的債務引受の要件及び効果） ①免責的債務引受の引受人は債務者が債権者に対して負担する債務と同一の内容

			の債務を負担し、債務者は自己の債務を免れる。 ②免責的債務引受は、債権者と引受人となる者との契約によってすることができる。この場合において、免責的債務引受は、債権者が債務者に対してその契約をした旨を通知した時に、その効力を生ずる。 ③免責的債務引受は、債務者と引受人となる者が契約をし、債権者が引受人となる者に対して承諾をすることによってもすることができる。
第473条の5 （新設）			第472条の2（免責的債務引受における引受人の抗弁等） ①引受人は、免責的債務引受により負担した自己の債務について、その効力が生じた時に債務者が主張することができた抗弁をもって債権者に対抗することができる。 ②債務者が債権者に対して取消権又は解除権を有するときは、引受人は、免責的債務引受がなければこれらの権利の行使によって債務者がその債務を免れることができた限度において、債権者に対して債務の履行を拒むことができる。
第473条の6 （新設）			第472条の3（免責的債務引受における引受人の求償権） 免責的債務引受の引受人は、債務者に対して求償権を取得しない。
第473条の7 （新設）			第472条の4（免責的債務引受による担保の移転） ①債権者は、第472条第1項の規定により債務者が免れる債務の担保として設定された担保権を引受人が負担する債務に移すことができる。ただし、引受人以外の者がこれを設定した場合には、その承諾を得なければならない。 ②前項の規定による担保権の移転は、あらかじめ又は同時に引受人に対してする意思表示によってしなければならない。 ③前二項の規定は、第472条第1項の規定により債務者が免れる債務の保証をした者があるときについて準用する。 ④前項の場合において、同項において準用する第1項の承諾は、書面でしなければ、その効力を生じない。

| | | ⑤前項の承諾がその内容を記録した電磁的記録によってされたときは、その承諾は、書面によってされたものとみなして、同項の規定を適用する。 |

第5節 債権の消滅
第1款 弁済
第1目 総則

条文番号整理案	現行民法（現）	改正法案（新）
第5節	第5節 債権の消滅	第6節 債権の消滅
第1款	第1款 弁済	第1款 弁済
第1目	第1目 総則	第1目 総則
第473条の8（新設）		第473条（弁済） 債務者が債権者に対して債務の弁済をしたときは、その債権は、消滅する。
第474条	第474条（第三者の弁済） ①債務の弁済は、第三者もすることができる。ただし、その債務の性質がこれを許さないとき、又は当事者が反対の意思を表示したときは、この限りでない。 ②利害関係を有しない第三者は、債務者の意思に反して弁済をすることができない。	第474条（第三者の弁済） ①債務の弁済は、第三者もすることができる。 ②弁済をするについて正当な利益を有する者でない第三者は、債務者の意思に反して弁済をすることができない。ただし、債務者の意思に反することを債権者が知らなかったときは、この限りでない。
③（新設）		③前項に規定する第三者は、債権者の意思に反して弁済をすることができない。ただし、その第三者が債務者の委託を受けて弁済をする場合において、そのことを債権者が知っていたときは、この限りでない。
④（新設）		④前三項の規定は、その債務の性質が第三者の弁済を許さないとき、又は当事者が第三者の弁済を禁止し、若しくは制限する旨の意思表示をしたときは、適用しない。
第475条	第475条（弁済として引き渡した物の取戻し）	（変更なし）
第476条削除	第476条〔弁済として引き渡した物の取戻し その2〕 譲渡につき行為能力の制限を受けた所有者が弁済として物の引渡しをした場合において、その弁済を取り消したときは、その所有者は、更に有効な弁済をしなけ	〔削除〕

	れば、その物を取り戻すことができない。	
第477条	第477条（弁済として引き渡した物の消費又は譲渡がされた場合の弁済の効力等） 前二条〔弁済として引き渡した物の取戻し〕の場合において、債権者が弁済として受領した物を善意で消費し、又は譲り渡したときは、その弁済は、有効とする。この場合において、債権者が第三者から賠償の請求を受けたときは、弁済をした者に対して求償をすることを妨げない。	第476条（弁済として引き渡した物の消費又は譲渡がされた場合の弁済の効力等） 前条の場合において、債権者が弁済として受領した物を善意で消費し、又は譲り渡したときは、その弁済は、有効とする。この場合において、債権者が第三者から賠償の請求を受けたときは、弁済をした者に対して求償をすることを妨げない。
第477条の2 （新設）		第477条（預金又は貯金の口座に対する払込みによる弁済） 債権者の預金又は貯金の口座に対する払込みによってする弁済は、債権者がその預金又は貯金に係る債権の債務者に対してその払込みに係る金額の払戻しを請求する権利を取得した〔場合は、振込みがなされた〕時に〔遡って〕、その効力を生ずる。〔*提案理由：銀行預金は、預金通貨ともいわれるほど、安全で確実な決済手段であり、振込みが完了した場合には、振込み依頼人の預金口座から引落としが行われた時点に遡って、弁済の効力を認めるべきである。〕
第478条	第478条（債権の準占有者に対する弁済） 債権の準占有者に対してした弁済は、その弁済をした者が善意であり、かつ、過失がなかったときに限り、その効力を有する。	第478条（受領権者としての外観を有する者に対する弁済） 受領権者（債権者及び法令の規定又は当事者の意思表示によって弁済を受領する権限を付与された第三者をいう。以下同じ。）以外の者であって取引上の社会通念に照らして受領権者としての外観を有するもの〔者〕に対してした弁済は、その弁済をした者が善意であり、かつ、過失がなかったときに限り、その効力を有する。
第479条	第479条（受領する権限のない者に対する弁済） 前条の場合を除き、弁済を受領する権限を有しない者に対してした弁済は、債権者がこれによって利益を受けた限度においてのみ、その効力を有する。	第479条（受領権者以外の者に対する弁済） 前条の場合を除き、受領権者以外の者に対してした弁済は、債権者がこれによって利益を受けた限度においてのみ、その効力を有する。
第480条 削除	第480条（受取証書の持参人に対する弁済） 受取証書の持参人は、弁済を受領する権	第480条　削除

	限があるものとみなす。ただし、弁済をした者がその権限がないことを知っていたとき、又は過失によって知らなかったときは、この限りでない。	
第481条	第481条（支払の差止めを受けた第三債務者の弁済） ①支払の差止めを受けた第三債務者が自己の債権者に弁済をしたときは、差押債権者は、その受けた損害の限度において更に弁済をすべき旨を第三債務者に請求することができる。 ②前項の規定は、第三債務者からその債権者に対する求償権の行使を妨げない。	第481条（差押えを受けた債権の第三債務者の弁済） ①差押えを受けた債権の第三債務者が自己の債権者に弁済をしたときは、差押債権者は、その受けた損害の限度において更に弁済をすべき旨を第三債務者に請求することができる。 ②（略）
第482条	第482条（代物弁済） 債務者が、債権者の承諾を得て、その負担した給付に代えて他の給付をしたときは、その給付は、弁済と同一の効力を有する。	第482条（代物弁済） 弁済をすることができる者（以下「弁済者」という。）が、債権者との間で、債務者の負担した給付に代えて他の給付をすることにより債務を消滅させる旨の契約をした場合において、その弁済者が当該他の給付をしたときは、その給付は、弁済と同一の効力を有する。
第483条	第483条（特定物の現状による引渡し） 債権の目的が特定物の引渡しであるときは、弁済をする者は、その引渡しをすべき時の現状でその物を引き渡さなければならない。	第483条（特定物の現状による引渡し） 債権の目的が特定物の引渡しである場合において、契約その他の債権の発生原因及び取引上の社会通念に照らしてその引渡しをすべき時の品質を定めることができないときは、弁済をする者は、その引渡しをすべき時の現状でその物を引き渡さなければならない。
第484条 ②（新設）	第484条（弁済の場所） 弁済をすべき場所について別段の意思表示がないときは、特定物の引渡しは債権発生の時にその物が存在した場所において、その他の弁済は債権者の現在の住所において、それぞれしなければならない。	第484条（弁済の場所及び時間） ①（略） ②法令又は慣習により取引時間の定めがあるときは、その取引時間内に限り、弁済をし、又は弁済の請求をすることができる。
第485条	第485条（弁済の費用）	（変更なし）
第486条	第486条（受取証書の交付請求） 弁済をした者は、弁済を受領した者に対して受取証書の交付を請求することができる。	第486条（受取証書の交付請求） 弁済をする者は、弁済と引換えに、弁済を受領する者に対して受取証書の交付を請求することができる。

第487条	第487条（債権証書の返還請求）	（変更なし）
第488条	第488条（弁済の充当の指定） ①債務者が同一の債権者に対して同種の給付を目的とする数個の債務を負担する場合において、弁済として提供した給付がすべての債務を消滅させるのに足りないときは、弁済をする者は、給付の時に、その弁済を充当すべき債務を指定することができる。 ②弁済をする者が前項の規定による指定をしないときは、弁済を受領する者は、その受領の時に、その弁済を充当すべき債務を指定することができる。ただし、弁済をする者がその充当に対して直ちに異議を述べたときは、この限りでない。 ③前二項の場合における弁済の充当の指定は、相手方に対する意思表示によってする。	第488条（同種の給付を目的とする数個の債務がある場合の充当） ①債務者が同一の債権者に対して同種の給付を目的とする数個の債務を負担する場合において、弁済として提供した給付が全ての債務を消滅させるのに足りないとき（次条【条文番号整理案では、第491条】第1項に規定する場合を除く。）は、弁済をする者は、給付の時に、その弁済を充当すべき債務を指定することができる。 ②（略） ③（略）
④（新設） 〔←（現）第489条から〕		④弁済をする者及び弁済を受領する者がいずれも第1項又は第2項の規定による指定をしないときは、次の各号の定めるところに従い、その弁済を充当する。 　一　債務の中に弁済期にあるものと弁済期にないものとがあるときは、弁済期にあるものに先に充当する。 　二　全ての債務が弁済期にあるとき、又は弁済期にないときは、債務者のために弁済の利益が多いものに先に充当する。 　三　債務者のために弁済の利益が相等しいときは、弁済期が先に到来したもの又は先に到来すべきものに先に充当する。 　四　前二号に掲げる事項が相等しい債務の弁済は、各債務の額に応じて充当する。
第489条 削除 〔→（新）第488条第4項へ〕	第489条（法定充当） 弁済をする者及び弁済を受領する者がいずれも前条の規定による弁済の充当の指定をしないときは、次の各号の定めるところに従い、その弁済を充当する。 　一　債務の中に弁済期にあるものと弁済期にないものとがあるときは、弁済期にあるものに先に充当する。 　二　すべての債務が弁済期にあるとき、	〔第489条【条文番号整理案では491条】の上書きによる削除〕

	又は弁済期にないときは、債務者のために弁済の利益が多いものに先に充当する。 三　債務者のために弁済の利益が相等しいときは、弁済期が先に到来したもの又は先に到来すべきものに先に充当する。 四　前三号に掲げる事項が相等しい債務の弁済は、各債務の額に応じて充当する。	
第490条	第490条（数個の給付をすべき場合の充当） 一個の債務の弁済として数個の給付をすべき場合において、弁済をする者がその債務の全部を消滅させるのに足りない給付をしたときは、前二条〔弁済の充当の指定、法定充当〕の規定を準用する。	第491条（数個の給付をすべき場合の充当） 一個の債務の弁済として数個の給付をすべき場合において、弁済をする者がその債務の全部を消滅させるのに足りない給付をしたときは、前三条【条文番号整理案では、第488条、第491条及び第491条の2】の規定を準用する。
第491条	第491条（元本、利息及び費用を支払うべき場合の充当） ①債務者が一個又は数個の債務について元本のほか利息及び費用を支払うべき場合において、弁済をする者がその債務の全部を消滅させるのに足りない給付をしたときは、これを順次に費用、利息及び元本に充当しなければならない。 ②第489条〔法定充当〕の規定は、前項の場合について準用する。	第489条（元本、利息及び費用を支払うべき場合の充当） ①債務者が一個又は数個の債務について元本のほか利息及び費用を支払うべき場合（債務者が数個の債務を負担する場合にあっては、同一の債権者に対して同種の給付を目的とする数個の債務を負担するときに限る。）において、弁済をする者がその債務の全部を消滅させるのに足りない給付をしたときは、これを順次に費用、利息及び元本に充当しなければならない。 ②前条【条文番号整理案では第488条】の規定は、前項の場合において、費用、利息又は元本のいずれかの全てを消滅させるのに足りない給付をしたときについて準用する。
第491条の2 （新設）		第490条（合意による弁済の充当） 前二条の規定にかかわらず、弁済をする者と弁済を受領する者との間に弁済の充当の順序に関する合意があるときは、その順序に従い、その弁済を充当する。
第492条	第492条（弁済の提供の効果） 債務者は、弁済の提供時から、債務の不履行によって生ずべき一切の責任を免れる。	第492条（弁済提供の効果） 債務者は、弁済の提供の時から、債務を履行しないことによって生ずべき責任を免れる。
第493条	第493条（弁済の提供の方法）	（変更なし）

第2目　弁済の目的物の供託

条文番号整理案	現行民法（現）	改正法案（新）
第2目	第2目　弁済の目的物の供託	第2目　弁済の目的物の供託
第494条 ②（新設）	第494条（供託） 債権者が弁済の受領を拒み、又はこれを受領することができないときは、弁済をすることができる者（以下この目において「弁済者」という。）は、債権者のために弁済の目的物を供託してその債務を免れることができる。弁済者が過失なく債権者を確知することができないときも、同様とする。	第494条（供託） ①弁済者は、次に掲げる場合には、債権者のために弁済の目的物を供託することができる。この場合においては、弁済者が供託をした時に、その債権は、消滅する。 　一　弁済の提供をした場合において、債権者がその受領を拒んだとき。 　二　債権者が弁済を受領することができないとき。 ②弁済者が債権者を確知することができないときも、前項と同様とする。ただし、弁済者に過失があるときは、この限りでない。
第495条	第495条（供託の方法）	（変更なし）
第496条	第496条（供託物の取戻し）	（変更なし）
第497条	第497条（供託に適しない物等） 弁済の目的物が供託に適しないとき、又はその物について滅失若しくは損傷のおそれがあるときは、弁済者は、裁判所の許可を得て、これを競売に付し、その代金を供託することができる。その物の保存について過分の費用を要するときも、同様とする。	第497条（供託に適しない物等） 弁済者は、次に掲げる場合には、裁判所の許可を得て、弁済の目的物を競売に付し、その代金を供託することができる。 　一　その物が供託に適しないとき。 　二　その物について滅失、損傷その他の事由による価格の低落のおそれがあるとき。 　三　その物の保存について過分の費用を要するとき。 　四　前三号に掲げる場合のほか、その物を供託することが困難な事情があるとき。
第498条 ①（新設）	第498条（供託物の受領の要件） 債務者が債権者の給付に対して弁済をすべき場合には、債権者は、その給付をしなければ、供託物を受け取ることができない。	第498条（供託物の還付請求等） ①弁済の目的又は前条の代金が供託された場合には、債権者は、供託物の還付を請求することができる。 ②（略）

第3目　弁済による代位

条文番号整理案	現行民法（現）	改正法案（新）
第3目	第3目　弁済による代位	第3目　弁済による代位

第499条	第499条（任意代位）①債務者のために弁済をした者は、その弁済と同時に債権者の承諾を得て、債権者に代位することができる。	第499条（弁済による代位の要件）債務者のために弁済をした者は、債権者に代位する。
② （削除）	②第467条〔指名債権の譲渡の対抗要件〕の規定は、前項の場合について準用する。	
第500条	第500条（法定代位）	第500条〔弁済による代位の要件　その2〕
	弁済をするについて正当な利益を有する者は、弁済によって当然に債権者に代位する。	第467条の規定は、前条の場合（弁済をするについて正当な利益を有する者が債権者に代位する場合を除く。）について準用する。
第501条	第501条（弁済による代位の効果）前二条の規定により債権者に代位した者は、自己の権利に基づいて求償をすることができる範囲内において、債権の効力及び担保としてその債権者が有していた一切の権利を行使することができる。その場合においては、次の各号の定めるところに従わなければならない。	第501条（弁済による代位の効果）①前二条の規定により債権者に代位した者は、債権の効力及び担保としてその債権者が有していた一切の権利を行使することができる。
一 （削除）	一　保証人は、あらかじめ先取特権、不動産質権又は抵当権の登記にその代位を付記しなければ、その先取特権、不動産質権又は抵当権の目的である不動産の第三取得者に対して債権者に代位することができない。	
二 （削除）〔→第3項第一号へ〕	二　第三取得者は、保証人に対して債権者に代位しない。	
三 （削除）〔→第3項第二号へ〕	三　第三取得者の一人は、各不動産の価格に応じて、他の第三取得者に対して債権者に代位する。	
四 （削除）〔→第3項第三号へ〕	四　物上保証人の一人は、各財産の価格に応じて、他の物上保証人に対して債権者に代位する。	
五 （削除）〔→第3項第四号へ〕	五　保証人と物上保証人との間においては、その数に応じて、債権者に代位する。ただし、物上保証人が数人あるときは、保証人の負担部分を除いた残額について、各財産の価格に応じて、債権者に代位する。	
六 （削除）	六　前号の場合において、その財産が不動産であるときは、第一号の規定を準用する。	
② （新設）		②前項の規定による権利の行使は、債権者に代位した者が自己の権利に基づいて

		債務者に対して求償をすることができる範囲内(保証人の一人が他の保証人に対して債権者に代位する場合には、自己の権利に基づいて当該他の保証人に対して求償をすることができる範囲内)に限り、することができる。
③(新設)		③第1項の場合には、前項の規定によるほか、次に掲げるところによる。
〔←(現)第501条第二号から〕		一　第三取得者(債務者から担保の目的[物]となっている財産を譲り受けた者をいう。以下この項において同じ。)は、保証人及び物上保証人に対して債権者に代位しない。
〔←(現)第501条第三号から〕		二　第三取得者の一人は、各財産の価格に応じて、他の第三取得者に対して債権者に代位する。
〔←(現)第501条第四号から〕		三　前号の規定は、物上保証人の一人が他の物上保証人に対して債権者に代位する場合について準用する。
〔←(現)第501条第五号から〕		四　保証人と物上保証人との間においては、その数に応じて、債権者に代位する。ただし、物上保証人が数人あるときは、保証人の負担部分を除いた残額について、各財産の価格に応じて、債権者に代位する。
五(新設)		五　第三取得者から担保の目的[物]となっている財産を譲り受けた者は、第三取得者とみなして第一号及び第二号の規定を適用し、物上保証人から担保の目的[物]となっている財産を譲り受けた者は、物上保証人とみなして第一号、第三号及び前号の規定を適用する。
第502条	第502条(一部弁済による代位) ①債権の一部について代位弁済があったときは、代位者は、その弁済をした価額に応じて、債権者とともにその権利を行使する。	第502条(一部弁済による代位) ①債権の一部について代位弁済があったときは、代位者は、債権者の同意を得て、その弁済をした価額に応じて、債権者とともにその権利を行使することができる。
②(新設)		②前項の場合であっても、債権者は、単独でその権利を行使することができる。
③(新設)		③前二項の場合に債権者が行使する権利は、その債権の担保の目的[物]となっている財産の売却代金その他の当該権利の行使によって得られる金銭について、代位者が行使する権利に優先する。
	②前項の場合において、債務の不履行による契約の解除は、債権者のみがするこ	④第1項の場合において、債務の不履行による契約の解除は債権者のみがするこ

条文番号整理案	現行民法（現）	改正法案（新）
	とができる。この場合においては、代位者に対し、その弁済をした価額及びその利息を償還しなければならない。	とができる。この場合においては、代位者に対し、その弁済をした価額及びその利息を償還しなければならない。
第503条	第503条（債権者による債権証書の交付等）	（変更なし）
第504条 ②（新設）	第504条（債権者による担保の喪失等） 第500条〔法定代位〕の規定により代位をすることができる者がある場合において、債権者が故意又は過失によってその担保を喪失し、又は減少させたときは、その代位をすることができる者は、その喪失又は減少によって償還を受けることができなくなった限度において、その責任を免れる。	第504条（債権者による担保の喪失等） ①弁済をするについて正当な利益を有する者（以下この項において「代位権者」という。）がある場合において、債権者が故意又は過失によってその担保を喪失し、又は減少させたときは、その代位権者は、代位をするに当たって担保の喪失又は減少によって償還を受けることができなくなる限度において、その責任を免れる。その代位権者が物上保証人である場合において、その代位権者から担保の目的〔物〕となっている財産を譲り受けた第三者及びその特定承継人についても、同様とする。 ②前項の規定は、債権者が担保を喪失し、又は減少させたことについて取引上の社会通念に照らして合理的な理由があると認められるときは、適用しない。

第2款 相 殺

条文番号整理案	現行民法（現）	改正法案（新）
第2款	第2款 相 殺	第2款 相 殺
第505条	第505条（相殺の要件等） ①二人が互いに同種の目的を有する債務を負担する場合において、双方の債務が弁済期にあるときは、各債務者は、その対当額について相殺によってその債務を免れることができる。ただし、債務の性質がこれを許さないときは、この限りでない。 ②前項の規定は、当事者が反対の意思を表示した場合には、適用しない。ただし、その意思表示は、善意の第三者に対抗することができない。	第505条（相殺の要件等） ①（略） ②前項の規定にかかわらず、当事者が相殺を禁止し、又は制限する旨の意思表示をした場合には、その意思表示は、第三者がこれを知り、又は重大な過失によって知らなかったときに限り、その第三者に対抗することができる。
第506条	第506条（相殺の方法及び効力）	（変更なし）
第507条	第507条（履行地の異なる債務の相殺）	（変更なし）
第508条	第508条（時効により消滅した債権を自	（変更なし）

	働債権とする相殺）	
第509条 ②（新設）	第509条（不法行為により生じた債権を受働債権とする相殺の禁止） 債務が不法行為によって生じたときは、その債務者は、相殺をもって債権者に対抗することができない。	第509条（不法行為等により生じた債権を受働債権とする相殺の禁止） 次に掲げる債務の債務者は、相殺をもって債権者に対抗することができない。ただし、その債権者がその債務に係る債権を他人から譲り受けたときは、この限りでない。 　一　悪意による不法行為に基づく損害賠償の債務 　二　人の生命又は身体の侵害による損害賠償の債務（前号に掲げるものを除く。）
第510条	第510条（差押禁止債権を受働債権とする相殺の禁止）	（変更なし）
第511条 ②（新設）	第511条（支払の差止めを受けた債権を受働債権とする相殺の禁止） 支払の差止めを受けた第三債務者は、その後に取得した債権による相殺をもって差押債権者に対抗することができない。	第511条（差押えを受けた債権を受働債権とする相殺の禁止） ①差押えを受けた債権の第三債務者は、差押え後に取得した債権による相殺をもって差押債権者に対抗することはできないが、差押え前に取得した債権による相殺をもって対抗することができる。 ②前項の規定にかかわらず、差押え後に取得した債権が差押え前の原因に基づいて生じたものであるときは、その第三債務者は、その債権による相殺をもって差押債権者に対抗することができる。ただし、第三債務者が差押え後に他人の債権を取得したときは、この限りでない。
第512条 ②（新設）	第512条（相殺の充当） 第488条から第491条まで〔弁済の充当〕の規定は、相殺について準用する。	第512条（相殺の充当） ①債権者が債務者に対して有する一個又は数個の債権と、債権者が債務者に対して負担する一個又は数個の債務について、債権者が相殺の意思表示をした場合において、当事者が別段の合意をしなかったときは、債権者の有する債権とその負担する債務は、相殺に適するようになった時期の順序に従って、その対当額について相殺によって消滅する。 ②前項の場合において、相殺をする債権者の有する債権がその負担する債務の全部を消滅させるのに足りないときであって、当事者が別段の合意をしなかったときは、次に掲げるところによる。 　一　債権者が数個の債務を負担すると

③（新設）		き（次号に規定する場合を除く。）は、第488条第4項第二号から第四号までの規定を準用する。 二　債権者が負担する一個又は数個の債務について元本のほか利息及び費用を支払うべきときは、第489条【条文番号整理案では第491条】の規定を準用する。この場合において、同条第2項中「前条」とあるのは、「前条【条文番号整理案では、第488条】第4項第二号から第四号まで」と読み替えるものとする。 ③第1項の場合において、相殺をする債権者の負担する債務がその有する債権の全部を消滅させるのに足りないときは、前項の規定を準用する。
第512条の2 （新設）		第512条の2〔相殺の充当　その2〕 債権者が債務者に対して有する債権に、一個の債権の弁済として数個の給付をすべきものがある場合における相殺については、前条の規定を準用する。債権者が債務者に対して負担する債務に、一個の債務の弁済として数個の給付をすべきものがある場合における相殺についても、同様とする。

第3款　更　改

条文番号整理案	現行民法（現）	改正法案（新）
第3款	第3款　更　改	第3款　更　改
第513条	第513条（更改） ①当事者が債務の要素を変更する契約をしたときは、その債務は、更改によって消滅する。	第513条（更改） 当事者が従前の債務に代えて、新たな債務であって次に掲げるものを発生させる契約をしたときは、従前の債務は、更改によって消滅する。 　一　従前の給付の内容について重要な変更をするもの
一（新設）		
二（新設）		二　従前の債務者が第三者と交替するもの
三（新設）		三　従前の債権者が第三者と交替するもの
②（削除）	②条件付債務を無条件債務としたとき、無条件債務に条件を付したとき、又は債務の条件を変更したときは、いずれも債務の要素を変更したものとみなす。	
第514条	第514条（債務者の交替による更改） 債務者の交替による更改は、債権者と更	第514条（債務者の交替による更改） ①債務者の交替による更改は、債権者と

②（新設）	改後に債務者となる者との契約によってすることができる。ただし、更改前の債務者の意思に反するときは、この限りでない。	更改後に債務者となる者との契約によってすることができる。この場合において、更改は、債権者が更改前の債務者に対してその契約をした旨を通知した時に、その効力を生ずる。 ②債務者の交替による更改後の債務者は、更改前の債務者に対して求償権を取得しない。
第515条 ①（新設）	第515条（債権者の交替による更改） 債権者の交替による更改は、確定日付のある証書によってしなければ、第三者に対抗することができない。	第515条（債権者の交替による更改） ①債権者の交替による更改は、更改前の債権者〔又は〕、更改後に債権者となる者及び債務者の契約によってすることができる。〔＊提案理由：債務引受について、債務者と引受人との間ですることができる（民法470条【条文番号整理案では第473条の2】第3項、473条【条文番号整理案では第473条の4】第3項）のと同様に、債権者の交代についても、更改前の債権者と債務者との契約ですることができることを明確にすべきである。〕 ②（略）
第516条 削除	第516条〔債権者の交替による更改 その2〕 第468条第1項〔異議をとどめない承諾の効力〕の規定は、債権者の交替による更改について準用する。	第516条　削除
第517条 削除	第517条（更改前の債務が消滅しない場合） 更改によって生じた債務が、不法な原因のため又は当事者の知らない事由によって成立せず又は取り消されたときは、更改前の債務は、消滅しない。	第517条　削除
第518条 ②（新設）	第518条（更改後の債務への担保の移転） 更改の当事者は、更改前の債務の目的の限度において、その債務の担保として設定された質権又は抵当権を更改後の債務に移すことができる。ただし、第三者がこれを設定した場合には、その承諾を得なければならない。	第518条（更改後の債務への担保の移転） ①債権者（債権者の交替による更改にあっては、更改前の債権者）は、更改前の債務の目的の限度において、その債務の担保として設定された質権又は抵当権を更改後の債務に移すことができる。ただし、第三者がこれを設定した場合には、その承諾を得なければならない。 ②前項の質権又は抵当権の移転は、あらかじめ又は同時に更改の相手方（債権者の交替による更改にあっては、債務者）

| | | に対してする意思表示によってしなければならない。〔＊第515条の提案理由と同じである。〕 |

　　第4款　免　除（第519条）（変更なし）
　　第5款　混　同（第520条）（変更なし）
　第6節　有価証券
　　第1款　指図証券

条文番号整理案	現行民法（現）	改正法案（新）
第6節 （新設）		第7節　有価証券
第1款 （新設）		第1款　指図証券
第520条の2 （新設） 〔←（現）第469条から〕		第520条の2（指図証券の譲渡） 指図証券の譲渡は、その証券に譲渡の裏書をして譲受人に交付しなければ、その効力を生じない。
第520条の3 （新設）		第520条の3（指図証券の裏書の方式） 指図証券の譲渡については、その指図証券の性質に応じ、手形法（昭和7年法律第20号）中裏書の方式に関する規定を準用する。
第520条の4 （新設）		第520条の4（指図証券の所持人の権利の推定） 指図証券の所持人が裏書の連続によりその権利を証明するときは、その所持人は、証券上の権利を適法に有するものと推定する。
第520条の5 （新設）		第520条の5（指図証券の善意取得） 何らかの事由により指図証券の占有を失った者がある場合において、その所持人が前条の規定によりその権利を証明するときは、その所持人は、その証券を返還する義務を負わない。ただし、その所持人が悪意又は重大な過失によりその証券を取得したときは、この限りでない。
第520条の6 （新設） 〔←（現）第472条から〕		第520条の6（指図証券の譲渡における債務者の抗弁の制限） 指図証券の債務者は、その証券に記載した事項及びその証券の性質から当然に生ずる結果を除き、その証券の譲渡前の債権者に対抗することができた事由をもって善意の譲受人に対抗することができな

条文番号整理案	現行民法（現）	改正法案（新）
第520条の7 （新設） 〔←（現）365条から〕		い。 第520条の7（指図証券の質入れ） 第520条の2から前条までの規定は、指図証券を目的〔物〕とする質権の設定について準用する。
第520条の8 （新設）		第520条の8（指図証券の弁済の場所） 指図証券の弁済は、債務者の現在の住所においてしなければならない。
第520条の9 （新設）		第520条の9（指図証券の提示と履行遅滞） 指図証券の債務者は、その債務の履行について期限の定めがあるときであっても、その期限が到来した後に所持人がその証券を提示してその履行の請求をした時から遅滞の責任を負う。
第520条の10 （新設） 〔←（現）第470条から〕		第520条の10（指図証券の債務者の調査の権利等） 指図証券の債務者は、その証券の所持人並びにその署名及び押印の真偽を調査する権利を有するが、その義務を負わない。ただし、債務者に悪意又は重大な過失があるときは、その弁済は、無効とする。
第520条の11 （新設）		第520条の11（指図証券の喪失） 指図証券は、非訟事件手続法（平成23年法律第51号）第100条に規定する公示催告手続によって無効とすることができる。
第520条の12 （新設）		第520条の12（指図証券喪失の場合の権利行使方法） 金銭その他の物又は有価証券の給付を目的とする指図証券の所持人がその指図証券を喪失した場合において、非訟事件手続法第114条に規定する公示催告の申立てをしたときは、その債務者に、その債務の目的物を供託させ、又は相当の担保を供してその指図証券の趣旨に従い履行をさせることができる。

第2款　記名式所持人払証券

条文番号整理案	現行民法（現）	改正法案（新）
第2款 （新設）		第2款　記名式所持人払証券
第520条の13 （新設）		第520条の13（記名式所持人払証券の譲渡） 記名式所持人払証券（債権者を指名する

条文番号整理案	現行民法（現）	改正法案（新）
		記載がされている証券であって、その所持人に弁済をすべき旨が付記されているものをいう。以下同じ。）の譲渡は、その証券を交付しなければ、その効力を生じない。
第520条の14 （新設）		第520条の14（記名式所持人払証券の所持人の権利の推定） 記名式所持人払証券の所持人は、証券上の権利を適法に有するものと推定する。
第520条の15 （新設）		第520条の15（記名式所持人払証券の善意取得） 何らかの事由により記名式所持人払証券の占有を失った者がある場合において、その所持人が前条の規定によりその権利を証明するときは、その所持人は、その証券を返還する義務を負わない。ただし、その所持人が悪意又は重大な過失によりその証券を取得したときは、この限りでない。
第520条の16 （新設）		第520条の16（記名式所持人払証券の譲渡における債務者の抗弁の制限） 記名式所持人払証券の債務者は、その証券に記載した事項及びその証券の性質から当然に生ずる結果を除き、その証券の譲渡前の債権者に対抗することができた事由をもって善意の譲受人に対抗することができない。
第520条の17 （新設）		第520条の17（記名式所持人払証券の質入れ） 第520条の13から前条までの規定は、記名式所持人払証券を目的〔物〕とする質権の設定について準用する。
第520条の18 （新設） 〔←（現）第471条から〕		第520条の18（指図証券の規定の準用） 第520条の8から第520条の12までの規定は、記名式所持人払証券について準用する。

第3款　その他の記名証券

条文番号整理案	現行民法（現）	改正法案（新）
第3款 （新設）		第3款　その他の記名証券
第520条の19 （新設）		第520条の19〔その他の記名証券〕 ①債権者を指名する記載がされている証券であって指図証券及び記名式所持人払

| | | 証券以外のものは、債権の譲渡又はこれを目的とする質権の設定に関する方式に従い、かつ、その効力をもってのみ、譲渡し、又は質権の目的〔物〕とすることができる。
②第520条の11及び第520条の12の規定は、前項の証券について準用する。 |

第4款　無記名証券

条文番号整理案	現行民法（現）	改正法案（新）
第4款 （新設）		第4款　無記名証券
第520条の20 （新設） 〔←（現）第473条から〕		第520条の20〔無記名証券〕 第2款（記名式所持人払証券）の規定は、無記名証券について準用する。

第2章　契　約
第1節　総　則
第1款　契約の成立

条文番号整理案	現行民法（現）	改正法案（新）
第2章	第2章　契　約	第2章　契　約
第1節	第1節　総　則	第1節　総　則
第1款	第1款　契約の成立	第1款　契約の成立
第521条 （新設）		第521条（契約の締結及び内容の自由） ①何人も、法令に特別の定めがある場合を除き、契約をするかどうかを自由に決定することができる。 ②契約の当事者は、法令の制限内において、契約の内容を自由に決定することができる。
第521条の2 （新設） ①〔←（現）526条第1項から〕 ②（新設）		第522条（契約の成立と方式） ①契約は、契約の内容を示してその締結を申し入れる意思表示（以下「申込み」という。）に対して相手方が承諾をしたときに成立する。 ②契約の成立には、法令に特別の定めがある場合を除き、書面の作成その他の方式を具備することを要しない。
第521条の3 ただし書き（新設）	第521条（承諾の期間の定めのある申込み） ①承諾の期間を定めてした契約の申込みは、撤回することができない。	第523条（承諾の期間の定めのある申込み） ①承諾の期間を定めてした申込みは、撤回することができない。ただし、申込者

		が撤回をする権利を留保したときは、この限りでない。 ②（略）
	②申込者が前項の申込みに対して同項の期間内に承諾の通知を受けなかったときは、その申込みは、その効力を失う。	
第522条 削除	第522条（~~承諾の通知の延着~~） ①~~前条第1項の申込み〔承諾期間の定めのある申込み〕に対する承諾の通知が同項の期間の経過後に到達した場合であっても、通常の場合にはその期間内に到達すべき時に発送したものであることを知ることができるときは、申込者は、遅滞なく、相手方に対してその延着の通知を発しなければならない。ただし、その到達前に遅延の通知を発したときは、この限りでない。~~ ②~~申込者が前項本文の延着の通知を怠ったときは、承諾の通知は、前条第1項の〔承諾〕期間内に到達したものとみなす。~~	〔削除〕
第523条	第523条（遅延した承諾の効力） 申込者は、遅延した承諾を新たな申込みとみなすことができる。	第524条（遅延した承諾の効力） （略）
第524条 ②（新設） ③（新設)	第524条（承諾の期間の定めのない申込み） 承諾の期間を定めないで隔地者に対してした申込みは、申込者が承諾の通知を受けるのに相当な期間を経過するまでは、撤回することができない。	第525条（承諾の期間の定めのない申込み） ①承諾の期間を定めないでした申込みは、申込者が承諾の通知を受けるのに相当な期間を経過するまでは、撤回することができない。ただし、申込者が撤回をする権利を留保したときは、この限りでない。 ②対話者に対してした前項の申込みは、同項の規定にかかわらず、その対話が継続している間は、いつでも撤回することができる。 ③対話者に対してした第1項の申込みに対して対話が継続している間に申込者が承諾の通知を受けなかったときは、その申込みは、その効力を失う。ただし、申込者が対話の終了後もその申込みが効力を失わない旨を表示したときは、この限りでない。
第525条	第525条（申込者の死亡又は行為能力の喪失） 第97条〔隔地者に対する意思表示〕第2項の規定は、申込者が反対の意思を表示した場合又はその相手方が申込者の死亡	第526条（申込者の死亡等） 申込者が申込みの通知を発した後に死亡し、意思能力を有しない常況にある者となり、又は行為能力の制限を受けた場合

	若しくは行為能力の喪失の事実を知っていた場合には、適用しない。	において、申込者がその事実が生じたとすればその申込みは効力を有しない旨の意思を表示していたとき、又はその相手方が承諾の通知を発するまでにその事実が生じたことを知ったときは、その申込みは、その効力を有しない。
第526条 ①（削除） 〔→（新）第522条 【条文番号整理案では第521条の2】第1項へ〕	第526条（隔地者間の契約の成立時期） ①隔地者間の契約は、承諾の通知を発した時に成立する。 ②申込者の意思表示又は取引上の慣習により承諾の通知を必要としない場合には、契約は、承諾の意思表示と認めるべき事実があった時に成立する。	第527条（承諾の通知を必要としない場合における契約の成立時期） 申込者の意思表示又は取引上の慣習により承諾の通知を必要としない場合には、契約は、承諾の意思表示と認めるべき事実があった時に成立する。
第527条 削除	第527条（申込みの撤回の通知の延着） ①申込みの撤回の通知が承諾の通知を発した後に到達した場合であっても、通常の場合にはその前に到達すべき時に発送したものであることを知ることができるときは、承諾者は、遅滞なく、申込者に対してその延着の通知を発しなければならない。 ②承諾者が前項の延着の通知を怠ったときは、契約は、成立しなかったものとみなす。	〔第527条【条文番号整理案では第526条】の上書きによる削除〕
第528条	第528条（申込みに変更を加えた承諾）	（変更なし）
第529条	第529条（懸賞広告） ある行為をした者に一定の報酬を与える旨を広告した者（以下この款において「懸賞広告者」という。）は、その行為をした者に対してその報酬を与える義務を負う。	第529条（懸賞広告） ある行為をした者に一定の報酬を与える旨を広告した者（以下「懸賞広告者」という。）は、その行為をした者がその広告を知っていたかどうかにかかわらず、その者に対してその報酬を与える義務を負う。
第529条の2 （新設）		第529条の2（指定した行為をする期間の定めのある懸賞広告） ①懸賞広告者は、その指定した行為をする期間を定めてした広告を撤回することができない。ただし、その広告において撤回をする権利を留保したときは、この限りでない。 ②前項の広告は、その期間内に指定した行為を完了する者がないときは、その効力を失う。
第529条の3 （新設）		第529条の3（指定した行為をする期間の定めのない懸賞広告）

条文番号整理案	現行民法(現)	改正法案(新)
		懸賞広告者は、その指定した行為を完了する者がない間は、その指定した行為をする期間を定めないでした広告を撤回することができる。ただし、その広告中に撤回をしない旨を表示したときは、この限りでない。
第530条	第530条（懸賞広告の撤回） ①前条の場合において、懸賞広告者は、その指定した行為を完了する者がない間は、前の広告と同一の方法によってその広告を撤回することができる。ただし、その広告中に撤回をしない旨を表示したときは、この限りでない。	第530条（懸賞広告の撤回の方法） ①前の広告と同一の方法による広告の撤回は、これを知らない者に対しても、その効力を有する。
	②前項本文に規定する方法によって撤回をすることができない場合には、他の方法によって撤回をすることができる。この場合において、その撤回は、これを知った者に対してのみ、その効力を有する。	②広告の撤回は、前の広告と異なる方法によっても、することができる。ただし、その撤回は、これを知った者に対してのみ、その効力を有する。
③（削除） 〔→(新)第529条の2第1項へ〕	③懸賞広告者がその指定した行為をする期間を定めたときは、その撤回をする権利を放棄したものと推定する。	〔＊法案では削除するかどうか不明確であるので、明確にすべきである。〕
第531条	第531条（懸賞広告の報酬を受ける権利）	（変更なし）
第532条	第532条（優等懸賞広告）	（変更なし）

第2款 契約の効力

条文番号整理案	現行民法（現）	改正法案（新）
第2款	第2款 契約の効力	第2款 契約の効力
第533条	第533条（同時履行の抗弁） 双務契約の当事者の一方は、相手方がその債務の履行を提供するまでは、自己の債務の履行を拒むことができる。ただし、相手方の債務が弁済期にないときは、この限りでない。	第533条（同時履行の抗弁） 双務契約の当事者の一方は、相手方がその債務の履行（債務の履行に代わる損害賠償の債務の履行を含む。）を提供するまでは、自己の債務の履行を拒むことができる。ただし、相手方の債務が弁済期にないときは、この限りでない。
第534条 削除	第534条（債権者の危険負担） ①特定物に関する物権の設定又は移転を双務契約の目的とした場合において、その物が債務者の責めに帰することができない事由によって滅失し、又は損傷したときは、その滅失又は損傷は、債権者の負担に帰する。 ②不特定物に関する契約については、第401条〔種類債権〕第2項の規定によりその物が確定した時から、前項の規定を	第534条 削除

	適用する。	
第535条 削除	第535条（停止条件付双務契約における危険負担） ①前条の規定は、停止条件付双務契約の目的物が条件の成否が未定である間に滅失した場合には、適用しない。 ②停止条件付双務契約の目的物が債務者の責めに帰することができない事由によって損傷したときは、その損傷は、債権者の負担に帰する。 ③停止条件付双務契約の目的物が債務者の責めに帰すべき事由によって損傷した場合において、条件が成就したときは、債権者は、その選択に従い、契約の履行の請求又は解除権の行使をすることができる。この場合においては、損害賠償の請求を妨げない。	第535条　削除
第536条	第536条（債務者の危険負担等） ①前二条に規定する場合を除き、当事者双方の責めに帰することができない事由によって債務を履行することができなくなったときは、債務者は、反対給付を受ける権利を有しない。 ②債権者の責めに帰すべき事由によって債務を履行することができなくなったときは、債務者は、反対給付を受ける権利を失わない。この場合において、自己の債務を免れたことによって利益を得たときは、これを債権者に償還しなければならない。	第536条（債務者の危険負担等） ①当事者双方の責めに帰することができない事由によって債務を履行することができなくなったときは、債権者は、反対給付の履行を拒むことができる。 ②債権者の責めに帰すべき事由によって債務を履行することができなくなったときは、債権者は、反対給付の履行を拒むことができない。この場合において、債務者は、自己の債務を免れたことによって利益を得たときは、これを債権者に償還しなければならない。
第537条 ②（新設）	第537条（第三者のためにする契約） ①契約により当事者の一方が第三者に対してある給付をすることを約したときは、その第三者は、債務者に対して直接にその給付を請求する権利を有する。 ②前項の場合において、第三者の権利は、その第三者が債務者に対して同項の契約の利益を享受する意思を表示した時に発生する。	第537条（第三者のためにする契約） ①（略） ②前項の契約は、その成立の時に第三者が現に存しない場合又は第三者が特定していない場合であっても、そのためにその効力を妨げられない。 ③第1項の場合において、第三者の権利は、その第三者が債務者に対して同項の契約の利益を享受する意思を表示した時に発生する。
第538条	第538条（第三者の権利の確定） 前条の規定により第三者の権利が発生し	第538条（第三者の権利の確定） ①（略）

条文番号整理案	現行民法（現）	改正法案（新）
②（新設）	た後は、当事者は、これを変更し、又は消滅させることができない。	②前条の規定により第三者の権利が発生した後に、債務者がその第三者に対する債務を履行しない場合には、同条第１項の契約の相手方は、その第三者の承諾を得なければ、契約を解除することができない。
第539条	第539条（債務者の抗弁）	（変更なし）

第２款の２　契約上の地位の移転

条文番号整理案	現行民法（現）	改正法案（新）
第２款の２（新設）		第３款　契約上の地位の移転
第539条の２（新設）		第539条の２〔契約上の地位の移転〕 契約の当事者の一方が第三者との間で契約上の地位を譲渡する旨の合意をした場合において、その契約の相手方がその譲渡を承諾したときは、契約上の地位は、その第三者に移転する。

第３款　契約の解除

条文番号整理案	現行民法（現）	改正法案（新）
第３款	第３款　契約の解除	第４款　契約の解除
第540条	第540条（解除権の行使）	（変更なし）
第541条 ただし書き（新設）	第541条（履行遅滞等による解除権） 当事者の一方がその債務を履行しない場合において、相手方が相当の期間を定めてその履行の催告をし、その期間内に履行がないときは、相手方は、契約の解除をすることができる。	第541条（催告による解除） 当事者の一方がその債務を履行しない場合において、相手方が相当の期間を定めてその履行の催告をし、その期間内に履行がないときは、相手方は、契約の解除をすることができる。ただし、その期間を経過した時における債務の不履行がその契約〔目的〕及び取引上の社会通念に照らして軽微であるときは、この限りでない。
第542条 一（新設） 二（新設）	第542条（定期行為の履行遅滞による解除権） 契約の性質又は当事者の意思表示により、特定の日時又は一定の期間内に履行をしなければ契約をした目的を達することができない場合において、当事者の一方が履行をしないでその時期を経過したときは、相手方は、前条の催告をすることなく、直ちにその契約の解除をすることが	第542条（催告によらない解除） ①次に掲げる場合には、債権者は、前条の催告をすることなく、直ちに契約の解除をすることができる。 一　債務の全部の履行が不能であるとき。 二　債務者がその債務の全部の履行を拒絶する意思を明確に表示したとき。

三（新設）	できる。	三　債務の一部の履行が不能である場合又は債務者がその債務の一部の履行を拒絶する意思を明確に表示した場合において、残存する部分のみでは契約をした目的を達することができないとき。
四（新設）		四　契約の性質又は当事者の意思表示により、特定の日時又は一定の期間内に履行をしなければ契約をした目的を達することができない場合において、債務者が履行をしないでその時期を経過したとき。
五（新設）		五　前各号に掲げる場合のほか、債務者がその債務の履行をせず、債権者が前条の催告をしても契約をした目的を達するのに足りる履行がされる見込みがないことが明らかであるとき。
②（新設）		②次に掲げる場合には、債権者は、前条の催告をすることなく、直ちに契約の一部の解除をすることができる。 一　債務の一部の履行が不能であるとき。 二　債務者がその債務の一部の履行を拒絶する意思を明確に表示したとき。
第543条 削除 〔→（新）第542条第１項第一号へ〕	第543条（履行不能による解除権） ~~履行の全部又は一部が不能となったときは、債権者は、契約の解除をすることができる。ただし、その債務の不履行が債務者の責めに帰することができない事由によるものであるときは、この限りでない。~~	〔第543条【条文番号整理案では第543条の２】の上書きによる削除〕
第543条の２ （新設）		第543条（債権者の責めに帰すべき事由による場合） 債務の不履行が債権者の責めに帰すべき事由によるものであるときは、債権者は、前二条の規定による契約の解除をすることができない。 〔＊この条文の新設は不要である。なぜなら、第548条があるのだからそれで十分であり、屋上屋を重ねる必要はないからである。〕
第544条	第544条（解除権の不可分性）	（変更なし）
第545条	第545条（解除の効果） ①当事者の一方がその解除権を行使したときは、各当事者は、その相手方を原状に復させる義務を負う。ただし、第三者	第545条（解除の効果） ①（略）

条文番号整理案	現行民法（現）	改正法案（新）
③（新設）	の権利を害することはできない。 ②前項本文の場合において、金銭を返還するときは、その受領の時から利息を付さなければならない。 ③解除権の行使は、損害賠償の請求を妨げない。	②（略） ③第１項本文の場合において、金銭以外の物を返還するときは、その受領の時以後に生じた果実をも返還しなければならない。 ④（略）
第546条	第546条（契約の解除と同時履行）	（変更なし）
第547条	第547条（催告による解除権の消滅）	（変更なし）
第548条 ②（削除）	第548条（解除権者の行為等による解除権の消滅） ①解除権を有する者が自己の行為若しくは過失によって契約の目的物を著しく損傷し、若しくは返還することができなくなったとき、又は加工若しくは改造によってこれを他の種類の物に変えたときは、解除権は、消滅する。 ②契約の目的物が解除権を有する者の行為又は過失によらないで滅失し、又は損傷したときは、解除権は、消滅しない。	第548条（解除権者の故意による目的物の損傷等による解除権の消滅） 解除権を有する者が故意若しくは過失によって契約の目的物を著しく損傷し、若しくは返還することができなくなったとき、又は加工若しくは改造によってこれを他の種類の物に変えたときは、解除権は、消滅する。ただし、解除権を有する者がその解除権を有することを知らなかったときは、この限りでない。

第４款　定型約款

条文番号整理案	現行民法（現）	改正法案（新）
第４款 （新設）		第５款　定型約款
第548条の２ （新設）		第548条の２（定型約款の合意） ①定型取引（ある特定の者が不特定多数の者を相手方として行う取引であって、その内容の全部又は一部が画一的であることがその双方にとって合理的なものをいう。以下同じ。）を行うことの合意（次条において「定型取引合意」という。）をした者は、次に掲げる場合には、定型約款（定型取引において、契約の内容とすることを目的としてその特定の者により準備された条項の総体をいう。以下同じ。）の個別の条項についても合意をしたものとみなす。 　一　定型約款を契約の内容とする旨の合意をしたとき。

②〔←消費者契約法第10条（消費者の利益を一方的に害する条項の無効）参照〕			二　定型約款を準備した者（以下「定型約款準備者」という。）があらかじめその定型約款を契約の内容とする旨を相手方に表示していたとき。 ②前項の規定にかかわらず、同項の条項のうち、相手方の権利を制限し、又は相手方の義務を加重する条項であって、その定型取引の態様及びその実情並びに取引上の社会通念に照らして第１条第２項に規定する基本原則に反して相手方の利益を一方的に害すると認められるものについては、合意をしなかったものとみなす。
第548条の３ （新設）			第548条の３（定型約款の内容の表示） ①定型取引を行い、又は行おうとする定型約款準備者は、定型取引合意の前又は定型取引合意の後相当の期間内に相手方から請求があった場合には、遅滞なく、相当な方法でその定型約款の内容を示さなければならない。ただし、定型約款準備者が既に相手方に対して定型約款を記載した書面を交付し、又はこれを記録した電磁的記録を提供していたときは、この限りでない。 ②定型約款準備者が定型取引合意の前において前項の請求を拒んだときは、前条の規定は、適用しない。ただし、一時的な通信障害が発生した場合その他正当な事由がある場合は、この限りでない。
第548条の４ （新設）			第548条の４（定型約款の変更） ①定型約款準備者は、次に掲げる場合には、定型約款の変更をすることにより、変更後の定型約款の条項について合意があったものとみなし、個別に相手方と合意をすることなく契約の内容を変更することができる。 　一　定型約款の変更が、相手方の一般の利益に適合するとき。 　二　定型約款の変更が、契約をした目的に反せず、かつ、変更の必要性、変更後の内容の相当性、この条の規定により定型約款の変更をすることがある旨の定めの有無及びその内容その他の変更に係る事情に照らして合理的なものであるとき。 ②定型約款準備者は、前項の規定による

		定型約款の変更をするときは、その効力発生時期を定め、かつ、定型約款を変更する旨及び変更後の定型約款の内容並びにその効力発生時期をインターネットの利用その他の適切な方法により周知しなければならない。 ③第1項第二号の規定による定型約款の変更は、前項の効力発生時期が到来するまでに同項の規定による周知をしなければ、その効力を生じない。 ④第548条の2第2項の規定は、第1項の規定による定型約款の変更については、適用しない。

第2節 贈 与

条文番号整理案	現行民法（現）	改正法案（新）
第2節	第2節 贈 与	第2節 贈 与
第549条	第549条（贈与） 贈与は、当事者の一方が自己の財産を無償で相手方に与える意思を表示し、相手方が受諾をすることによって、その効力を生ずる。	第549条（贈与） 贈与は、当事者の一方がある財産を無償で相手方に与える意思を表示し、相手方が受諾をすることによって、その効力を生ずる。
第550条	第550条（書面によらない贈与の撤回） 書面によらない贈与は、各当事者が撤回することができる。ただし、履行の終わった部分については、この限りでない。	第550条（書面によらない贈与の解除） 書面によらない贈与は、各当事者が解除をすることができる。ただし、履行の終わった部分については、この限りでない。
第551条	第551条（贈与者の担保責任） ①贈与者は、贈与の目的である物又は権利の瑕疵又は不存在について、その責任を負わない。ただし、贈与者がその瑕疵又は不存在を知りながら受贈者に告げなかったときは、この限りでない。 ②負担付贈与については、贈与者は、その負担の限度において、売主と同じく担保の責任を負う。	第551条（贈与者の引渡義務等）（贈与者の担保責任） ①贈与者は、贈与の目的〔物〕である物又は権利を、贈与の目的〔物〕として特定した時の状態で引き渡し、又は移転することを約したものと推定する。 ②（略）
第552条	第552条（定期贈与）	（変更なし）
第553条	第553条（負担付贈与）	（変更なし）
第554条	第554条（死因贈与）	（変更なし）

第3節 売 買
第1款 総 則

条文番号整理案	現行民法（現）	改正法案（新）
第3節	第3節 売 買	第3節 売 買

第1款	第1款　総　則	第1款　総　則
第555条	第555条（売買）	（変更なし）
第556条	第556条（売買の一方の予約）	（変更なし）
第557条 ただし書き（新設）	第557条（手付） ①買主が売主に手付を交付したときは、<u>当事者の一方が契約の履行に着手するまでは、</u>買主はその手付を放棄し、売主はその倍額を<u>償還して</u>、契約の解除をすることができる。 ②第545条第3項〔解除権の行使は損害賠償の請求を妨げない〕の規定は、前項の場合には、適用しない。	第557条（手付） ①買主が売主に手付を交付したときは、買主はその手付を放棄し、売主はその倍額を現実に提供して、契約の解除をすることができる。ただし、その相手方が契約の履行に着手した後は、この限りでない。 ②第545条第<u>4</u>項〔解除権の行使は損害賠償の請求を妨げない〕の規定は、前項の場合には、適用しない。
第558条	第558条（売買契約に関する費用）	（変更なし）
第559条	第559条（有償契約への準用）	（変更なし）

第2款　売買の効力

条文番号整理案	現行民法（現）	改正法案（新）
第2款	第2款　売買の効力	第2款　売買の効力
第559条の2 （新設）		<u>第560条（権利移転の対抗要件に係る売主の義務） 売主は、買主に対し、登記、登録その他の売買の目的〔物〕である権利の移転についての対抗要件を備えさせる義務を負う。</u>
第560条	第<u>560</u>条（他人の権利の売買における売主の義務） 他人の権利を売買の目的としたときは、売主は、その権利を取得し買主に移転する義務を負う。	第<u>561</u>条（他人の権利の売買における売主の義務） 他人の権利（権利の一部が他人に属する場合におけるその権利の一部を含む。）を売買の目的〔物〕としたときは、売主は、その権利を取得して買主に移転する義務を負う。
第561条 削除	<u>第561条（他人の権利の売買における売主の担保責任） 前条の場合において、売主がその売却した権利を取得して買主に移転することができないときは、買主は、契約の解除をすることができる。この場合において、契約の時においてその権利が売主に属しないことを知っていたときは、損害賠償の請求をすることができない。</u>	〔削除〕
第561条の2 （新設）		<u>第562条</u> ~~（買主の追完請求権）~~（売主の追完権）

142

		①引き渡された目的物が種類、品質又は数量に関して契約の内容に適合しないものであるときは、買主は、売主に対し、目的物の修補、代替物の引渡し又は不足分の引渡しによる履行の追完を請求することができる。ただし、売主は、買主に不相当な負担を課するものでないときは、買主が請求した方法と異なる方法による履行の追完をすることができる。 ②前項の不適合が買主の責めに帰すべき事由によるものであるときは、買主は、同項の規定による履行の追完の請求をすることができない。
第561条の3 （新設）		第563条（買主の代金減額請求権） ①前条【条文番号整理案では第561条の2】第1項本文に規定する場合において、買主が相当の期間を定めて履行の追完の催告をし、その期間内に履行の追完がないときは、買主は、その不適合の程度に応じて代金の減額を請求することができる。 ②前項の規定にかかわらず、次に掲げる場合には、買主は、同項の催告をすることなく、直ちに代金の減額を請求することができる。 　一　履行の追完が不能であるとき。 　二　売主が履行の追完を拒絶する意思を明確に表示したとき。 　三　契約の性質又は当事者の意思表示により、特定の日時又は一定の期間内に履行をしなければ契約をした目的を達することができない場合において、売主が履行の追完をしないでその時期を経過したとき。 　四　前三号に掲げる場合のほか、買主が前項の催告をしても履行の追完を受ける見込みがないことが明らかであるとき。 ③第1項の不適合が買主の責めに帰すべき事由によるものであるときは、買主は、前二項の規定による代金の減額の請求をすることができない。
第561条の4 （新設）		第564条（買主の損害賠償請求及び解除権の行使） 前二条【条文番号整理案では、第562条の2及び前条】の規定は、第415条の規定による損害賠償の請求並びに第541条

			及び第542条の規定による解除権の行使を妨げない。
第561条の5 （新設）			第565条（移転した権利が契約の内容に適合しない場合における売主の担保責任） 前三条【条文番号整理案では第562条の2及び前二条】の規定は、売主が買主に移転した権利が契約の内容に適合しないものである場合（権利の一部が他人に属する場合においてその権利の一部を移転しないときを含む。）について準用する。
第561条の6 （新設）			第566条（目的物の種類又は品質に関する担保責任の期間の制限） 売主が種類又は品質に関して契約の内容に適合しない目的物を買主に引き渡した場合において、買主がその不適合を知った時から１年以内にその旨を売主に通知しないときは、買主は、その不適合を理由として、履行の追完の請求、代金の減額の請求、損害賠償の請求及び契約の解除をすることができない。ただし、売主が引渡しの時にその不適合を知り、又は重大な過失によって知らなかったときは、この限りでない。
第561条の7 （新設）			第567条（目的物の滅失等についての危険の移転） ①売主が買主に目的物（売買の目的〔物〕として特定したものに限る。以下この条において同じ。）を引き渡した場合において、その引渡しがあった時以後にその目的物が当事者双方の責めに帰することができない事由によって滅失し、又は損傷したときは、買主は、その滅失又は損傷を理由として、履行の追完の請求、代金の減額の請求、損害賠償の請求及び契約の解除をすることができない。この場合において、買主は、代金の支払を拒むことができない。 ②売主が契約の内容に適合する目的物をもって、その引渡しの債務の履行を提供したにもかかわらず、買主がその履行を受けることを拒み、又は受けることができない場合において、その履行の提供があった時以後に当事者双方の責めに帰することができない事由によってその目的物が滅失し、又は損傷したときも、前項

		と同様とする。
第562条 削除	第562条（他人の権利の売買における善意の売主の解除権） ①売主が契約の時においてその売却した権利が自己に属しないことを知らなかった場合において、その権利を取得して買主に移転することができないときは、売主は、損害を賠償して、契約の解除をすることができる。 ②前項の場合において、買主が契約の時においてその買い受けた権利が売主に属しないことを知っていたときは、売主は、買主に対し、単にその売却した権利を移転することができない旨を通知して、契約の解除をすることができる。	〔第562条【条文番号整理案では561条の2】の上書きによる削除〕
第563条 削除	第563条（権利の一部が他人に属する場合における売主の担保責任） ①売買の目的である権利の一部が他人に属することにより、売主がこれを買主に移転することができないときは、買主は、その不足する部分の割合に応じて代金の減額を請求することができる。 ②前項の場合において、残存する部分のみであれば買主がこれを買い受けなかったときは、善意の買主は、契約の解除をすることができる。 ③代金減額の請求又は契約の解除は、善意の買主が損害賠償の請求をすることを妨げない。	〔第563条【条文番号整理案では561条の3】の上書きによる削除〕
第564条 削除	第564条〔権利の一部が他人に属する場合における売主の担保責任 その2〕 前条の規定による権利は、買主が善意であったときは事実を知った時から、悪意であったときは契約の時から、それぞれ1年以内に行使しなければならない。	〔第564条【条文番号整理案では561条の4】の上書きによる削除〕
第565条 削除	第565条（数量の不足又は物の一部滅失の場合における売主の担保責任） 前三条〔権利の一部が他人に属する場合における売主の担保責任〕の規定は、数量を指示して売買をした物に不足がある場合又は物の一部が契約の時に既に滅失していた場合において、買主がその不足又は滅失を知らなかったときについて準用する。	〔第565条【条文番号整理案では561条の5】の上書きによる削除〕
第566条	第566条（地上権等がある場合等におけ	〔第566条【条文番号整理案では561条の

削除	る売主の担保責任） ①売買の目的物が地上権、永小作権、地役権、留置権又は質権の目的である場合において、買主がこれを知らず、かつ、そのために契約をした目的を達することができないときは、買主は、契約の解除をすることができる。この場合において、契約の解除をすることができないときは、損害賠償の請求のみをすることができる。 ②前項の規定は、売買の目的【物】である不動産のために存すると称した地役権が存しなかった場合及びその不動産について登記をした賃貸借があった場合について準用する。 ③前二項の場合において、契約の解除又は損害賠償の請求は、買主が事実を知った時から1年以内にしなければならない。	6】の上書きによる削除〕
第567条 ①、②（合体） ③削除	第567条（抵当権等がある場合における売主の担保責任） ①売買の目的である不動産について存した先取特権又は抵当権の行使により買主がその所有権を失ったときは、買主は、契約の解除をすることができる。 ②買主は、費用を支出してその所有権を保存したときは、売主に対し、その費用の償還を請求することができる。 ③前二項の場合において、買主は、損害を受けたときは、その賠償を請求することができる。	第570条（抵当権等がある場合の買主による費用の償還請求） 買い受けた不動産について契約の内容に適合しない先取特権、質権又は抵当権が存していた場合において、 買主が費用を支出してその不動産の所有権を保存したときは、買主は、売主に対し、その費用の償還を請求することができる。
第568条	第568条（強制競売における担保責任） ①強制競売における買受人は、第561条から前条まで〔売主の追奪担保責任〕の規定により、債務者に対し、契約の解除をし、又は代金の減額を請求することができる。 ②前項の場合において、債務者が無資力であるときは、買受人は、代金の配当を受けた債権者に対し、その代金の全部又は一部の返還を請求することができる。 ③前二項の場合において、債務者が物若	第568条（競売における担保責任等） ①民事執行法その他の法律の規定に基づく競売（以下この条において単に「競売」という。）における買受人は、第541条〔催告による解除〕及び第542条〔催告によらない解除〕の規定並びに第563条〔買主の代金減額請求権〕（第565条〔移転した権利が契約の内容に適合しない場合における売主の担保責任〕において準用する場合を含む。）の規定により、債務者に対し、契約の解除をし、又は代金の減額を請求することができる。 ②（略） ③（略）

④（新設）	しくは権利の不存在を知りながら申し出なかったとき、又は債権者がこれを知りながら競売を請求したときは、買受人は、これらの者に対し、損害賠償の請求をすることができる。	④前三項の規定は、競売の目的物の種類又は品質に関する不適合については、適用しない。
第569条	第569条（債権の売主の担保責任）	（変更なし）
第570条 削除	第570条 ~~（売主の瑕疵担保責任）~~ ~~売買の目的物に隠れた瑕疵があったときは、第566条~~ ~~〔地上権等がある場合等における売主の担保責任〕~~ ~~の規定を準用する。ただし、強制競売の場合は、この限りでない。~~	〔第570条【条文番号整理案では第567条】の上書きによる削除〕
第571条 削除 〔→（新）第533条へ〕	第571条 ~~（売主の担保責任と同時履行）~~ ~~第533条~~ ~~〔同時履行の抗弁権〕~~ ~~の規定は、第563条から第566条まで及び前条~~ ~~〔売主の担保責任〕~~ ~~の場合について準用する。~~	第571条　削除
第572条	第572条（担保責任を負わない旨の特約） 売主は、第560条から前条まで〔売主の担保責任〕の規定による担保の責任を負わない旨の特約をしたときであっても、知りながら告げなかった事実及び自ら第三者のために設定し又は第三者に譲り渡した権利については、その責任を免れることができない。	第572条（担保責任を負わない旨の特約） 売主は、第562条【条文番号整理案では第51条の2】第1項本文又は第565条に規定する場合における担保の責任を負わない旨の特約をしたときであっても、知りながら告げなかった事実及び自ら第三者のために設定し又は第三者に譲り渡した権利については、その責任を免れることができない。
第573条	第573条（代金の支払期限）	（変更なし）
第574条	第574条（代金の支払場所）	（変更なし）
第575条	第575条（果実の帰属及び代金の利息の支払）	（変更なし）
第576条	第576条（権利を失うおそれがある場合の買主による代金の支払の拒絶） 売買の目的について権利を主張する者があるために買主がその買い受けた権利の全部又は一部を失うおそれがあるときは、買主は、その危険の限度に応じて、代金の全部又は一部の支払を拒むことができる。ただし、売主が相当の担保を供したときは、この限りでない。	第576条（権利を取得することができない等のおそれがある場合の買主による代金の支払の拒絶） 売買の目的〔物〕について権利を主張する者があることその他の事由により、買主がその買い受けた権利の全部若しくは一部を取得することができず、又は失うおそれがあるときは、買主は、その危険の程度に応じて、代金の全部又は一部の支払を拒むことができる。ただし、売主が相当の担保を供したときは、この限りでない。

条文番号整理案	現行民法（現）	改正法案（新）
第577条	第577条（抵当権等の登記がある場合の買主による代金の支払の拒絶） ①買い受けた不動産について抵当権の登記があるときは、買主は、抵当権消滅請求の手続が終わるまで、その代金の支払を拒むことができる。この場合において、売主は、買主に対し、遅滞なく抵当権消滅請求をすべき旨を請求することができる。 ②前項の規定は、買い受けた不動産について先取特権又は質権の登記がある場合について準用する。	第577条（抵当権等の登記がある場合の買主による代金の支払の拒絶） ①買い受けた不動産について契約の内容に適合しない抵当権の登記があるときは、買主は、抵当権消滅請求の手続が終わるまで、その代金の支払を拒むことができる。この場合において、売主は、買主に対し、遅滞なく抵当権消滅請求をすべき旨を請求することができる。 ②前項の規定は、買い受けた不動産について契約の内容に適合しない先取特権又は質権の登記がある場合について準用する。
第578条	第578条（売主による代金の供託の請求）	（変更なし）

第3款　買戻し

条文番号整理案	現行民法（現）	改正法案（新）
第3款	第3款　買戻し	第3款　買戻し
第579条	第579条（買戻しの特約） 不動産の売主は、売買契約と同時にした買戻しの特約により、買主が支払った代金及び契約の費用を返還して、売買の解除をすることができる。この場合において、当事者が別段の意思を表示しなかったときは、不動産の果実と代金の利息とは相殺したものとみなす。	第579条（買戻しの特約） 不動産の売主は、売買契約と同時にした買戻しの特約により、買主が支払った代金（別段の合意をした場合にあっては、その合意により定めた金額。第583条第1項において同じ。）及び契約の費用を返還して、売買の解除をすることができる。この場合において、当事者が別段の意思を表示しなかったときは、不動産の果実と代金の利息とは相殺したものとみなす。
第580条	第580条（買戻しの期間）	（変更なし）
第581条	第581条（買戻しの特約の対抗力） ①売買契約と同時に買戻しの特約を登記したときは、買戻しは、第三者に対しても、その効力を生ずる。 ②登記をした賃借人の権利は、その残存期間中1年を超えない期間に限り、売主に対抗することができる。ただし、売主を害する目的で賃貸借をしたときは、この限りでない。	第581条（買戻しの特約の対抗力） ①売買契約と同時に買戻しの特約を登記したときは、買戻しは、第三者に対抗することができる。 ②前項の登記がされた後に第605条の2第1項に規定する対抗要件を備えた賃借人の権利は、その残存期間中1年を超えない期間に限り、売主に対抗することができる。ただし、売主を害する目的で賃貸借をしたときは、この限りでない。
第582条	第582条（買戻権の代位行使）	（変更なし）
第583条	第583条（買戻しの実行）	（変更なし）
第584条	第584条（共有持分の買戻特約付売買）	（変更なし）

| 第585条 | 第585条〔共有持分の買戻特約付売買その2〕 | （変更なし） |

第4節　交　換（第586条）（変更なし）
第5節　消費貸借

条文番号整理案	現行民法（現）	改正法案（新）
第5節	第5節　消費貸借	第5節　消費貸借
第587条	第587条（消費貸借）	（変更なし）
第587条の2 (新設)		第587条の2　（書面でする消費貸借等） ①前条の規定にかかわらず、書面でする消費貸借は、当事者の一方が金銭その他の物を引き渡すことを約し、相手方がその受け取った物と種類、品質及び数量の同じ物をもって返還をすることを約することによって、その効力を生ずる。 ②書面でする消費貸借の借主は、貸主から金銭その他の物を受け取るまで、契約の解除をすることができる。この場合において、貸主は、その契約の解除によって損害を受けたときは、借主に対し、その賠償を請求することができる。 ③書面でする消費貸借は、借主が貸主から金銭その他の物を受け取る前に当事者の一方が破産手続開始の決定を受けたときは、その効力を失う。 ④消費貸借がその内容を記録した電磁的記録によってされたときは、その消費貸借は、書面によってされたものとみなして、前三項の規定を適用する。
第588条	第588条（準消費貸借） 消費貸借によらないで金銭その他の物を給付する義務を負う者がある場合において、当事者がその物を消費貸借の目的とすることを約したときは、消費貸借は、これによって成立したものとみなす。	第588条（準消費貸借） 金銭その他の物を給付する義務を負う者がある場合において、当事者がその物を消費貸借の目的〔物〕とすることを約したときは、消費貸借は、これによって成立したものとみなす。
第588条の2 (新設)		第589条（利息） ①貸主は、特約がなければ、借主に対して利息を請求することができない。 ②前項の特約があるときは、貸主は、借主が金銭その他の物を受け取った日以後の利息を請求することができる。
第589条 削除	第589条（消費貸借の予約と破産手続の開始） 消費貸借の予約は、その後に当事者の一	〔第589条【条文番号整理案では第588条の2】の上書きにより削除〕

◆　第Ⅱ部　現行民法(現)と改正法案(新)との対照表〔条文番号整理案付〕　149

条文番号整理案	現行民法（現）	改正法案（新）
第590条	第590条（貸主の担保責任） ①利息付きの消費貸借において、物に隠れた瑕疵があったときは、貸主は、瑕疵がない物をもってこれに代えなければならない。この場合においては、損害賠償の請求を妨げない。 ②無利息の消費貸借においては、借主は、瑕疵がある物の価額を返還することができる。この場合において、貸主がその瑕疵を知りながら借主に告げなかったときは、前項の規定を準用する。	第590条 ~~（貸主の引渡義務等）~~（貸主の担保責任） ①第551条の規定は、前条第１項の特約のない消費貸借について準用する。 ②前条【条文番号整理案では第588条の２】第１項の特約の有無にかかわらず、貸主から引き渡された物が種類又は品質に関して契約の内容に適合しないものであるときは、借主は、その物の価額を返還することができる。
第591条 ③（新設）	第591条（返還の時期） ①当事者が返還の時期を定めなかったときは、貸主は、相当の期間を定めて返還の催告をすることができる。 ②借主は、いつでも返還をすることができる。	第591条（返還の時期） ①（略） ②借主は、返還の時期の定めの有無にかかわらず、いつでも返還をすることができる。 ③当事者が返還の時期を定めた場合において、貸主は、借主がその時期の前に返還をしたことによって損害を受けたときは、借主に対し、その賠償を請求することができる。〔＊第３項は削除すべきである。なぜなら、新設された第417条の２（中間利息控除）の精神に反するからである。〕
第592条	第592条（価額の償還）	（変更なし）

第６節　使用貸借

条文番号整理案	現行民法（現）	改正法案（新）
第６節	第６節　使用貸借	第６節　使用貸借
第593条	第593条（使用貸借） 使用貸借は、当事者の一方が無償で使用及び収益をした後に返還をすることを約して相手方からある物を受け取ることによって、その効力を生ずる。	第593条（使用貸借） 使用貸借は、当事者の一方がある物を引き渡すことを約し、相手方がその受け取った物について無償で使用及び収益をして契約が終了したときに返還をすることを約することによって、その効力を生ずる。
第593条の２ （新設）		第593条の２（借用物受取り前の貸主による使用貸借の解除） 貸主は、借主が借用物を受け取るまで、

		契約の解除をすることができる。ただし、書面による使用貸借については、この限りでない。
第594条	第594条（借主による使用及び収益）	（変更なし）
第595条	第595条（借用物の費用の負担）	（変更なし）
第596条	第596条（貸主の担保責任） 第551条〔贈与者の担保責任〕の規定は、使用貸借について準用する。	第596条 ~~（貸主の引渡し義務等）~~（貸主の担保責任） （略）
第597条	第597条（借用物の返還の時期） ①借主は、契約に定めた時期に、借用物の返還をしなければならない。 ②当事者が返還の時期を定めなかったときは、借主は、契約に定めた目的に従い使用及び収益を終わった時に、返還をしなければならない。ただし、その使用及び収益を終わる前であっても、使用及び収益をするのに足りる期間を経過したときは、貸主は、直ちに返還を請求することができる。 ③当事者が返還の時期並びに使用及び収益の目的を定めなかったときは、貸主は、いつでも返還を請求することができる。	第597条（期間満了等による使用貸借の終了） ①当事者が使用貸借の期間を定めたときは、使用貸借は、その期間が満了することによって終了する。 ②当事者が使用貸借の期間を定めなかった場合において、使用及び収益の目的を定めたときは、使用貸借は、借主がその目的に従い使用及び収益を終えることによって終了する。 ③使用貸借は、借主の死亡によって終了する。
第597条の2（新設）		第598条（使用貸借の解除） ①貸主は、前条第2項に規定する場合において、同項の目的に従い借主が使用及び収益をするのに足りる期間を経過したときは、契約の解除をすることができる。 ②当事者が使用貸借の期間並びに使用及び収益の目的を定めなかったときは、貸主は、いつでも契約の解除をすることができる。 ③借主は、いつでも契約の解除をすることができる。
第598条 ①（新設）	第598条（借主による収去） 借主は、借用物を原状に復して、これに	第599条（借主による収去等） ①借主は、借用物を受け取った後にこれに附属させた物がある場合において、使用貸借が終了したときは、その附属させた物を収去する義務を負う。ただし、借用物から分離することができない物又は分離するのに過分の費用を要する物については、この限りでない。 ②借主は、借用物を受け取った後にこれ

条文番号整理案	現行民法（現）	改正法案（新）
③（新設）	附属させた物を収去することができる。	に附属させた物を収去することができる。 ③借主は、借用物を受け取った後にこれに生じた損傷がある場合において、使用貸借が終了したときは、その損傷を原状に復する義務を負う。ただし、その損傷が借主の責めに帰することができない事由によるものであるときは、この限りでない。
第599条削除 〔→（新）第597条第3項へ〕	第599条（借主の死亡による使用貸借の終了） 使用貸借は、借主の死亡によって、その効力を失う。	〔第599条【条文番号整理案では第598条】の上書きによる削除〕
第600条 ②（新設）	第600条（損害賠償及び費用の償還の請求権についての期間の制限） 契約の本旨に反する使用又は収益によって生じた損害の賠償及び借主が支出した費用の償還は、貸主が返還を受けた時から1年以内に請求しなければならない。	第600条（損害賠償及び費用の償還の請求権についての期間の制限） ①（略） ②前項の損害賠償の請求権については、貸主が返還を受けた時から1年を経過するまでの間は、時効は、完成しない。

第7節　賃貸借
第1款　総　則

条文番号整理案	現行民法（現）	改正法案（新）
第7節	第7節　賃貸借	第7節　賃貸借
第1款	第1款　総　則	第1款　総　則
第601条	第601条（賃貸借） 賃貸借は、当事者の一方がある物の使用及び収益を相手方にさせることを約し、相手方がこれに対してその賃料を支払うことを約することによって、その効力を生ずる。	第601条（賃貸借） 賃貸借は、当事者の一方がある物の使用及び収益を相手方にさせることを約し、相手方がこれに対してその賃料を支払うこと及び引渡しを受けた物を契約が終了したときに返還することを約することによって、その効力を生ずる。
第602条	第602条（短期賃貸借） 処分につき行為能力の制限を受けた者又は処分の権限を有しない者が賃貸借をする場合には、次の各号に掲げる賃貸借は、それぞれ当該各号に定める期間を超えることができない。 　一　樹木の栽植又は伐採を目的とする山林の賃貸借　10年 　二　前号に掲げる賃貸借以外の土地の	第602条（短期賃貸借） 処分の権限を有しない者が賃貸借をする場合には、次の各号に掲げる賃貸借は、それぞれ当該各号に定める期間を超えることができない。契約でこれより長い期間を定めたときであっても、その期間は、当該各号に定める期間とする。 　一〜四　（略）

	賃貸借　5年 　　三　建物の賃貸借　3年 　　四　動産の賃貸借　6箇月	
第603条	第603条（短期賃貸借の更新）	（変更なし）
第604条	第604条（賃貸借の存続期間） ①賃貸借の存続期間は、20年を超えることができない。契約でこれより長い期間を定めたときであっても、その期間は、20年とする。 ②賃貸借の存続期間は、更新することができる。ただし、その期間は、更新の時から20年を超えることができない。	第604条（賃貸借の存続期間） ①賃貸借の存続期間は、50年を超えることができない。契約でこれより長い期間を定めたときであっても、その期間は、50年とする。 ②賃貸借の存続期間は、更新することができる。ただし、その期間は、更新の時から50年を超えることができない。

第2款　賃貸借の効力

条文番号整理案	現行民法（現）	改正法案（新）
第2款	第2款　賃貸借の効力	第2款　賃貸借の効力
第605条	第605条（不動産賃貸借の対抗力） 不動産の賃貸借は、これを登記したときは、その後その不動産について物権を取得した者に対しても、その効力を生ずる。	第605条（不動産賃貸借の対抗力） 不動産の賃貸借は、これを登記したときは、その不動産について物権を取得した者その他の第三者に対抗することができる。
第605条の2 （新設）		第605条の2（不動産の賃貸人たる地位の移転） ①前条、借地借家法（平成3年法律第90号）第10条又は第31条その他の法令の規定による賃貸借の対抗要件を備えた場合において、その不動産が譲渡されたときは、その不動産の賃貸人たる地位は、その譲受人に移転する。 ②前項の規定にかかわらず、不動産の譲渡人及び譲受人が、賃貸人たる地位を譲渡人に留保する旨及びその不動産を譲受人が譲渡人に賃貸する旨の合意をしたときは、賃貸人たる地位は、譲受人に移転しない。この場合において、譲渡人と譲受人又はその承継人との間の賃貸借が終了したときは、譲渡人に留保されていた賃貸人たる地位は、譲受人又はその承継人に移転する。 ③第1項又は前項後段の規定による賃貸人たる地位の移転は、賃貸物である不動産について所有権の移転の登記をしなければ、賃借人に対抗することができない。 ④第1項又は第2項後段の規定により賃貸人たる地位が譲受人又はその承継人に

		移転したときは、第608条の規定による費用の償還に係る債務及び第622条の2第1項の規定による同項に規定する敷金の返還に係る債務は、譲受人又はその承継人が承継する。
第605条の3 （新設）		第605条の3（合意による不動産の賃貸人たる地位の移転） 不動産の譲渡人が賃貸人であるときは、その賃貸人たる地位は、賃借人の承諾を要しないで、譲渡人と譲受人との合意により、譲受人に移転させることができる。この場合においては、前条第3項及び第4項の規定を準用する。
第605条の4 （新設）		第605条の4（不動産の賃借人による妨害の停止の請求等） 不動産の賃借人は、第605条の2第1項に規定する対抗要件を備えた場合において、次の各号に掲げるときは、それぞれ当該各号に定める請求をすることができる。 一　その不動産の占有を第三者が妨害しているときその第三者に対する妨害の停止の請求 二　その不動産を第三者が占有しているときその第三者に対する返還の請求
第606条 ただし書き（新設）	第606条（賃貸物の修繕等） ①賃貸人は、賃貸物の使用及び収益に必要な修繕をする義務を負う。 ②賃貸人が賃貸物の保存に必要な行為をしようとするときは、賃借人は、これを拒むことができない。	第606条（賃貸人による修繕等） ①賃貸人は、賃貸物の使用及び収益に必要な修繕をする義務を負う。ただし、賃借人の責めに帰すべき事由によってその修繕が必要となったときは、この限りでない。 ②（略）
第607条	第607条（賃借人の意思に反する保存行為）	（変更なし）
第607条の2 （新設）		第607条の2（賃借人による修繕） 賃借物の修繕が必要である場合において、次に掲げるときは、賃借人は、その修繕をすることができる。 一　賃借人が賃貸人に修繕が必要である旨を通知し、又は賃貸人がその旨を知ったにもかかわらず、賃貸人が相当の期間内に必要な修繕をしないとき。 二　急迫の事情があるとき。

第608条	第608条（賃借人による費用の償還請求）	（変更なし）
第609条	第609条（減収による賃料の減額請求） 収益を目的とする土地の賃借人は、不可抗力によって賃料より少ない収益を得たときは、その収益の額に至るまで、賃料の減額を請求することができる。ただし、宅地の賃貸借については、この限りでない。	第609条（減収による賃料の減額請求） 耕作又は牧畜を目的とする土地の賃借人は、不可抗力によって賃料より少ない収益を得たときは、その収益の額に至るまで、賃料の減額を請求することができる。
第610条	第610条（減収による解除）	（変更なし）
第611条	第611条（賃借物の一部滅失による賃料の減額請求等） ①賃借物の一部が賃借人の過失によらないで滅失したときは、賃借人は、その滅失した部分の割合に応じて、賃料の減額を請求することができる。 ②前項の場合において、残存する部分のみでは賃借人が賃借をした目的を達することができないときは、賃借人は、契約の解除をすることができる。	第611条（賃借物の一部滅失等による賃料の減額等） ①賃借物の一部が滅失その他の事由により使用及び収益をすることができなくなった場合において、それが賃借人の責めに帰することができない事由によるものであるときは、賃料は、その使用及び収益をすることができなくなった部分の割合に応じて、減額される。 ②賃借物の一部が滅失その他の事由により使用及び収益をすることができなくなった場合において、残存する部分のみでは賃借人が賃借をした目的を達することができないときは、賃借人は、契約の解除をすることができる。
第612条	第612条（賃借権の譲渡及び転貸の制限） ①賃借人は、賃貸人の承諾を得なければ、その賃借権を譲り渡し、又は賃借物を転貸することができない。 ②賃借人が前項の規定に違反して第三者に賃借物の使用又は収益をさせたときは、賃貸人は、契約の解除をすることができる。	第612条（変更なし）（賃借権の譲渡及び転貸の制限） 〔＊判例法理を踏まえて、以下のように変更すべきである。 ①（略） ②賃借人が前項の規定に違反して第三者に賃借物の使用又は収益をさせたときは、賃貸人は、契約の解除をすることができる。ただし、賃借人の行為が賃貸人との間の信頼関係を破壊するとはいえない特別の事情がある場合は、この限りでない。〕
第613条	第613条（転貸の効果） ①賃借人が適法に賃借物を転貸したときは、転借人は、賃貸人に対して直接に義務を負う。この場合においては、賃料の前払をもって賃貸人に対抗することができない。	第613条（転貸の効果） ①賃借人が適法に賃借物を転貸したときは、転借人は、賃貸人と賃借人との間の賃貸借に基づく賃借人の債務の範囲を限度として、賃貸人に対して転貸借に基づく債務を直接履行する義務を負う。この場合においては、賃料の前払をもって賃

◆ 第Ⅱ部　現行民法（現）と改正法案（新）との対照表〔条文番号整理案付〕　155

条文番号整理案	現行民法（現）	改正法案（新）
③（新設）	②前項の規定は、賃貸人が賃借人に対してその権利を行使することを妨げない。	貸人に対抗することができない。 ②（略） ③賃借人が適法に賃借物を転貸した場合には、賃貸人は、賃借人との間の賃貸借を合意により解除したことをもって転借人に対抗することができない。ただし、その解除の当時、賃貸人が賃借人の債務不履行による解除権を有していたときは、この限りでない。
第614条	第614条（賃料の支払時期）	（変更なし）
第615条	第615条（賃借人の通知義務）	（変更なし）
第616条	第616条（使用貸借の規定の準用） 第594条第1項〔借主による使用及び収益〕、第597条第1項〔借用物の返還の時期〕及び第598条〔借主による収去〕の規定は、賃貸借について準用する。	第616条（賃借人による使用及び収益） 第594条第1項〔借主による使用及び収益〕の規定は、賃貸借について準用する。

第3款　賃貸借の終了

条文番号整理案	現行民法（現）	改正法案（新）
第3款	第3款　賃貸借の終了	第3款　賃貸借の終了
第616条の2 （新設）		第616条の2（賃借物の全部滅失等による賃貸借の終了） 賃借物の全部が滅失その他の事由により使用及び収益をすることができなくなった場合には、賃貸借は、これによって終了する。
第617条	第617条（期間の定めのない賃貸借の解約の申入れ）	（変更なし）
第618条	第618条（期間の定めのある賃貸借の解約をする権利の留保）	（変更なし）
第619条	第619条（賃貸借の更新の推定等） ①賃貸借の期間が満了した後賃借人が賃借物の使用又は収益を継続する場合において、賃貸人がこれを知りながら異議を述べないときは、従前の賃貸借と同一の条件で更に賃貸借をしたものと推定する。この場合において、各当事者は、第617条〔期間の定めのない賃貸借の解約の申入れ〕の規定により解約の申入れをすることができる。 ②従前の賃貸借について当事者が担保を供していたときは、その担保は、期間の満了によって消滅する。ただし、敷金に	第619条（賃貸借の更新の推定等） ①（略） ②従前の賃貸借について当事者が担保を供していたときは、その担保は、期間の満了によって消滅する。ただし、第622

条文番号整理案	現行民法(現)	改正法案(新)
	ついては、この限りでない。	条の2第1項に規定する敷金については、この限りでない。
第620条	第620条（賃貸借の解除の効力） 賃貸借の解除をした場合には、その解除は、将来に向かってのみその効力を生ずる。この場合において、当事者の一方に過失があったときは、その者に対する損害賠償の請求を妨げない。	第620条（賃貸借の解除の効力） 賃貸借の解除をした場合には、その解除は、将来に向かってのみその効力を生ずる。この場合においては、損害賠償の請求を妨げない。
第620条の2 （新設）		第621条（賃借人の原状回復義務） 賃借人は、賃借物を受け取った後にこれに生じた損傷（通常の使用及び収益によって生じた賃借物の損耗並びに賃借物の経年変化を除く。以下この条において同じ。）がある場合において、賃貸借が終了したときは、その損傷を原状に復する義務を負う。ただし、その損傷が賃借人の責めに帰することができない事由によるものであるときは、この限りでない。
第621条	第621条（損害賠償及び費用の償還の請求権についての期間の制限） 第600条〔使用貸借の場合の損害賠償及び費用の償還の請求権についての期間の制限〕の規定は、賃貸借について準用する。	第622条（使用貸借の規定の準用） 第597条第1項〔期間満了等による使用貸借の終了〕、第599条【条文番号整理案では第598条】第1項及び第2項〔借主による収去〕並びに第600条〔損害賠償及び費用の償還の請求権についての期間の制限〕の規定は、賃貸借について準用する。
第622条 削除	第622条　削除	〔第622条【条文番号整理案では第621条】の上書きによる削除〕

第4款　敷　金

条文番号整理案	現行民法（現）	改正法案（新）
第4款	第4款　賃貸借の終了	第4款　敷　金
第622条の2 （新設）		第622条の2〔敷金〕 ①賃貸人は、敷金（いかなる名目によるかを問わず、賃料債務その他の賃貸借に基づいて生ずる賃借人の賃貸人に対する金銭の給付を目的とする債務を担保する目的で、賃借人が賃貸人に交付する金銭をいう。以下この条において同じ。）を受け取っている場合において、次に掲げるときは、賃借人に対し、その受け取った敷金の額から賃貸借に基づいて生じた賃借人の賃貸人に対する金銭の給付を目的とする債務の額を控除した残額を返還

| | | しなければならない。
一　賃貸借が終了し、かつ、賃貸物の返還を受けたとき。
二　賃借人が適法に賃借権を譲り渡したとき。
②賃貸人は、賃借人が賃貸借に基づいて生じた金銭の給付を目的とする債務を履行しないときは、敷金をその債務の弁済に充てることができる。この場合において、賃借人は、賃貸人に対し、敷金をその債務の弁済に充てることを請求することができない〔できる〕。〔＊敷金は無利子で強制的に差し入れさせられるものであり賃借人の利益のためにも利用できることにすべきである。〕 |

第8節　雇用

条文番号整理案	現行民法（現）	改正法案（新）
第8節	第8節　雇用	第8節　雇用
第623条	第623条（雇用）	（変更なし）
第624条	第624条（報酬の支払時期）	（変更なし）
第624条の2（新設）		第624条の2（履行の割合に応じた報酬） 労働者は、次に掲げる場合には、既にした履行の割合に応じて報酬を請求することができる。 一　使用者の責めに帰することができない事由によって労働に従事することができなくなったとき。 二　雇用が履行の中途で終了したとき。
第625条	第625条（使用者の権利の譲渡の制限等）	（変更なし）
第626条	第626条（期間の定めのある雇用の解除） ①雇用の期間が5年を超え、又は雇用が当事者の一方若しくは第三者の終身の間継続すべきときは、当事者の一方は、5年を経過した後、いつでも契約の解除をすることができる。ただし、この期間は、商工業の見習を目的とする雇用については、10年とする。 ②前項の規定により契約の解除をしようとするときは、3箇月前にその予告をしなければならない。	第626条（期間の定めのある雇用の解除） ①雇用の期間が5年を超え、又はその終期が不確定であるときは、当事者の一方は、5年を経過した後、いつでも契約の解除をすることができる。 ②前項の規定により契約の解除をしようとする者は、それが使用者であるときは3箇月前、労働者であるときは2週間前に、その予告をしなければならない。
第627条	第627条（期間の定めのない雇用の解約の申入れ）	第627条（期間の定めのない雇用の解約の申入れ）

	①当事者が雇用の期間を定めなかったときは、各当事者は、いつでも解約の申入れをすることができる。この場合において、雇用は、解約の申入れの日から2週間を経過することによって終了する。 ②期間によって報酬を定めた場合には、解約の申入れは、次期以後についてすることができる。ただし、その解約の申入れは、当期の前半にしなければならない。 ③6箇月以上の期間によって報酬を定めた場合には、前項の解約の申入れは、3箇月前にしなければならない。	①（略） ②期間によって報酬を定めた場合には、使用者からの解約の申入れは、次期以後についてすることができる。ただし、その解約の申入れは、当期の前半にしなければならない。 ③（略）
第628条	第628条（やむを得ない事由による雇用の解除）	（変更なし）
第629条	第629条（雇用の更新の推定等）	（変更なし）
第630条	第630条（雇用の解除の効力）	（変更なし）
第631条	第631条（使用者についての破産手続の開始による解約の申入れ）	（変更なし）

第9節　請　負

条文番号整理案	現行民法（現）	改正法案（新）
第9節	第9節　請　負	第9節　請　負
第632条	第632条（請負）	（変更なし）
第633条	第633条（報酬の支払時期）	（変更なし）
第633条の2 （新設）		第634条（注文者が受ける利益の割合に応じた報酬） 次に掲げる場合において、請負人が既にした仕事の結果のうち可分な部分の給付によって注文者が利益を受けるときは、その部分を仕事の完成とみなす。この場合において、請負人は、注文者が受ける利益の割合に応じて報酬を請求することができる。 　一　注文者の責めに帰することができない事由によって仕事を完成することができなくなったとき。 　二　請負が仕事の完成前に解除されたとき。
第634条 削除	第634条（請負人の担保責任） ①仕事の目的物に瑕疵があるときは、注文者は、請負人に対し、相当の期間を定めて、その瑕疵の修補を請求することができる。ただし、瑕疵が重要でない場合	〔第634条【条文番号整理案では、第633条の2】の上書きによる削除〕

	において、その修補に過分の費用を要するときは、この限りでない。 ②注文者は、瑕疵の修補に代えて、又はその修補とともに、損害賠償の請求をすることができる。この場合においては、第533条〔同時履行の抗弁権〕の規定を準用する。	
第635条 削除	第635条〔請負人の担保責任 その2〕 仕事の目的物に瑕疵があり、そのために契約をした目的を達することができないときは、注文者は、契約の解除をすることができる。ただし、建物その他の土地の工作物については、この限りでない。	第635条　削除
第636条	第636条（請負人の担保責任に関する規定の不適用） 前二条の規定は、仕事の目的物の瑕疵が注文者の供した材料の性質又は注文者の与えた指図によって生じたときは、適用しない。ただし、請負人がその材料又は指図が不適当であることを知りながら告げなかったときは、この限りでない。	第636条（請負人の担保責任の制限） 請負人が種類又は品質に関して契約の内容に適合しない仕事の目的物を注文者に引き渡したとき（その引渡しを要しない場合にあっては、仕事が終了した時に仕事の目的物が種類又は品質に関して契約の内容に適合しないとき）は、注文者は、注文者の供した材料の性質又は注文者の与えた指図によって生じた不適合を理由として、履行の追完の請求、報酬の減額の請求、損害賠償の請求及び契約の解除をすることができない。ただし、請負人がその材料又は指図が不適当であることを知りながら告げなかったときは、この限りでない。
第637条	第637条（請負人の担保責任の存続期間） ①前三条〔請負人の担保責任〕の規定による瑕疵の修補又は損害賠償の請求及び契約の解除は、仕事の目的物を引き渡した時から1年以内にしなければならない。 ②仕事の目的物の引渡しを要しない場合には、前項の期間は、仕事が終了した時から起算する。	第637条（目的物の種類又は品質に関する担保責任の期間の制限） ①前条本文に規定する場合において、注文者がその不適合を知った時から1年以内にその旨を請負人に通知しないときは、注文者は、その不適合を理由として、履行の追完の請求、報酬の減額の請求、損害賠償の請求及び契約の解除をすることができない。 ②前項の規定は、仕事の目的物を注文者に引き渡した時（その引渡しを要しない場合にあっては、仕事が終了した時）において、請負人が同項の不適合を知り、又は重大な過失によって知らなかったときは、適用しない。
第638条	第638条〔請負人の担保責任の存続期間	第638条　削除

削除	その2〕 ①建物その他の土地の工作物の請負人は、その工作物又は地盤の瑕疵について、引渡しの後5年間その担保の責任を負う。ただし、この期間は、石造、土造、れんが造、コンクリート造、金属造その他これらに類する構造の工作物については、10年とする。 ②工作物が前項の瑕疵によって滅失し、又は損傷したときは、注文者は、その滅失又は損傷の時から1年以内に、第634条〔請負人の担保責任〕の規定による権利を行使しなければならない。	
第639条 削除	第639条（担保責任の存続期間の伸長） 第637条及び前条第1項の期間は、第167条〔債権等の消滅時効〕の規定による消滅時効の期間内に限り、契約で伸長することができる。	第639条　削除
第640条 削除	第640条（担保責任を負わない旨の特約） 請負人は、第634条又は第635条の規定による担保の責任を負わない旨の特約をしたときであっても、知りながら告げなかった事実については、その責任を免れることができない。	第640条　削除
第641条	第641条（注文者による契約の解除）	（変更なし）
第642条 ②（新設）	第642条（注文者についての破産手続の開始による解除） ①注文者が破産手続開始の決定を受けたときは、請負人又は破産管財人は、契約の解除をすることができる。<u>この場合において、請負人は、既にした仕事の報酬及びその中に含まれていない費用について、破産財団の配当に加入することができる。</u> ②前項の場合には、契約の解除によって生じた損害の賠償は、破産管財人が契約の解除をした場合における請負人に限り、請求することができる。この場合において、請負人は、その損害賠償について、破産財団の配当に加入する。	第642条（注文者についての破産手続の開始による解除） ①注文者が破産手続開始の決定を受けたときは、請負人又は破産管財人は、契約の解除をすることができる。<u>ただし、請負人による契約の解除については、仕事を完成した後は、この限りでない。</u> ②<u>前項に規定する場合において、請負人は、既にした仕事の報酬及びその中に含まれていない費用について、破産財団の配当に加入することができる。</u> ③<u>第1項</u>の場合には、契約の解除によって生じた損害の賠償は、破産管財人が契約の解除をした場合における請負人に限り、請求することができる。この場合において、請負人は、その損害賠償について、破産財団の配当に加入する。

第10節　委　任

条文番号整理案	現行民法（現）	改正法案（新）
第10節	第10節　委　任	第10節　委　任
第643条	第643条（委任）	（変更なし）
第644条	第644条（受任者の注意義務）	（変更なし）
第644条の2 （新設） 〔←(現)第105条〕		第644条の2　（復受任者の選任等） ①受任者は、委任者の許諾を得たとき、又はやむを得ない事由があるときでなければ、復受任者を選任することができない。 ②代理権を付与する委任において、受任者が代理権を有する復受任者を選任したときは、復受任者は、委任者に対して、その権限の範囲内において、受任者と同一の権利を有し、義務を負う。
第645条	第645条（受任者による報告）	（変更なし）
第646条	第646条（受任者による受取物の引渡し等）	（変更なし）
第647条	第647条（受任者の金銭の消費についての責任）	（変更なし）
第648条	第648条（受任者の報酬） ①受任者は、特約がなければ、委任者に対して報酬を請求することができない。 ②受任者は、報酬を受けるべき場合には、委任事務を履行した後でなければ、これを請求することができない。ただし、期間によって報酬を定めたときは、第624条第2項〔報酬の支払時期・期間経過後〕の規定を準用する。 ③委任が受任者の責めに帰することができない事由によって履行の中途で終了したときは、受任者は、既にした履行の割合に応じて報酬を請求することができる。	第648条（受任者の報酬） ①（略） ②（略） ③受任者は、次に掲げる場合には、既にした履行の割合に応じて報酬を請求することができる。 　一　委任者の責めに帰することができない事由によって委任事務の履行をすることができなくなったとき。 　二　委任が履行の中途で終了したとき。
第648条の2 （新設）		第648条の2　（成果等に対する報酬） ①委任事務の履行により得られる成果に対して報酬を支払うことを約した場合において、その成果が引渡しを要するときは、報酬は、その成果の引渡しと同時に、支払わなければならない。 ②第634条【条文番号整理案では第633条

		の2〔注文者が受ける利益の割合に応じた報酬〕の規定は、委任事務の履行により得られる成果に対して報酬を支払うことを約した場合について準用する。
第649条	第649条（受任者による費用の前払請求）	（変更なし）
第650条	第650条（受任者による費用等の償還請求等）	（変更なし）
第651条 二（新設）	第651条（委任の解除） ①委任は、各当事者がいつでもその解除をすることができる。 ②当事者の一方が相手方に不利な時期に委任の解除をしたときは、その当事者の一方は、相手方の損害を賠償しなければならない。ただし、やむを得ない事由があったときは、この限りでない。	第651条（委任の解除） ①（略） ②前項の規定により委任の解除をした者は、次に掲げる場合には、相手方の損害を賠償しなければならない。ただし、やむを得ない事由があったときは、この限りでない。 　一　相手方に不利な時期に委任を解除したとき。 　二　委任者が受任者の利益（専ら報酬を得ることによるものを除く。）をも目的〔物〕とする委任を解除したとき。
第652条	第652条（委任の解除の効力）	（変更なし）
第653条	第653条（委任の終了事由）	（変更なし）
第654条	第654条（委任の終了後の処分）	（変更なし）
第655条	第655条（委任の終了の対抗要件）	（変更なし）
第656条	第656条（準委任）	（変更なし）

第11節　寄　託

条文番号整理案	現行民法（現）	改正法案（新）
第11節	第11節　寄　託	第11節　寄　託
第657条	第657条（寄託） 寄託は、当事者の一方が相手方のために保管をすることを約してある物を受け取ることによって、その効力を生ずる。	第657条（寄託） 寄託は、当事者の一方がある物を保管することを相手方に委託し、相手方がこれを承諾することによって、その効力を生ずる。
第657条の2 （新設）		第657条の2（寄託物受取り前の寄託者による寄託の解除等） ①寄託者は、受寄者が寄託物を受け取るまで、契約の解除をすることができる。この場合において、受寄者は、その契約の解除によって損害を受けたときは、寄託者に対し、その賠償を請求することができる。 ②無報酬の受寄者は、寄託物を受け取る

			まで、契約の解除をすることができる。ただし、書面による寄託については、この限りでない。 ③受寄者（無報酬で寄託を受けた場合にあっては、書面による寄託の受寄者に限る。）は、寄託物を受け取るべき時期を経過したにもかかわらず、寄託者が寄託物を引き渡さない場合において、相当の期間を定めてその引渡しの催告をし、その期間内に引渡しがないときは、契約の解除をすることができる。
第658条 ③（新設）	第658条（寄託物の使用及び第三者による保管） ①受寄者は、寄託者の承諾を得なければ、寄託物を使用し、又は第三者にこれを保管させることができない。 ②第105条〔復代理人を選任した代理人の責任〕及び第107条第2項〔復代理人の権利・義務〕の規定は、受寄者が第三者に寄託物を保管させることができる場合について準用する。	第658条（寄託物の使用及び第三者による保管） ①受寄者は、寄託者の承諾を得なければ、寄託物を使用することができない。 ②受寄者は、寄託者の承諾を得たとき、又はやむを得ない事由があるときでなければ、寄託物を第三者に保管させることができない。 ③再受寄者は、寄託者に対して、その権限の範囲内において、受寄者と同一の権利を有し、義務を負う。
第659条	第659条（無償受寄者の注意義務） 無報酬で寄託を受けた者は、自己の財産に対するのと同一の注意をもって、寄託物を保管する義務を負う。	第659条（無報酬の受寄者の注意義務） 無報酬の受寄者は、自己の財産に対するのと同一の注意をもって、寄託物を保管する義務を負う。
第660条 ただし書き（新設） ②（新設）	第660条（受寄者の通知義務） 寄託物について権利を主張する第三者が受寄者に対して訴えを提起し、又は差押え、仮差押え若しくは仮処分をしたときは、受寄者は、遅滞なくその事実を寄託者に通知しなければならない。	第660条（受寄者の通知義務等） ①寄託物について権利を主張する第三者が受寄者に対して訴えを提起し、又は差押え、仮差押え若しくは仮処分をしたときは、受寄者は、遅滞なくその事実を寄託者に通知しなければならない。ただし、寄託者が既にこれを知っているときは、この限りでない。 ②第三者が寄託物について権利を主張する場合であっても、受寄者は、寄託者の指図がない限り、寄託者に対しその寄託物を返還しなければならない。ただし、受寄者が前項の通知をした場合又は同項ただし書の規定によりその通知を要しない場合において、その寄託物をその第三者に引き渡すべき旨を命ずる確定判決（確定判決と同一の効力を有するものを含む。）があったときであって、その第

③（新設）		三者にその寄託物を引き渡したときは、この限りでない。 ③受寄者は、前項の規定により寄託者に対して寄託物を返還しなければならない場合には、寄託者にその寄託物を引き渡したことによって第三者に損害が生じたときであっても、その賠償の責任を負わない。
第661条	第661条（寄託者による損害賠償）	（変更なし）
第662条 ②（新設）	第662条（寄託者による返還請求） 当事者が寄託物の返還の時期を定めたときであっても、寄託者は、いつでもその返還を請求することができる。	第662条（寄託者による返還請求等） ①（略） ②前項に規定する場合において、受寄者は、寄託者がその時期の前に返還を請求したことによって損害を受けたときは、寄託者に対し、その賠償を請求することができる。
第663条	第663条（寄託物の返還の時期）	（変更なし）
第664条	第664条（寄託物の返還の場所）	（変更なし）
第664条の2 （新設）		第664条の2（損害賠償及び費用の償還の請求権についての期間の制限） ①寄託物の一部滅失又は損傷によって生じた損害の賠償及び受寄者が支出した費用の償還は、寄託者が返還を受けた時から１年以内に請求しなければならない。 ②前項の損害賠償の請求権については、寄託者が返還を受けた時から１年を経過するまでの間は、時効は、完成しない。
第665条	第665条（委任の規定の準用） 第646条から第650条まで（同条第3項を除く。）の規定は、寄託について準用する。	第665条（委任の規定の準用） 第646条から第648条まで〔受任者による受取物の引渡し等、受任者の金銭の消費についての責任、受任者の報酬〕、第649条〔受任者による費用の前払請求〕並びに第650条第１項及び第２項〔受任者による費用等の償還請求〕の規定は、寄託について準用する。
第665条の2 （新設）		第665条の2（混合寄託） ①複数の者が寄託した物の種類及び品質が同一である場合には、受寄者は、各寄託者の承諾を得たときに限り、これらを混合して保管することができる。 ②前項の規定に基づき受寄者が複数の寄託者からの寄託物を混合して保管したと

		きは、寄託者は、その寄託した物と同じ数量の物の返還を請求することができる。 ③前項に規定する場合において、寄託物の一部が滅失したときは、寄託者は、混合して保管されている総寄託物に対するその寄託した物の割合に応じた数量の物の返還を請求することができる。この場合においては、損害賠償の請求を妨げない。
第666条 ①（新設）	第666条（消費寄託） ①第5節（消費貸借）の規定は、受寄者が契約により寄託物を消費することができる場合について準用する。 ②前項において準用する第591条第1項〔返還の時期・貸主による返還の催告〕の規定にかかわらず、前項の契約に返還の時期を定めなかったときは、寄託者は、いつでも返還を請求することができる。	第666条（消費寄託） ①受寄者が契約により寄託物を消費することができる場合には、受寄者は、寄託された物と種類、品質及び数量の同じ物をもって返還しなければならない。 ②第590条〔貸主の引渡義務等〕及び第592条〔価額の返還〕の規定は、前項に規定する場合について準用する。 ③第591条第2項及び第3項の規定〔返還の時期〕は、預金又は貯金に係る契約により金銭を寄託した場合について準用する。

第12節　組　合

条文番号整理案	現行民法（現）	改正法案（新）
第12節	第12節　組　合	第12節　組　合
第667条	第667条（組合契約）	（変更なし）
第667条の2 （新設）		第667条の2（他の組合員の債務不履行） ①第533条〔同時履行の抗弁権〕及び第536条〔債務者の危険負担等〕の規定は、組合契約については、適用しない。 ②組合員は、他の組合員が組合契約に基づく債務の履行をしないことを理由として、組合契約を解除することができない。
第667条の3 （新設）		第667条の3（組合員の一人についての意思表示の無効等） 組合員の一人について意思表示の無効又は取消しの原因があっても、他の組合員の間においては、組合契約は、その効力を妨げられない。
第668条	第668条（組合財産の共有）	（変更なし）
第669条	第669条（金銭出資の不履行の責任）	（変更なし）
第670条	第670条（業務の執行の方法） ①組合の業務の執行は、組合員の過半数	第670条（業務の決定及び執行の方法） ①組合の業務は、組合員の過半数をもっ

③（新設）	で決する。 ②前項の業務の執行は、組合契約でこれを委任した者（次項において「業務執行者」という。）が数人あるときは、その過半数で決する。	て決定し、各組合員がこれを執行する。 ②組合の業務の決定及び執行は、組合契約の定めるところにより、一人又は数人の組合員又は第三者に委任することができる。 ③前項の委任を受けた者（以下「業務執行者」という。）は、組合の業務を決定し、これを執行する。この場合において、業務執行者が数人あるときは、組合の業務は、業務執行者の過半数をもって決定し、各業務執行者がこれを執行する。
④（新設）		④前項の規定にかかわらず、組合の業務については、総組合員の同意によって決定し、又は総組合員が執行することを妨げない。
	③組合の常務は、前二項の規定にかかわらず、各組合員又は各業務執行者が単独で行うことができる。ただし、その完了前に他の組合員又は業務執行者が異議を述べたときは、この限りでない。	⑤組合の常務は、前各項の規定にかかわらず、各組合員又は各業務執行者が単独で行うことができる。ただし、その完了前に他の組合員又は業務執行者が異議を述べたときは、この限りでない。
第670条の2 （新設）		第670条の2　（組合の代理） ①各組合員は、組合の業務を執行する場合において、組合員の過半数の同意を得たときは、他の組合員を代理することができる。 ②前項の規定にかかわらず、業務執行者があるときは、業務執行者のみが組合員を代理することができる。この場合において、業務執行者が数人あるときは、各業務執行者は、業務執行者の過半数の同意を得たときに限り、組合員を代理することができる。 ③前二項の規定にかかわらず、各組合員又は各業務執行者は、組合の常務を行うときは、単独で組合員を代理することができる。
第671条	第671条（委任の規定の準用） 第644条から第650条までの規定は、組合の業務を執行する組合員について準用する。	第671条（委任の規定の準用） 第644条から第650条までの規定は、組合の業務を決定し、又は執行する組合員について準用する。
第672条	第672条（業務執行組合員の辞任及び解任） ①組合契約で一人又は数人の組合員に業務の執行を委任したときは、その組合員は、正当な事由がなければ、辞任することができない。	第672条（業務執行組合員の辞任及び解任） ①組合契約の定めるところにより一人又は数人の組合員に業務の決定及び執行を委任したときは、その組合員は、正当な事由がなければ、辞任することができな

	②前項の組合員は、正当な事由がある場合に限り、他の組合員の一致によって解任することができる。	い。 ②（略）
第673条	第673条（組合員の組合の業務及び財産状況に関する検査） 各組合員は、組合の業務を執行する権利を有しないときであっても、その業務及び組合財産の状況を検査することができる。	第673条（組合員の組合の業務及び財産状況に関する検査） 各組合員は、組合の業務の決定及び執行をする権利を有しないときであっても、その業務及び組合財産の状況を検査することができる。
第674条	第674条（組合員の損益分配の割合）	（変更なし）
第675条 ②（新設）	第675条（組合員に対する組合の債権者の権利の行使） 組合の債権者は、その債権の発生の時に組合員の損失分担の割合を知らなかったときは、各組合員に対して等しい割合でその権利を行使することができる。	第675条（組合の債権者の権利の行使） ①組合の債権者は、組合財産についてその権利を行使することができる。 ②組合の債権者は、その選択に従い、各組合員に対して損失分担の割合又は等しい割合でその権利を行使することができる。ただし、組合の債権者がその債権の発生の時に各組合員の損失分担の割合を知っていたときは、その割合による。
第676条 ②（新設）	第676条（組合員の持分の処分及び組合財産の分割） ①組合員は、組合財産についてその持分を処分したときは、その処分をもって組合及び組合と取引をした第三者に対抗することができない。 ②組合員は、清算前に組合財産の分割を求めることができない。	第676条（組合員の持分の処分及び組合財産の分割） ①（略） ②組合員は、組合財産である債権について、その持分についての権利を単独で行使することができない。 ③（略）
第677条	第677条（債務者による相殺の禁止） 組合の債務者は、その債務と組合員に対する債権とを相殺することができない。	第677条（組合財産に対する組合員の債権者の権利の行使の禁止） 組合員の債権者は、組合財産についてその権利を行使することができない。
第677条の2 （新設）		第677条の2（組合員の加入） ①組合員は、その全員の同意によって、又は組合契約の定めるところにより、新たに組合員を加入させることができる。 ②前項の規定により組合の成立後に加入

		した組合員は、その加入前に生じた組合の債務については、これを弁済する責任を負わない。
第678条	第678条（組合員の脱退）	（変更なし）
第679条	第679条〔組合員の脱退　その2〕	（変更なし）
第680条	第680条（組合員の除名）	（変更なし）
第680条の2 （新設）		第680条の2　（脱退した組合員の責任等） ①脱退した組合員は、その脱退前に生じた組合の債務について、従前の責任の範囲内でこれを弁済する責任を負う。この場合において、債権者が全部の弁済を受けない間は、脱退した組合員は、組合に担保を供させ、又は組合に対して自己に免責を得させることを請求することができる。 ②脱退した組合員は、前項に規定する組合の債務を弁済したときは、組合に対して求償権を有する。
第681条	第681条（脱退した組合員の持分の払戻し）	（変更なし）
第682条 一（新設） 二（新設） 三（新設） 四（新設）	第682条（組合の解散事由） 組合は、その目的である事業の成功又はその成功の不能によって解散する。	第682条（組合の解散事由） 組合は、次に掲げる事由によって解散する。 　一　組合の目的である事業の成功又はその成功の不能 　二　組合契約で定めた存続期間の満了 　三　組合契約で定めた解散の事由の発生 　四　総組合員の同意
第683条	第683条（組合の解散の請求）	（変更なし）
第684条	第684条（組合契約の解除の効力）	（変更なし）
第685条	第685条（組合の清算及び清算人の選任） ①組合が解散したときは、清算は、総組合員が共同して、又はその選任した清算人がこれをする。 ②清算人の選任は、総組合員の過半数で決する。	第685条（組合の清算及び清算人の選任） ①（略） ②清算人の選任は、組合員の過半数で決する。
第686条	第686条（清算人の業務の執行の方法） 第670条〔業務の執行の方法〕の規定は、清算人が数人ある場合について準用する。	第686条（清算人の業務の決定及び執行の方法） 第670条第3項から第5項まで〔業務の決定及び執行の方法〕並びに第670条の2第2項及び第3項〔組合の代理〕の規定は、清算人について準用する。

条文番号整理案	現行民法(現)	改正法案(新)
第687条	第687条（組合員である清算人の辞任及び解任） 第672条〔業務執行組合員の辞任及び解任〕の規定は、組合契約<u>で</u>組合員の中から清算人を選任した場合について準用する。	第687条（組合員である清算人の辞任及び解任） 第672条〔業務執行組合員の辞任及び解任〕の規定は、組合契約<u>の定めるところ</u>により組合員の中から清算人を選任した場合について準用する
第688条	第688条（精算人の職務及び権限並びに残余財産の分割方法）	（変更なし）

　　　第13節　終身定期金（第689条～第694条）（変更なし）
　　　第14節　和　解（第695条～第696条）（変更なし）
第3章　事務管理（第697条～第702条）（変更なし）
第4章　不当利得（第703条～第708条）（変更なし）
第5章　不法行為

条文番号整理案	現行民法(現)	改正法案(新)
第5章	第5章　不法行為	第5章　不法行為
第709条	第709条（不法行為による損害賠償）	（変更なし）
第710条	第710条（財産以外の損害の賠償）	（変更なし）
第711条	第711条（近親者に対する損害の賠償）	（変更なし）
第712条	第712条（責任能力）	（変更なし）
第713条	第713条〔責任能力　その2〕	（変更なし）
第714条	第714条（責任無能力者の監督義務者等の責任）	（変更なし）
第715条	第715条（使用者等の責任）	（変更なし）
第716条	第716条（注文者の責任）	（変更なし）
第717条	第717条（土地の工作物等の占有者及び所有者の責任）	（変更なし）
第718条	第718条（動物の占有者等の責任）	（変更なし）
第719条	第719条（共同不法行為者の責任）	（変更なし）
第720条	第720条（正当防衛及び緊急避難）	（変更なし）
第721条	第721条（損害賠償請求権に関する胎児の権利能力）	（変更なし）
第722条	第722条（損害賠償の方法及び過失相殺） ①第417条〔損害賠償の方法〕の規定は、不法行為による損害賠償について準用する。 ②被害者に過失があったときは、裁判所は、これを考慮して、損害賠償の額を定めることができる。	第722条（損害賠償の方法、<u>中間利息の控除</u>及び過失相殺） ①第417条〔損害賠償の方法〕<u>及び第417条の2</u>〔<u>中間利息の控除</u>〕の規定は、不法行為による損害賠償について準用する。 ②（略）

条文整理案	現行民法（現）	改正法案（新）
第723条	第723条（名誉毀損における原状回復）	（変更なし）
第724条	第724条（不法行為による損害賠償請求権の期間の制限） 不法行為による損害賠償の請求権は、被害者又はその法定代理人が損害及び加害者を知った時から３年間行使しないときは、時効によって消滅する。不法行為の時から20年を経過したときも、同様とする。	第724条（不法行為による損害賠償請求権の消滅時効） 不法行為による損害賠償の請求権は、次に掲げる場合には、時効によって消滅する。 　一　被害者又はその法定代理人が損害及び加害者を知った時から３年間行使しないとき。 　二　不法行為の時から20年間行使しないとき。
第724条の２ （新設）		第724条の２　（人の生命又は身体を害する不法行為による損害賠償請求権の消滅時効） 人の生命又は身体を害する不法行為による損害賠償請求権の消滅時効についての前条第一号の規定の適用については、同号中「３年間」とあるのは、「５年間」とする。

第４編　親　族（変更なし）
第５編　相　続

条文整理案	現行民法（現）	改正法案（新）
第７章	第７章　遺　言	第７章　遺　言
第４節	第４節　遺言の執行	第４節　遺言の執行
－	第1004条～第1011条	（変更なし）
第1012条	第1012条（遺言執行者の権利義務） ①遺言執行者は、相続財産の管理その他遺言の執行に必要な一切の行為をする権利義務を有する。 ②第644条から第647条まで〔受任者の責任〕及び第650条〔受任者による費用等の償還請求等〕の規定は、遺言執行者について準用する。	第1012条（遺言執行者の権利義務） ①（略） ②第644条、第645条から第647条まで及び第650条の規定は、遺言執行者について準用する
第1013条	第1013条（遺言の執行の妨害行為の禁止）	（変更なし）
第1014条	第1014条（特定財産に関する遺言の執行）	（変更なし）
第1015条	第1015条（遺言執行者の地位）	（変更なし）
第1016条	第1016条（遺言執行者の復任権） ①遺言執行者は、やむを得ない事由がなければ、第三者にその任務を行わせるこ	第1016条（遺言執行者の復任権） ①（略）

◆　第Ⅱ部　現行民法(現)と改正法案(新)との対照表〔条文番号整理案付〕　171

②（削除）	とができない。ただし、遺言者がその遺言に反対の意思を表示したときは、この限りでない。 ②遺言執行者が前項ただし書の規定により第三者にその任務を行わせる場合には、相続人に対して、第105条〔復代理人を選任した代理人の責任〕に規定する責任を負う。	
第1017条	第1017条（遺言執行者が数人ある場合の任務の終了）	（変更なし）
第1018条	第1018条（遺言執行者の報酬） ①家庭裁判所は、相続財産の状況その他の事情によって遺言執行者の報酬を定めることができる。ただし、遺言者がその遺言に報酬を定めたときは、この限りでない。 ②第648条第2項及び第3項〔受任者の報酬の支払方法〕の規定は、遺言執行者が報酬を受けるべき場合について準用する。	第1018条（遺言執行者の報酬） ①（略） ②第648条第2項及び第3項並びに第648条の2の規定は、遺言執行者が報酬を受けるべき場合について準用する。

改正法案（新）〈附則〉

第1条（施行期日）　この法律は、公布の日から起算して3年を超えない範囲内において政令で定める日から施行する。
　　ただし、次の各号に掲げる規定は、当該各号に定める日から施行する。
　一　附則第37条の規定公布の日
　二　附則第33条第3項の規定公布の日から起算して1年を超えない範囲内において政令で定める日
　三　附則第21条第2項及び第3項の規定公布の日から起算して2年9月を超えない範囲内において政令で定める日
第2条（意思能力に関する経過措置）　この法律による改正後の民法（以下「新法」という。）第3条の2の規定は、この法律の施行の日（以下「施行日」という。）前にされた意思表示については、適用しない。
第3条（行為能力に関する経過措置）　施行日前に制限行為能力者（新法第13条第1項第10号に規定する制限行為能力者をいう。以下この条において同じ。）が他の制限行為能力者の法定代理人としてした行為については、同項及び新法第102条の規定にかかわらず、なお従前の例による。
第4条（無記名債権に関する経過措置）　施行日前に生じたこの法律による改正前の民法（以下「旧法」という。）第86条第3項に規定する無記名債権（その原因である法律行為が施行日前にされたものを含む。）については、なお従前の例による。
第5条（公序良俗に関する経過措置）　施行日前にされた法律行為については、新法第90条の規定にかかわらず、なお従前の例による。
第6条（意思表示に関する経過措置）　施行日前にされた意思表示については、新法第93条、第95条、第96条第2項及び第3項並びに第98条の2の規定にかかわらず、なお従前の例による。
2　施行日前に通知が発せられた意思表示については、新法第97条の規定にかかわらず、なお従前の例による。
第7条（代理に関する経過措置）　施行日前に代理権の発生原因が生じた場合（代理権授与の表示が

された場合を含む。）におけるその代理については、附則第3条に規定するもののほか、なお従前の例による。

2　施行日前に無権代理人が代理人として行為をした場合におけるその無権代理人の責任については、新法第117条（新法第118条において準用する場合を含む。）の規定にかかわらず、なお従前の例による。

第8条（無効及び取消しに関する経過措置）　施行日前に無効な行為に基づく債務の履行として給付がされた場合におけるその給付を受けた者の原状回復の義務については、新法第121条の2（新法第872条第2項において準用する場合を含む。）の規定にかかわらず、なお従前の例による。

2　施行日前に取り消すことができる行為がされた場合におけるその行為の追認（法定追認を含む。）については、新法第122条、第124条及び第125条（これらの規定を新法第872条第2項において準用する場合を含む。）の規定にかかわらず、なお従前の例による。

第9条（条件に関する経過措置）　新法第130条第2項の規定は、施行日前にされた法律行為については、適用しない。

第10条（時効に関する経過措置）　施行日前に債権が生じた場合（施行日以後に債権が生じた場合であって、その原因である法律行為が施行日前にされたときを含む。以下同じ。）におけるその債権の消滅時効の援用については、新法第145条の規定にかかわらず、なお従前の例による。

2　施行日前に旧法第147条に規定する時効の中断の事由又は旧法第158条から第161条までに規定する時効の停止の事由が生じた場合におけるこれらの事由の効力については、なお従前の例による。

3　新法第151条の規定は、施行日前に権利についての協議を行う旨の合意が書面でされた場合（その合意の内容を記録した電磁的記録（新法第151条第4項に規定する電磁的記録をいう。附則第33条第2項において同じ。）によってされた場合を含む。）におけるその合意については、適用しない。

4　施行日前に債権が生じた場合におけるその債権の消滅時効の期間については、なお従前の例による。

第11条（債権を目的とする質権の対抗要件に関する経過措置）　施行日前に設定契約が締結された債権を目的とする質権の対抗要件については、新法第364条の規定にかかわらず、なお従前の例による。

第12条（指図債権に関する経過措置）　施行日前に生じた旧法第365条に規定する指図債権（その原因である法律行為が施行日前にされたものを含む。）については、なお従前の例による。

第13条（根抵当権に関する経過措置）　施行日前に設定契約が締結された根抵当権の被担保債権の範囲については、新法第398条の2第3項及び第398条の3第2項の規定にかかわらず、なお従前の例による。

2　新法第398条の7第3項の規定は、施行日前に締結された債務の引受けに関する契約については、適用しない。

3　施行日前に締結された更改の契約に係る根抵当権の移転については、新法第398条の7第4項の規定にかかわらず、なお従前の例による。

第14条（債権の目的に関する経過措置）　施行日前に債権が生じた場合におけるその債務者の注意義務については、新法第400条の規定にかかわらず、なお従前の例による。

第15条　施行日前に利息が生じた場合におけるその利息を生ずべき債権に係る法定利率については、新法第404条の規定にかかわらず、なお従前の例による。

2　新法第404条第4項の規定により法定利率に初めて変動があるまでの各期における同項の規定の適用については、同項中「この項の規定により法定利率に変動があった期のうち直近のもの（以下この項において「直近変動期」という。）」とあるのは「民法の一部を改正する法律（平成27年法律第号）の施行後最初の期」と、「直近変動期における法定利率」とあるのは「年3パーセント」とする。

第16条　施行日前に債権が生じた場合における選択債権の不能による特定については、新法第410条の規定にかかわらず、なお従前の例による。

第17条（債務不履行の責任等に関する経過措置）　施行日前に債務が生じた場合（施行日以後に債務

が生じた場合であって、その原因である法律行為が施行日前にされたときを含む。附則第25条第1項において同じ。）におけるその債務不履行の責任等については、新法第412条第2項、第412条の2から第413条の2まで、第415条、第416条第2項、第418条及び第422条の2の規定にかかわらず、なお従前の例による。
2　新法第417条の2（新法第722条第1項において準用する場合を含む。）の規定は、施行日前に生じた将来において取得すべき利益又は負担すべき費用についての損害賠償請求権については、適用しない。
3　施行日前に債務者が遅滞の責任を負った場合における遅延損害金を生ずべき債権に係る法定利率については、新法第419条第1項の規定にかかわらず、なお従前の例による。
4　施行日前にされた旧法第420条第1項に規定する損害賠償の額の予定に係る合意及び旧法第421条に規定する金銭でないものを損害の賠償に充てるべき旨の予定に係る合意については、なお従前の例による。

第18条（債権者代位権に関する経過措置）　施行日前に旧法第423条第1項に規定する債務者に属する権利が生じた場合におけるその権利に係る債権者代位権については、なお従前の例による。
2　新法第423条の7の規定は、施行日前に生じた同条に規定する譲渡人が第三者に対して有する権利については、適用しない。

第19条（詐害行為取消権に関する経過措置）　施行日前に旧法第424条第1項に規定する債務者が債権者を害することを知ってした法律行為がされた場合におけるその行為に係る詐害行為取消権については、なお従前の例による。

第20条（不可分債権、不可分債務、連帯債権及び連帯債務に関する経過措置）　施行日前に生じた旧法第428条に規定する不可分債権（その原因である法律行為が施行日前にされたものを含む。）については、なお従前の例による。
2　施行日前に生じた旧法第430条に規定する不可分債務及び旧法第432条に規定する連帯債務（これらの原因である法律行為が施行日前にされたものを含む。）については、なお従前の例による。
3　新法第432条から第435条の2までの規定は、施行日前に生じた新法第432条に規定する債権（その原因である法律行為が施行日前にされたものを含む。）については、適用しない。

第21条（保証債務に関する経過措置）　施行日前に締結された保証契約に係る保証債務については、なお従前の例による。
2　保証人になろうとする者は、施行日前においても、新法第465条の6第1項（新法第465条の8第1項において準用する場合を含む。）の公正証書の作成を嘱託することができる。
3　公証人は、前項の規定による公正証書の作成の嘱託があった場合には、施行日前においても、新法第465条の6第2項及び第465条の7（これらの規定を新法第465条の8第1項において準用する場合を含む。）の規定の例により、その作成をすることができる。

第22条（債権の譲渡に関する経過措置）　施行日前に債権の譲渡の原因である法律行為がされた場合におけるその債権の譲渡については、新法第466条から第469条までの規定にかかわらず、なお従前の例による。

第23条（債務の引受けに関する経過措置）　新法第470条から第472条の4までの規定は、施行日前に締結された債務の引受けに関する契約については、適用しない。

第24条（記名式所持人払債権に関する経過措置）　施行日前に生じた旧法第471条に規定する記名式所持人払債権（その原因である法律行為が施行日前にされたものを含む。）については、なお従前の例による。

第25条（弁済に関する経過措置）　施行日前に債務が生じた場合におけるその債務の弁済については、次項に規定するもののほか、なお従前の例による。
2　施行日前に弁済がされた場合におけるその弁済の充当については、新法第488条から第491条までの規定にかかわらず、なお従前の例による。

第26条（相殺に関する経過措置）　施行日前にされた旧法第505条第2項に規定する意思表示については、なお従前の例による。

2　施行日前に債権が生じた場合におけるその債権を受働債権とする相殺については、新法第509条の規定にかかわらず、なお従前の例による。

3　施行日前の原因に基づいて債権が生じた場合におけるその債権を自働債権とする相殺（差押えを受けた債権を受働債権とするものに限る。）については、新法第511条の規定にかかわらず、なお従前の例による。

4　施行日前に相殺の意思表示がされた場合におけるその相殺の充当については、新法第512条及び第512条の2の規定にかかわらず、なお従前の例による。

第27条（更改に関する経過措置）　施行日前に旧法第513条に規定する更改の契約が締結された更改については、なお従前の例による。

第28条（有価証券に関する経過措置）　新法第520条の2から第520条の20までの規定は、施行日前に発行された証券については、適用しない。

第29条（契約の成立に関する経過措置）　施行日前に契約の申込みがされた場合におけるその申込み及びこれに対する承諾については、なお従前の例による。

2　施行日前に通知が発せられた契約の申込みについては、新法第526条の規定にかかわらず、なお従前の例による。

3　施行日前にされた懸賞広告については、新法第529条から第530条までの規定にかかわらず、なお従前の例による。

第30条（契約の効力に関する経過措置）　施行日前に締結された契約に係る同時履行の抗弁及び危険負担については、なお従前の例による。

2　新法第537条第2項及び第538条第2項の規定は、施行日前に締結された第三者のためにする契約については、適用しない。

第31条（契約上の地位の移転に関する経過措置）　新法第539条の2の規定は、施行日前にされた契約上の地位を譲渡する旨の合意については、適用しない。

第32条（契約の解除に関する経過措置）　施行日前に契約が締結された場合におけるその契約の解除については、新法第541条から第543条まで、第545条第3項及び第548条の規定にかかわらず、なお従前の例による。

第33条（定型約款に関する経過措置）　新法第548条の2から第548条の4までの規定は、施行日前に締結された定型取引（新法第548条の2第1項に規定する定型取引をいう。）に係る契約についても、適用する。ただし、旧法の規定によって生じた効力を妨げない。

2　前項の規定は、同項に規定する契約の当事者の一方（契約又は法律の規定により解除権を現に行使することができる者を除く。）により反対の意思の表示が書面でされた場合（その内容を記録した電磁的記録によってされた場合を含む。）には、適用しない。

3　前項に規定する反対の意思の表示は、施行日前にしなければならない。

第34条（贈与等に関する経過措置）　施行日前に贈与、売買、消費貸借（旧法第589条に規定する消費貸借の予約を含む。）、使用貸借、賃貸借、雇用、請負、委任、寄託又は組合の各契約が締結された場合におけるこれらの契約及びこれらの契約に付随する買戻しその他の特約については、なお従前の例による。

2　前項の規定にかかわらず、新法第604条第2項の規定は、施行日前に賃貸借契約が締結された場合において施行日以後にその契約の更新に係る合意がされるときにも適用する。

3　第1項の規定にかかわらず、新法第605条の4の規定は、施行日前に不動産の賃貸借契約が締結された場合において施行日以後にその不動産の占有を第三者が妨害し、又はその不動産を第三者が占有しているときにも適用する。

第35条（不法行為等に関する経過措置）　旧法第724条後段（旧法第934条第3項（旧法第936条第3項、第947条第3項、第950条第2項及び第957条第2項において準用する場合を含む。）において準用する場合を含む。）に規定する期間がこの法律の施行の際既に経過していた場合におけるその期間の制限については、なお従前の例による。

2　新法第724条の2の規定は、不法行為による損害賠償請求権の旧法第724条前段に規定する時効が

この法律の施行の際既に完成していた場合については、適用しない。
第36条（遺言執行者の復任権及び報酬に関する経過措置）　施行日前に遺言執行者となった者の旧法第1016条第2項において準用する旧法第105条に規定する責任については、なお従前の例による。
2　施行日前に遺言執行者となった者の報酬については、新法第1018条第2項において準用する新法第648条第3項及び第648条の2の規定にかかわらず、なお従前の例による。
第37条（政令への委任）　この附則に規定するもののほか、この法律の施行に関し必要な経過措置は、政令で定める。

◆ 第Ⅲ部 ◆
法務省版新旧対照条文と編者による内容対照・コメント

法務省・新旧対照表（ホームページより）

○ 民法（明治二十九年法律第八十九号）

民法の一部を改正する法律案新旧対照条文

（傍線部分は改正部分）

加賀山による
条文内容対照・コメント

（空欄は上段の法務省版対照表と同じ）

改正案	現行	条文内容対照・コメント
○ 民法（明治二十九年法律第八十九号） 目次 第一編　（略） 　第二章　（略） 　　第二節　意思能力（第三条の二） 　　第三節　行為能力（第四条―第二十一条） 　　第四節　住所（第二十二条―第二十四条） 　　第五節　不在者の財産の管理及び失踪の宣告（第二十五条―第三十二条） 　　第六節　同時死亡の推定（第三十二条の二） 　　第七章　（略） 　第三節　消滅時効（第百六十六条―第百七十四条） 第三編　（略） 　第一章　（略）	目次 第一編　（同上） 　第二章　（同上） 　　第二節　行為能力（第四条―第二十一条） 　　（新設） 　　第三節　住所（第二十二条―第二十四条） 　　第四節　不在者の財産の管理及び失踪の宣告（第二十五条―第三十二条） 　　第五節　同時死亡の推定（第三十二条の二） 　　第七章　（同上） 　第三節　消滅時効（第百六十六条―第百七十四条の二） 第三編　（同上） 　第一章　（同上）	＊「第一節の二　意思能力」とすべきである。

(1)

＊各ページ外側のカッコ内数字は「法務省・新旧対照表」（法務省ホームページ）のページ数。

改正案	現　行	条文内容対照・コメント
第二節　（略） 　第一款　債務不履行の責任等（第四百十二条―第四百二十二条の二） 　第二款　債権者代位権（第四百二十三条―第四百二十三条の七） 　第三款　詐害行為取消権 　　第一目　詐害行為取消権の要件（第四百二十四条―第四百二十四条の五） 　　第二目　詐害行為取消権の行使の方法等（第四百二十四条の六―第四百二十四条の九） 　　第三目　詐害行為取消権の行使の効果（第四百二十五条―第四百二十五条の四） 　　第四目　詐害行為取消権の期間の制限（第四百二十六条） 第三節　（略） 　　二　 　第三款　連帯債権（第四百三十二条―第四百三十五条の二） 　第四款　連帯債務（第四百三十六条―第四百四十五条） 　第五款　保証債務 　　第一目　総則（第四百四十六条―第四百六十五条） 　　第二目　個人根保証契約（第四百六十五条の二―第四百六十五条の五）	第二節　（同上） 　第一款　債務不履行の責任等（第四百十二条―第四百二十二条） 　第二款　債権者代位権及び詐害行為取消権（第四百二十三条―第四百二十六条） （新設） 第三節　（同上） （新設） 　第三款　連帯債務（第四百三十二条―第四百四十五条） 　第四款　保証債務 　　第一目　総則（第四百四十六条―第四百六十五条） 　　第二目　貸金等根保証契約（第四百六十五条の二―第四百六十五条の五）	

(2)

第三目　事業に係る債務についての保証契約の特則（第四百六十五条の六―第四百六十五条の十）	（新設）
第四節　債権の譲渡（第四百六十六条―第四百六十九条）	第四節　債権の譲渡（第四百六十六条―第四百七十三条）
第五節　債務の引受け	（新設）
第一款　併存的債務引受（第四百七十条・第四百七十一条）	
第二款　免責的債務引受（第四百七十二条―第四百七十二条の四）	
第六節　債権の消滅	第五節　債権の消滅
第一款　（略）	第一款　（同上）
第一目　総則（第四百七十三条―第四百九十三条）	第一目　総則（第四百七十四条―第四百九十三条）
第二款　相殺（第五百五条―第五百十二条の二）	第二款　相殺（第五百五条―第五百十二条）
第五款　混同（第五百二十条）	第五款　混同（第五百二十条）
第七節　有価証券	（新設）
第一款　指図証券（第五百二十条の二―第五百二十条の十二）	
第二款　記名式所持人払証券（第五百二十条の十三―第五百二十条の十八）	
第三款　その他の記名証券（第五百二十条の十九）	
第四款　無記名証券（第五百二十条の二十）	
第三章　（略）	第三章　（同上）

改正案	現行	条文内容対照・コメント
第一節　(略)	第一節　(同上)	
第三款　契約上の地位の移転（第五百三十九条の二）	第三款　(新設)	
第四款　契約の解除（第五百四十条―第五百四十八条）	第三款　契約の解除（第五百四十条―第五百四十八条）	
第五款　定型約款（第五百四十八条の二―第五百四十八条の四）	(新設)	
第七節　(略)	第七節　(同上)	
第三款　賃貸借の終了（第六百十六条の二―第六百二十二条）	第三款　賃貸借の終了（第六百十七条―第六百二十二条）	
第四款　敷金（第六百二十二条の二）	(新設)	
第五章　不法行為（第七百九条―第七百二十四条の二）	第五章　不法行為（第七百九条―第七百二十四条）	
第二節　意思能力	(新設)	〔＊「第一節の二　意思能力」とすべきである。〕
第三条の二　法律行為の当事者が意思表示をした時に意思能力を有しなかったときは、その法律行為は、無効とする。	(新設)	
第三節　行為能力	第二節　行為能力	
（保佐人の同意を要する行為等）	（保佐人の同意を要する行為等）	
第十三条　被保佐人が次に掲げる行為をするには、その保佐人の同意を得なければならない。ただし、第九条ただし書に規定す	第十三条　被保佐人が次に掲げる行為をするには、その保佐人の同意を得なければならない。ただし、第九条ただし書に規定す	

る行為については、この限りでない。 一〜九　（略） 十　前各号に掲げる行為を制限行為能力者（未成年者、成年被後見人、被保佐人及び第十七条第一項の審判を受けた被補助人をいう。以下同じ。）の法定代理人としてすること。 2〜4　（略） （制限行為能力者の相手方の催告権） 第二十条　制限行為能力者の相手方は、その制限行為能力者が行為能力者（行為能力の制限を受けない者をいう。以下同じ。）となった後、その者に対し、一箇月以上の期間を定めて、その期間内にその取り消すことができる行為を追認するかどうかを確答すべき旨の催告をすることができる。この場合において、その者がその期間内に確答を発しないときは、その行為を追認したものとみなす。 2〜4　（略） 　　　第四節　住所 　　　第五節　不在者の財産の管理及び失踪の宣告	る行為については、この限りでない。 一〜九　（同上） 十　（新設） 2〜4　（同上） （制限行為能力者の相手方の催告権） 第二十条　制限行為能力者（未成年者、成年被後見人、被保佐人及び第十七条第一項の審判を受けた被補助人をいう。以下同じ。）の相手方は、その制限行為能力者が行為能力者（行為能力の制限を受けない者をいう。以下同じ。）となった後、その者に対し、一箇月以上の期間を定めて、その期間内にその取り消すことができる行為を追認するかどうかを確答すべき旨の催告をすることができる。この場合において、その者がその期間内に確答を発しないときは、その行為を追認したものとみなす。 2〜4　（同上） 　　　第三節　住所 　　　第四節　不在者の財産の管理及び失踪の宣告

改正案	現行	条文内容対照・コメント
第六節　同時死亡の推定 （不動産及び動産） 第八十六条　（略） 2　（略） （削る） （公序良俗） 第九十条　公の秩序又は善良の風俗に反する法律行為は、無効とする。 （心裡留保） 第九十三条　意思表示は、表意者がその真意ではないことを知ってしたときであっても、そのためにその効力を妨げられない。ただし、相手方がその意思表示が表意者の真意ではないことを知り、又は知ることができたときは、その意思表示は、無効とする。 2　前項ただし書の規定による意思表示の無効は、善意の第三者に対抗することができない。 〔錯誤〕 第九十五条　意思表示は、次に掲げる錯誤に基づくものであって	第五節　同時死亡の推定 （不動産及び動産） 第八十六条　（同上） 2　（同上） 3　無記名債権は、動産とみなす。 （公序良俗） 第九十条　公の秩序又は善良の風俗に反する事項を目的とする法律行為は、無効とする。 （心裡留保） 第九十三条　意思表示は、表意者がその真意ではないことを知ってしたときであっても、そのためにその効力を妨げられない。ただし、相手方が表意者の真意を知り、又は知ることができたときは、その意思表示は、無効とする。 （新設） 〔錯誤〕 第九十五条　意思表示は、法律行為の要素に錯誤があったときは	＊「要素」という用語は、現行民法では、この第九十五条の

(6)

第Ⅲ部　法務省版新旧対照条文と編者による内容対照・コメント

その錯誤が法律行為の目的及び取引上の社会通念に照らして重要なものであるときは、取り消すことができる。

一　意思表示に対応する意思を欠く錯誤

二　表意者が法律行為の基礎とした事情についてのその認識が真実に反する錯誤

2　前項第二号の規定による意思表示の取消しは、その事情が法律行為の基礎とされていることが表示されていたときに限り、することができる。

3　錯誤が表意者の重大な過失によるものであった場合には、次に掲げる場合を除き、第一項の規定による意思表示の取消しをすることができない。

一　相手方が表意者に錯誤があることを知り、又は重大な過失によって知らなかったとき。

二　相手方が表意者と同一の錯誤に陥っていたとき。

4　第一項の規定による意思表示の取消しは、善意でかつ過失がない第三者に対抗することができない。

（詐欺又は強迫）

第九十六条　（略）

2　相手方に対する意思表示について第三者が詐欺を行った場合においては、相手方がその事実を知り、又は知ることができたときに限り、その意思表示を取り消すことができる。

、無効とする。ただし、表意者に重大な過失があったときは、表意者は、自らその無効を主張することができない。

（詐欺又は強迫）

第九十六条　（同上）

2　相手方に対する意思表示について第三者が詐欺を行った場合においては、相手方がその事実を知っていたときに限り、その意思表示を取り消すことができる。

「要素の錯誤」と、第五百三条の「債務の要素」の変更（更改）という二つの箇所で使われていた。そして、要素を欠く法律行為は「無効」となり（第九十五条）、要素を変更する契約（更改）によって債務は「消滅する」とされ（第五百十三条）、「要素」の重要性が明らかにされていた。今回の改正によって、「要素」という用語が、民法の中からすべて削除されることになった。

※濫用の危険が予想される「社会通念」が判断基準として明文で規定されているが、この用語は削除されるべきである。

(7)

318

改正案	現行	条文内容対照・コメント
3 前二項の規定による詐欺による意思表示の取消しは、善意でかつ過失がない第三者に対抗することができない。	3 前二項の規定による詐欺による意思表示の取消しは、善意の第三者に対抗することができない。	
（意思表示の効力発生時期等） 第九十七条 意思表示は、その通知が相手方に到達した時からその効力を生ずる。	（隔地者に対する意思表示） 第九十七条 隔地者に対する意思表示は、その通知が相手方に到達した時からその効力を生ずる。	
2 相手方が正当な理由なく意思表示の通知が到達することを妨げたときは、その通知は、通常到達すべきであった時に到達したものとみなす。	（新設）	
3 意思表示は、表意者が通知を発した後に死亡し、意思能力を喪失し、又は行為能力の制限を受けたときであっても、そのためにその効力を妨げられない。	2 隔地者に対する意思表示は、表意者が通知を発した後に死亡し、又は行為能力を喪失したときであっても、そのためにその効力を妨げられない。	
（意思表示の受領能力） 第九十八条の二 意思表示の相手方がその意思表示を受けた時に意思能力を有しなかったとき又は未成年者若しくは成年被後見人であったときは、その意思表示をもってその相手方に対抗することができない。ただし、次に掲げる者がその意思表示を知った後は、この限りでない。	（意思表示の受領能力） 第九十八条の二 意思表示の相手方がその意思表示を受けた時に未成年者又は成年被後見人であったときは、その意思表示をもってその相手方に対抗することができない。ただし、その法定代理人がその意思表示を知った後は、この限りでない。	
一 相手方の法定代理人	（新設）	
二 意思能力を回復し、又は行為能力者となった相手方	（新設）	

（代理行為の瑕疵(かし)） 第百一条　代理人が相手方に対してした意思表示の効力が意思の不存在、錯誤、詐欺、強迫又はある事情を知っていたこと若しくは知らなかったことにつき過失があったことによって影響を受けるべき場合には、その事実の有無は、代理人について決するものとする。 2　相手方が代理人に対してした意思表示の効力が意思表示の効力が意思の不存在、詐欺、強迫又はある事情を知っていたこと若しくは知らなかったことにつき過失があったことによって影響を受けるべき場合には、その事実の有無は、代理人について決するものとする。 3　特定の法律行為をすることを委託された代理人がその行為をしたときは、本人は、自ら知っていた事情について代理人が知らなかったことを主張することができない。本人が過失によって知らなかった事情についても、同様とする。 （代理人の行為能力） 第百二条　制限行為能力者が代理人としてした行為は、行為能力の制限によっては取り消すことができない。ただし、制限行為能力者が他の制限行為能力者の法定代理人としてした行為については、この限りでない。	（代理行為の瑕疵(かし)） 第百一条　意思表示の効力が意思の不存在、詐欺、強迫又はある事情を知っていたこと若しくは知らなかったことにつき過失があったことによって影響を受けるべき場合には、その事実の有無は、代理人について決するものとする。 2　特定の法律行為をすることを委託された場合において、代理人が本人の指図に従ってその行為をしたときは、本人は、自ら知っていた事情について代理人が知らなかったことを主張することができない。本人が過失によって知らなかった事情についても、同様とする。 （新設） （代理人の行為能力） 第百二条　代理人は、行為能力者であることを要しない。

改正案	現行	条文内容対照・コメント
（削る）	（復代理人を選任した代理人の責任） 第百五条　代理人は、前条の規定により復代理人を選任したときは、その選任及び監督について、本人に対してその責任を負う。 2　代理人は、本人の指名に従って復代理人を選任したときは、前項の責任を負わない。ただし、その代理人が、復代理人が不適任又は不誠実であることを知りながら、その旨を本人に通知し又は復代理人を解任することを怠ったときは、この限りでない。	
（法定代理人による復代理人の選任） 第百五条　法定代理人は、自己の責任で復代理人を選任することができる。この場合において、やむを得ない事由があるときは、本人に対してその選任及び監督についての責任のみを負う。	（法定代理人による復代理人の選任） 第百六条　法定代理人は、自己の責任で復代理人を選任することができる。この場合において、やむを得ない事由があるときは、前条第一項の責任のみを負う。	
（復代理人の権限等） 第百六条　（略） 2　復代理人は、本人及び第三者に対して、その権限の範囲内において、代理人と同一の権利を有し、義務を負う。	（復代理人の権限等） 第百七条　（同上） 2　復代理人は、本人及び第三者に対して、代理人と同一の権利を有し、義務を負う。	
（代理権の濫用） 第百七条　代理人が自己又は第三者の利益を図る目的で代理権の	（新設）	

（自己契約及び双方代理等） 第百八条　同一の法律行為について、相手方の代理人として、又は当事者双方の代理人としてした行為は、代理権を有しない者がした行為とみなす。ただし、債務の履行及び本人があらかじめ許諾した行為については、この限りでない。 2　前項本文に規定するもののほか、代理人と本人との利益が相反する行為については、代理権を有しない者がした行為とみなす。ただし、本人があらかじめ許諾した行為については、この限りでない。 （代理権授与の表示による表見代理等） 第百九条　（略） 2　第三者に対して他人に代理権を与えた旨を表示した者は、その代理権の範囲内においてその他人が第三者との間で行為をしたとすれば前項の規定によりその責任を負うべき場合において、その他人がその第三者との間でその代理権の範囲外の行為をしたときは、第三者がその行為についてその他人の代理権があると信ずべき正当な理由があるときに限り、その行為についての責	（自己契約及び双方代理） 第百八条　同一の法律行為については、相手方の代理人となり、又は当事者双方の代理人となることはできない。ただし、債務の履行及び本人があらかじめ許諾した行為については、この限りでない。 （新設） （代理権授与の表示による表見代理） 第百九条　（同上） （新設）

(11)

314

改正案	現行	条文内容対照・コメント
任を負う。 （権限外の行為の表見代理） 第百十条　前条第一項本文の規定は、代理人がその権限外の行為をした場合において、第三者が代理人の権限があると信ずべき正当な理由があるときについて準用する。 （代理権消滅後の表見代理等） 第百十二条　他人に代理権を与えた者は、代理権の消滅後にその代理権の範囲内においてその他人が第三者との間でした行為について、代理権の消滅の事実を知らなかった第三者に対してその責任を負う。ただし、第三者が過失によってその事実を知らなかったときは、この限りでない。 2　他人に代理権を与えた者は、代理権の消滅後に、その代理権の範囲内においてその他人が第三者との間で行為をしたとすれば前項の規定によりその責任を負うべき場合において、その他人が第三者との間でその代理権の範囲外の行為をしたときは、第三者がその行為についてその他人の代理権があると信ずべき正当な理由があるときに限り、その行為についての責任を負う。 （無権代理人の責任） 1	（権限外の行為の表見代理） 第百十条　前条本文の規定は、代理人がその権限外の行為をした場合において、第三者が代理人の権限があると信ずべき正当な理由があるときについて準用する。 （代理権消滅後の表見代理） 第百十二条　代理権の消滅は、善意の第三者に対抗することができない。ただし、第三者が過失によってその事実を知らなかったときは、この限りでない。 （無権代理人の責任）	

第百十七条　他人の代理人として契約をした者は、自己の代理権を証明したとき、又は本人の追認を得たときを除き、相手方の選択に従い、相手方に対して履行又は損害賠償の責任を負う。

2　前項の規定は、次に掲げる場合には、適用しない。
一　他人の代理人として契約をした者が代理権を有しないことを相手方が知っていたとき。
二　他人の代理人として契約をした者が代理権を有しないことを相手方が過失によって知らなかったとき。ただし、他人の代理人として契約をした者が自己に代理権がないことを知っていたときは、この限りでない。
三　他人の代理人として契約をした者が行為能力の制限を受けていたとき。

（取消権者）
第百二十条　行為能力の制限によって取り消すことができる行為は、制限行為能力者（他の制限行為能力者の法定代理人としてした行為にあっては、当該他の制限行為能力者を含む。）又はその代理人、承継人若しくは同意をすることができる者に限り、取り消すことができる。

2　錯誤、詐欺又は強迫によって取り消すことができる行為は、瑕疵(かし)ある意思表示をした者又はその代理人若しくは承継人に限り、取り消すことができる。

第百十七条　他人の代理人として契約をした者は、自己の代理権を証明することができず、かつ、本人の追認を得ることができなかったときは、相手方の選択に従い、相手方に対して履行又は損害賠償の責任を負う。

2　前項の規定は、他人の代理人として契約をした者が代理権を有しないことを相手方が知っていたとき、若しくは過失によって知らなかったとき、又は他人の代理人として契約をした者が行為能力を有しなかったときは、適用しない。

（取消権者）
第百二十条　行為能力の制限によって取り消すことができる行為は、制限行為能力者又はその代理人、承継人若しくは同意をすることができる者に限り、取り消すことができる。

2　詐欺又は強迫によって取り消すことができる行為は、瑕疵(かし)ある意思表示をした者又はその代理人若しくは承継人に限り、取

改正案	現行	条文内容対照・コメント
り、取り消すことができる。 （取消しの効果） 第百二十一条　取り消された行為は、初めから無効であったものとみなす。 （原状回復の義務） 第百二十一条の二　無効な行為に基づく債務の履行として給付を受けた者は、相手方を原状に復させる義務を負う。 2　前項の規定にかかわらず、無効な無償行為に基づく債務の履行として給付を受けた者は、給付を受けた当時その行為が無効であること（給付を受けた後に前条の規定により初めから無効であったものとみなされた行為にあっては、給付を受けた当時その行為が取り消すことができるものであること）を知らなかったときは、その行為によって現に利益を受けている限度において、返還の義務を負う。 3　第一項の規定にかかわらず、行為の時に意思能力を有しなかった者は、その行為によって現に利益を受けている限度において、返還の義務を負う。行為の時に制限行為能力者であった者についても、同様とする。	り、取り消すことができる。 （取消しの効果） 第百二十一条　取り消された行為は、初めから無効であったものとみなす。ただし、制限行為能力者は、その行為によって現に利益を受けている限度において、返還の義務を負う。 （新設）	

（取り消すことができる行為の追認）
第百二十二条　取り消すことができる行為は、第百二十条に規定する者が追認したときは、以後、取り消すことができない。

（追認の要件）
第百二十四条　取り消すことができる行為の追認は、取消しの原因となっていた状況が消滅し、かつ、取消権を有することを知った後にしなければ、その効力を生じない。

2　次に掲げる場合には、前項の追認は、取消しの原因となっていた状況が消滅した後にすることを要しない。
一　法定代理人又は制限行為能力者の保佐人若しくは補助人が追認をするとき。
二　制限行為能力者（成年被後見人を除く。）が法定代理人、保佐人又は補助人の同意を得て追認をするとき。
（削る）

（法定追認）
第百二十五条　追認をすることができる時以後に、取り消すことができる行為について次に掲げる事実があったときは、追認をしたものとみなす。ただし、異議をとどめたときは、

（取り消すことができる行為の追認）
第百二十二条　取り消すことができる行為は、第百二十条に規定する者が追認したときは、以後、取り消すことができない。ただし、追認によって第三者の権利を害することはできない。

（追認の要件）
第百二十四条　追認は、取消しの原因となっていた状況が消滅した後にしなければ、その効力を生じない。

2　成年被後見人は、行為能力者となった後にその行為を了知したときは、その了知をした後でなければ、追認をすることができない。

3　前二項の規定は、法定代理人又は制限行為能力者の保佐人若しくは補助人が追認をする場合には、適用しない。

（法定追認）
第百二十五条　前条の規定により追認をすることができる時以後に、取り消すことができる行為について次に掲げる事実があっ

たときは、追認をしたものとみなす。ただし、異議をとどめた

[＊改正案第百二十四条第二項第二号は、制限行為能力者（成年被後見人を除く）と規定しているが、成年被後見人について、選挙権が与えられた現状に鑑みると、成年被後見人を除外するのは、成年被後見人を不当に差別することになり、除外すべきではないと思われる。]

改正案	現行	条文内容対照・コメント
（条件の成就の妨害等） 第百三十条　（略） 2　条件が成就することによって利益を受ける当事者が不正にその条件を成就させたときは、相手方は、その条件が成就しなかったものとみなすことができる。 （時効の援用） 第百四十五条　時効は、当事者（消滅時効にあっては、保証人、物上保証人、第三取得者その他権利の消滅について正当な利益を有する者を含む。）が援用しなければ、裁判所がこれによって裁判をすることができない。 （裁判上の請求等による時効の完成猶予及び更新） 第百四十七条　次に掲げる事由がある場合には、その事由が終了する（確定判決又は確定判決と同一の効力を有するものによって権利が確定することなくその事由が終了した場合にあっては、その終了の時から六箇月を経過する）までの間は、時効は、完成しない。 一　裁判上の請求	（条件の成就の妨害） 第百三十条　（同上） （新設） （時効の援用） 第百四十五条　時効は、当事者が援用しなければ、裁判所がこれによって裁判をすることができない。 （時効の中断事由） 第百四十七条　時効は、次に掲げる事由によって中断する。 一　請求 二　差押え、仮差押え又は仮処分 三　承認	第百四十九条（裁判上の請求）　裁判上の請求は、訴えの却下又は取下げの場合には、時効の中断の効力を生じない。 第百五十条（支払督促）　支払督促は、債権者が民事訴訟法第三百九十二条（期間の徒過による支払督促の失効）に規定する期間内に仮執行の宣言の申立てをすることができる時から三〇日以内に仮執行の宣言の申立てをしないことによりその効力を失うときは、時効の中断の効力を生じない。 第百五十一条（和解及び調停の申立て）　和解の申立て又は民事調停法（昭和二六年法律第二百二十二号）若しくは家事事件手続法（平成二三年法律第五十二号）による調停の申立ては、相手方が

改正案	現行
二 支払督促 三 民事訴訟法第二百七十五条第一項の和解又は民事調停法（昭和二十六年法律第二百二十二号）若しくは家事事件手続法（平成二十三年法律第五十二号）による調停 四 破産手続参加、再生手続参加又は更生手続参加 2 前項の場合において、確定判決又は確定判決と同一の効力を有するものによって権利が確定したときは、時効は、同項各号に掲げる事由が終了した時から新たにその進行を始める。 （強制執行等による時効の完成猶予及び更新） 第百四十八条 次に掲げる事由がある場合には、その事由が終了する（申立ての取下げ又は法律の規定に従わないことによる取消しによってその事由が終了した場合にあっては、その終了の時から六箇月を経過する）までの間は、時効は、完成しない。 一 強制執行 二 担保権の実行 三 民事執行法（昭和五十四年法律第四号）第百九十五条に規定する担保権の実行としての競売の例による競売 四 民事執行法第百九十六条に規定する財産開示手続 2 前項の場合には、時効は、同項各号に掲げる事由が終了した時から新たにその進行を始める。ただし、申立ての取下げ又は法律の規定に従わないことによる取消しによってその事由が終	出頭せず、又は和解若しくは調停が調わないときは、一箇月以内に訴えを提起しなければ、時効の中断の効力を生じない。 第百五十二条（破産手続参加等） 破産手続参加、再生手続参加又は更生手続参加は、債権者がその届出を取り下げ、又はその届出が却下されたときは、時効の中断の効力を生じない。 第百五十七条（中断後の時効の進行） 2 裁判上の請求によって中断した時効は、裁判が確定した時から、新たにその進行を始める。
（時効の中断の効力が及ぶ者の範囲） 第百四十八条 前条の規定による時効の中断は、その中断の事由が生じた当事者及びその承継人の間においてのみ、その効力を有する。	（新設）

改正案	現行	条文内容対照・コメント
（仮差押え等による時効の完成猶予） 第百四十九条　次に掲げる事由がある場合には、その事由が終了した時から六箇月を経過するまでの間は、時効は、完成しない。 一　仮差押え 二　仮処分 （催告による時効の完成猶予） 第百五十条　催告があったときは、その時から六箇月を経過するまでの間は、時効は、完成しない。 2　催告によって時効の完成が猶予されている間にされた再度の催告は、前項の規定による時効の完成猶予の効力を有しない。 （協議を行う旨の合意による時効の完成猶予） 第百五十一条　権利についての協議を行う旨の合意が書面でされたときは、次に掲げる時のいずれか早い時までの間は、時効は、完成しない。 一　その合意があった時から一年を経過した時 二　その合意において当事者が協議を行う期間（一年に満たないものに限る。）を定めたときは、その期間を経過した時 了した場合は、この限りでない。	（裁判上の請求） 第百四十九条　裁判上の請求は、訴えの却下又は取下げの場合には、時効の中断の効力を生じない。 （差押え、仮差押え及び仮処分） 第百五十条　差押え、仮差押え及び仮処分は、権利者の請求により又は法律の規定に従わないことにより取り消されたときは、時効の中断の効力を生じない。 （支払督促） 第百五十一条　支払督促は、債権者が民事訴訟法第三百九十二条に規定する期間内に仮執行の宣言の申立てをしないことによりその効力を失うときは、時効の中断の効力を生じない。 （和解及び調停の申立て） 第百五十一条　和解の申立て又は民事調停法（昭和二十六年法律第二百二十二号）若しくは家事事件手続法（平成二十三年法律第五十二号）による調停の申立てについては、相手方が出頭せず、又は和解若しくは調停が調わないときは、一箇月以内に訴えを提起しなければ、時効の中断の効力を生じない。	（差押え、仮差押え及び仮処分） （催告） 第百五十三条　催告は、六箇月以内に、裁判上の請求、支払督促の申立て、和解の申立て、民事調停法若しくは家事事件手続法による調停の申立て、破産手続参加、再生手続参加、更生手続参加、差押え、仮差押え又は仮処分をしなければ、時効の中断の効力を生じない。

三　当事者の一方から相手方に対して協議の続行を拒絶する旨の通知が書面でされたときは、その通知の時から六箇月を経過した時

2　前項の規定により時効の完成が猶予されている間にされた再度の合意は、同項の規定による時効の完成猶予の効力を有する。ただし、その効力は、時効の完成が猶予されなかったとすれば時効が完成すべき時から通じて五年を超えることができない。

3　催告によって時効の完成が猶予されている間にされた第一項の合意は、同項の規定による時効の完成猶予の効力を有しない。同項の規定により時効の完成が猶予されている間にされた催告についても、同様とする。

4　第一項の合意がその内容を記録した電磁的記録（電子的方式、磁気的方式その他人の知覚によっては認識することができない方式で作られる記録であって、電子計算機による情報処理の用に供されるものをいう。以下同じ。）によってされたときは、その合意は、書面によってされたものとみなして、前三項の規定を適用する。

5　前項の規定は、第一項第三号の通知について準用する。

（承認による時効の更新）

第百五十二条　時効は、権利の承認があったときは、その時から

（破産手続参加等）

第百五十三条　破産手続参加、再生手続参加又は更生手続参加は

（承認）

第百五十六条　時効の中断の効力を生ずべき承認をするには、相

改正案	現行	条文内容対照・コメント
新たにその進行を始める。2 前項の承認をするには、相手方の権利についての処分につき行為能力の制限を受けていないこと又は権限があることを要しない。 (時効の完成猶予又は更新の効力が及ぶ者の範囲) 第百五十三条 第百四十七条又は第百四十八条の規定による時効の完成猶予又は更新は、完成猶予又は更新の事由が生じた当事者及びその承継人の間においてのみ、その効力を有する。2 第百四十九条から第百五十一条までの規定による時効の完成猶予は、完成猶予の事由が生じた当事者及びその承継人の間においてのみ、その効力を有する。3 前条の規定による時効の更新は、更新の事由が生じた当事者及びその承継人の間においてのみ、その効力を有する。第百五十四条 第百四十八条第一項各号又は第百四十九条各号に掲げる事由に係る手続は、時効の利益を受ける者に対してしないときは、その者に通知をした後でなければ、第百四十八条又は第百四十九条の規定による時効の完成猶予又は更新の効力を生じない。	、債権者がその届出を取り下げ、又はその届出が却下されたときは、時効の中断の効力を生じない。(催告) 第百五十三条 催告は、六箇月以内に、裁判上の請求、支払督促の申立て、和解の申立て、民事調停法若しくは家事事件手続法による調停の申立て、破産手続参加、再生手続参加、更生手続参加、差押え、仮差押え又は仮処分をしなければ、時効の中断の効力を生じない。(差押え、仮差押え及び仮処分) 第百五十四条 差押え、仮差押え及び仮処分は、権利者の請求により又は法律の規定に従わないことにより取り消されたときは時効の中断の効力を生じない。	手方の権利についての処分につき行為能力又は権限があることを要しない。 (時効の中断の効力が及ぶ者の範囲) 第百四十八条 前条の規定による時効の中断は、その中断の事由が生じた当事者及びその承継人の間においてのみ、その効力を有する。第百五十五条 差押え、仮差押え及び仮処分は、時効の利益を受ける者に対してしないときは、その者に通知をした後でなければ、時効の中断の効力を生じない。

◆ 第Ⅲ部　法務省版新旧対照条文と編者による内容対照・コメント　305

第百五十五条から第百五十七条まで　削除	第百五十五条　差押え、仮差押え及び仮処分は、時効の利益を受ける者に対してしないときは、その者に通知をした後でなければ、時効の中断の効力を生じない。 （承認） 第百五十六条　時効の中断の効力を生ずべき承認をするには、相手方の権利についての処分につき行為能力又は権限があることを要しない。 （中断後の時効の進行） 第百五十七条　中断した時効は、その中断の事由が終了した時から、新たにその進行を始める。 2　裁判上の請求によって中断した時効は、裁判が確定した時から、新たにその進行を始める。
第百五十七条第一項　削除	第百五十七条　（同上） 2　（同上）
（未成年者又は成年被後見人と時効の完成猶予） 第百五十八条　（略） 2　（略） （夫婦間の権利の時効の完成猶予） 第百五十九条　（略） （相続財産に関する時効の完成猶予） 第百六十条　（略）	（未成年者又は成年被後見人と時効の停止） 第百五十八条　（同上） 2　（同上） （夫婦間の権利の時効の停止） 第百五十九条　（同上） （相続財産に関する時効の停止） 第百六十条　（同上）

改正案	現行	条文内容対照・コメント
（天災等による時効の完成猶予） 第百六十一条　時効の期間の満了の時に当たり、天災その他避けることのできない事変のため第百四十七条第一項各号又は第百四十八条第一項各号に掲げる事由に係る手続を行うことができないときは、その障害が消滅した時から三箇月を経過するまでの間は、時効は、完成しない。 （債権等の消滅時効） 第百六十六条　債権は、次に掲げる場合には、時効によって消滅する。 一　債権者が権利を行使することができることを知った時から五年間行使しないとき。 二　権利を行使することができる時から十年間行使しないとき。 2　債権又は所有権以外の財産権は、権利を行使することができる時から二十年間行使しないときは、時効によって消滅する。 3　前二項の規定は、始期付権利又は停止条件付権利の目的物を占有する第三者のために、その占有の開始の時から取得時効が進行することを妨げない。ただし、権利者は、その時効を更新するため、いつでも占有者の承認を求めることができる。	（天災等による時効の停止） 第百六十一条　時効の期間の満了の時に当たり、天災その他避けることのできない事変のため時効を中断することができないときは、その障害が消滅した時から二週間を経過するまでの間は、時効は、完成しない。 （消滅時効の進行等） 第百六十六条　消滅時効は、権利を行使することができる時から進行する。 （新設） 2　前項の規定は、始期付権利又は停止条件付権利の目的物を占有する第三者のために、その占有の開始の時から取得時効が進行することを妨げない。ただし、権利者は、その時効を中断するため、いつでも占有者の承認を求めることができる。	（債権等の消滅時効） 第百六十七条　債権は、十年間行使しないときは、消滅する。 2　債権又は所有権以外の財産権は、二十年間行使しないときは、消滅する。

（人の生命又は身体の侵害による損害賠償請求権の消滅時効）
第百六十七条　人の生命又は身体の侵害による損害賠償請求権の消滅時効についての前条第一項第二号の規定の適用については、同号中「十年間」とあるのは、「二十年間」とする。

（定期金債権の消滅時効）
第百六十八条　定期金の債権は、次に掲げる場合には、時効によって消滅する。
一　債権者が定期金の債権から生ずる金銭その他の物の給付を目的とする各債権を行使することができることを知った時から十年間行使しないとき。
二　前号に規定する各債権を行使することができる時から二十年間行使しないとき。
2　定期金の債権者は、時効の更新の証拠を得るため、いつでも、その債務者に対して承認書の交付を求めることができる。

（判決で確定した権利の消滅時効）
第百六十九条　確定判決又は確定判決と同一の効力を有するものによって確定した権利については、十年より短い時効期間の定めがあるものであっても、その時効期間は、十年とする。
2　前項の規定は、確定の時に弁済期の到来していない債権については、適用しない。

（債権等の消滅時効）
第百六十七条　債権は、十年間行使しないときは、消滅する。
2　債権又は所有権以外の財産権は、二十年間行使しないときは、消滅する。

（定期金債権の消滅時効）
第百六十八条　定期金の債権は、第一回の弁済期から二十年間行使しないときは、消滅する。最後の弁済期から十年間行使しないときも、同様とする。
2　定期金の債権者は、時効の中断の証拠を得るため、いつでも、その債務者に対して承認書の交付を求めることができる。

（定期給付債権の短期消滅時効）
第百六十九条　年又はこれより短い時期によって定めた金銭その他の物の給付を目的とする債権は、五年間行使しないときは、消滅する。

（判決で確定した権利の消滅時効）
第百七十四条の二　確定判決によって確定した権利については、十年より短い時効期間の定めがあるものであっても、その時効期間は、十年とする。裁判上の和解、調停その他確定判決と同一の効力を有するものによって確定した権利についても、同様とする。

改正案	現行	条文内容対照・コメント
第百七十条から第百七十四条まで　削除	（三年の短期消滅時効） 第百七十条　次に掲げる債権は、三年間行使しないときは、消滅する。ただし、第二号に掲げる債権の時効は、同号の工事が終了した時から起算する。 一　医師、助産師又は薬剤師の診療、助産又は調剤に関する債権 二　工事の設計、施工又は監理を業とする者の工事に関する債権 （二年の短期消滅時効） 第百七十二条　弁護士、弁護士法人又は公証人の職務に関する債権は、その原因となった事件が終了した時から二年間行使しないときは、消滅する。 ２　前項の規定にかかわらず、同項の事件中の各事項が終了した時から五年を経過したときは、同項の期間内であっても、その事項に関する債権は、消滅する。 第百七十三条　次に掲げる債権は、二年間行使しないときは、消滅する。 一　生産者、卸売商人又は小売商人が売却した産物又は商品の	（*これらの規定がないと、弁済者は領収書を五年間保存する必要が生じる。消費者保護の観点からは、この規定は削除すべきでない） （*この規定がないと、弁済者は領収書を五年間保存する必要が生じる。消費者保護の観点からは、この規定は削除すべきでない） （*この規定がないと、弁済者は領収書を五年間保存する必要が生じる。消費者保護の観点からは、この規定は削除すべきでない） （*この規定がないと、弁済者は領収書を五年間保存する必要が生じる。消費者保護の観点からは、この規定は削除すべきでない） （*この規定がないと、弁済者は領収書を五年間保存する必要が生じる。消費者保護の観点からは、この規定は削除すべきでない）

（削る）

　第百七十四条　次に掲げる債権は、一年間行使しないときは、消滅する。

〔一年の短期消滅時効〕

　三　学芸又は技能の教育を行う者が生徒の教育、衣食又は寄宿の代価について有する債権

　二　自己の技能を用い、注文を受けて、物を製作し又は自己の仕事場で他人のために仕事をすることを業とする者の仕事に関する債権

　代価に係る債権

　一　月又はこれより短い時期によって定めた使用人の給料に係る債権

　二　自己の労力の提供又は演芸を業とする者の報酬又はその供給した物の代価に係る債権

　三　運送賃に係る債権

　四　旅館、料理店、飲食店、貸席又は娯楽場の宿泊料、飲食料、席料、入場料、消費物の代価又は立替金に係る債権

　五　動産の損料に係る債権

〔判決で確定した権利の消滅時効〕

　第百七十四条の二　確定判決によって確定した権利については、十年より短い時効期間の定めがあるものであっても、その時効期間は、十年とする。裁判上の和解、調停その他確定判決と同

（＊この規定がないと、弁済者は領収書を五年間保存する必要が生じる。消費者保護の観点からは、この規定は削除すべきでない）

改正案	現行	条文内容対照・コメント
第二百八十四条　（略） 2　共有者に対する時効の更新は、地役権を行使する各共有者に対してしなければ、その効力を生じない。 3　地役権を行使する共有者が数人ある場合には、その一人について時効の完成猶予の事由があっても、時効は、各共有者のために進行する。 （地役権の消滅時効） 第二百九十一条　第百六十六条第二項に規定する消滅時効の期間は、継続的でなく行使される地役権については最後の行使の時から起算し、継続的に行使される地役権についてはその行使を妨げる事実が生じた時から起算する。 第二百九十二条　要役地が数人の共有に属する場合において、その一人のために時効の完成猶予又は更新があるときは、その完成猶予又は更新は、他の共有者のためにも、その効力を生ずる。	第二百八十四条　（同上） 2　共有者に対する時効の中断は、地役権を行使する各共有者に対してしなければ、その効力を生じない。 3　地役権を行使する共有者が数人ある場合には、その一人について時効の停止の原因があっても、時効は、各共有者のために進行する。 （地役権の消滅時効） 第二百九十一条　第百六十七条第二項に規定する消滅時効の期間は、継続的でなく行使される地役権については最後の行使の時から起算し、継続的に行使される地役権についてはその行使を妨げる事実が生じた時から起算する。 第二百九十二条　要役地が数人の共有に属する場合において、その一人のために時効の中断又は停止があるときは、その中断又は停止は、他の共有者のためにも、その効力を生ずる。	一の効力を有するものによって確定した権利についても、同様とする。 2　前項の規定は、確定の時に弁済期の到来していない債権については、適用しない。

◆　第Ⅲ部　法務省版新旧対照条文と編者による内容対照・コメント

| 第三百六十六条　賃貸人は、第六百二十二条の二第一項に規定する敷金を受け取っている場合には、その敷金で弁済を受けない債権の部分についてのみ先取特権を有する。（設定行為に別段の定めがある場合等）第三百五十九条　前三条の規定は、設定行為に別段の定めがあるとき、又は担保不動産収益執行（民事執行法第百八十条第二号に規定する担保不動産収益執行をいう。以下同じ。）の開始があったときは、適用しない。第三百六十三条　削除（債権を目的とする質権の対抗要件）第三百六十四条　債権を目的とする質権の設定（現に発生していない債権を目的とするものを含む。）は、第四百六十七条の規定に従い、第三債務者にその質権の設定を通知し、又は第三債務者がこれを承諾しなければ、これをもって第三債務者その他の第三者に対抗することができない。 | 第三百六十六条　賃貸人は、敷金を受け取っている場合には、その敷金で弁済を受けない債権の部分についてのみ先取特権を有する。（設定行為に別段の定めがある場合等）第三百五十九条　前三条の規定は、設定行為に別段の定めがあるとき、又は担保不動産収益執行（民事執行法（昭和五十四年法律第四号）第百八十条第二号に規定する担保不動産収益執行をいう。以下同じ。）の開始があったときは、適用しない。（債権質の設定）第三百六十三条　債権であってこれを譲り渡すにはその証書を交付することを要するものを質権の目的とするときは、質権の設定は、その証書を交付することによって、その効力を生ずる。（指名債権を目的とする質権の対抗要件）第三百六十四条　指名債権を質権の目的としたときは、第四百六十七条の規定に従い、第三債務者に質権の設定を通知し、又は第三債務者がこれを承諾しなければ、これをもって第三債務者その他の第三者に対抗することができない。 |

改正案	現行	条文内容対照・コメント
第三百六十五条　削除	（指図債権を目的とする質権の対抗要件） 第三百六十五条　指図債権を質権の目的としたときは、その証書に質権の設定の裏書をしなければ、これをもって第三者に対抗することができない。	
（抵当権の効力の及ぶ範囲） 第三百七十条　抵当権は、抵当地の上に存する建物を除き、その目的である不動産（以下「抵当不動産」という。）に付加して一体となっている物に及ぶ。ただし、設定行為に別段の定めがある場合及び債務者の行為について第四百二十四条第三項に規定する詐害行為取消請求をすることができる場合は、この限りでない。	（抵当権の効力の及ぶ範囲） 第三百七十条　抵当権は、抵当地の上に存する建物を除き、その目的である不動産（以下「抵当不動産」という。）に付加して一体となっている物に及ぶ。ただし、設定行為に別段の定めがある場合及び第四百二十四条第三項の規定により債務者の行為を取り消すことができる場合は、この限りでない。	
（根抵当権） 第三百九十八条の二　（略） 2　（略） 3　特定の原因に基づいて債務者との間に継続して生ずる債権、手形上若しくは小切手上の請求権又は電子記録債権（電子記録債権法（平成十九年法律第百二号）第二条第一項に規定する電子記録債権をいう。次条第二項において同じ。）は、前項の規定にかかわらず、根抵当権の担保すべき債権とすることができる。	（根抵当権） 第三百九十八条の二　（同上） 2　（同上） 3　特定の原因に基づいて債務者との間に継続して生ずる債権又は手形上若しくは小切手上の請求権は、前項の規定にかかわらず、根抵当権の担保すべき債権とすることができる。	

（根抵当権の被担保債権の範囲） 第三百九十八条の三　（略） ２　債務者との取引によらないで取得する手形上若しくは小切手上の請求権又は電子記録債権を根抵当権の担保すべき債権とした場合において、次に掲げる事由があったときは、その前に取得したものについてのみ、その根抵当権を行使することができる。ただし、その後に取得したものであっても、その事由を知らないで取得したものについては、これを行使することを妨げない。 　一～三　（略） （根抵当権の被担保債権の譲渡等） 第三百九十八条の七　（略） ２　（略） ３　元本の確定前に免責的債務引受があった場合における債権者は、第四百七十二条の四第一項の規定にかかわらず、根抵当権を引受人が負担する債務に移すことができない。 ４　元本の確定前に債権者又は債務者の交替による更改があった場合における更改前の債権者は、第五百十八条第一項の規定にかかわらず、根抵当権を更改後の債務に移すことができない。元本の確定	（根抵当権の被担保債権の範囲） 第三百九十八条の三　（同上） ２　債務者との取引によらないで取得する手形上又は小切手上の請求権を根抵当権の担保すべき債権とした場合において、次に掲げる事由があったときは、その前に取得したものについてのみ、その根抵当権を行使することができる。ただし、その後に取得したものであっても、その事由を知らないで取得したものについては、これを行使することを妨げない。 　一～三　（同上） （根抵当権の被担保債権の譲渡等） 第三百九十八条の七　（同上） ２　（同上） ３　（新設） 　元本の確定前に債権者又は債務者の交替による更改があったときは、その当事者は、第五百十八条の規定にかかわらず、根抵当権を更改後の債務に移すことができない。

改正案	現行	条文内容対照・コメント
前に債務者の交替による更改があった場合における債権者も、同様とする。 （特定物の引渡しの場合の注意義務） 第四百条　債権の目的が特定物の引渡しであるときは、債務者は、その引渡しをするまで、契約その他の債権の発生原因及び取引上の社会通念に照らして定まる善良な管理者の注意をもって、その物を保存しなければならない。 （法定利率） 第四百四条　利息を生ずべき債権について別段の意思表示がないときは、その利率は、その利息が生じた最初の時点における法定利率による。 2　法定利率は、年三パーセントとする。 3　前項の規定にかかわらず、法定利率は、法務省令で定めるところにより、三年を一期とし、一期ごとに、次項の規定により変動するものとする。 4　各期における法定利率は、この項の規定により法定利率に変動があった期のうち直近のもの（以下この項において「直近変動期」という。）における基準割合と当期における基準割合との差に相当する割合（その割合に一パーセント未満の端数があるときは、これを切り捨てる。）を直近変動期における法定利	（特定物の引渡しの場合の注意義務） 第四百条　債権の目的が特定物の引渡しであるときは、債務者は、その引渡しをするまで、善良な管理者の注意をもって、その物を保存しなければならない。 （法定利率） 第四百四条　利息を生ずべき債権について別段の意思表示がないときは、その利率は、年五分とする。 （新設） （新設） （新設）	〔＊濫用の危険が予想される「社会通念」が判断基準として明文で規定されているが、この用語は削除されるべきである。〕

(30)

◆　第Ⅲ部　法務省版新旧対照条文と編者による内容対照・コメント　295

5 前項に規定する「基準割合」とは、法務省令で定めるところにより、各期の初日の属する年の六年前の年の一月から前々年の十二月までの各月における短期貸付けの平均利率（当該各月において銀行が新たに行った貸付け（貸付期間が一年未満のものに限る。）に係る利率の平均をいう。）の合計を六十で除して計算した割合（その割合に〇・一パーセント未満の端数があるときは、これを切り捨てる。）として法務大臣が告示するものをいう。	（新設）
（不能による選択債権の特定） 第四百十条 債権の目的である給付の中に不能のものがある場合において、その不能が選択権を有する者の過失によるものであるときは、債権は、その残存するものについて存在する。	（不能による選択債権の特定） 第四百十条 債権の目的である給付の中に、初めから不能であるもの又は後に至って不能となったものがあるときは、債権は、その残存するものについて存在する。 2 選択権を有しない当事者の過失によって給付が不能となったときは、前項の規定は、適用しない。
（削る）	
（履行期と履行遅滞） 第四百十二条　（略） 2　債務の履行について不確定期限があるときは、債務者は、その期限の到来した後に履行の請求を受けた時又はその期限の到来したことを知った時のいずれか早い時から遅滞の責任を負う	（履行期と履行遅滞） 第四百十二条　（同上） 2　債務の履行について不確定期限があるときは、債務者は、その期限の到来したことを知った時から遅滞の責任を負う。

改正案	現行	条文内容対照・コメント
3 (略) (履行不能) 第四百十二条の二　債務の履行が契約その他の債務の発生原因及び取引上の社会通念に照らして不能であるときは、債権者は、その債務の履行を請求することができない。 2　契約に基づく債務の履行がその契約の成立の時に不能であったことは、第四百十五条の規定によりその履行の不能によって生じた損害の賠償を請求することを妨げない。 (受領遅滞) 第四百十三条　債権者が債務の履行を受けることを拒み、又は受けることができない場合において、その債務の目的が特定物の引渡しであるときは、債務者は、履行の提供をした時からその引渡しをするまで、自己の財産に対するのと同一の注意をもって、その物を保存すれば足りる。 2　債権者が債務の履行を受けることを拒み、又は受けることができないことによって、その履行の費用が増加したときは、その増加額は、債権者の負担とする。 (履行遅滞又は受領遅滞中の履行不能と帰責事由)	3 (同上) (新設) (受領遅滞) 第四百十三条　債権者が債務の履行を受けることを拒み、又は受けることができないときは、その債権者は、履行の提供があった時から遅滞の責任を負う。	（＊履行不能は、債務不履行の一形態にすぎず、特別扱いをする必要はないように思われる。また、改正案第四百十二条の二において、履行不能の意味を、「債務の履行が契約その他の債務の発生原因及び取引上の社会通念に照らして不能であるとき」としているが、「及び取引上の社会通念」の部分は、不能か不能でないかの判断基準としてあいまいすぎるため、削除すべきであると思われる。」

第四百四十三条の二　債務者がその債務について遅滞の責任を負っている間に当事者双方の責めに帰することができない事由によってその債務の履行が不能となったときは、その履行の不能は、債務者の責めに帰すべき事由によるものとみなす。

2　債権者が債務の履行を受けることを拒み、又は受けることができない場合において、履行の提供があった時以後に当事者双方の責めに帰することができない事由によってその債務の履行が不能となったときは、その履行の不能は、債権者の責めに帰すべき事由によるものとみなす。

（新設）

（履行の強制）
第四百四十四条　債務者が任意に債務の履行をしないときは、債権者は、民事執行法その他強制執行の手続に関する法令の規定に従い、直接強制、代替執行、間接強制その他の方法による履行の強制を裁判所に請求することができる。ただし、債務の性質がこれを許さないときは、この限りでない。

（削る）

（履行の強制）
第四百四十四条　債務者が任意に債務の履行をしないときは、債権者は、その強制履行を裁判所に請求することができる。ただし、債務の性質がこれを許さないときは、この限りでない。

2　債務の性質が強制履行を許さない場合において、その債務が作為を目的とするときは、債権者は、債務者の費用で第三者にこれをさせることを裁判所に請求することができる。ただし、法律行為を目的とする債務については、裁判をもって債務者の意思表示に代えることができる。

3　不作為を目的とする債務については、債務者の費用で、債務

（削る）

［＊改正案第四百四十三条の二第一項、および、第二項は、「みなす」としているが、「推定する」とするのがのぞましい。その理由は、解釈が硬直的となる「みなし規定」とするよりも、推定規定とする方が柔軟な解釈が可能となるからである。特に、第二項の場合には、後述の改正案第五百四十三条と組み合わさった場合、受領遅滞に陥った債権者は、契約の解除ができなくなるおそれが生じるため、「みなし」規定は避ける必要があると思われる。］

［＊現行第四百四十四条第三項は、削除すべきでないと思われる。］

改正案	現行	条文内容対照・コメント
2 前項の規定は、損害賠償の請求を妨げない。 （債務不履行による損害賠償） 第四百十五条　債務者がその債務の本旨に従った履行をしないとき又は債務の履行が不能であるときは、債権者は、これによって生じた損害の賠償を請求することができる。ただし、その債務の不履行が契約その他の債務の発生原因及び取引上の社会通念に照らして債務者の責めに帰することができない事由によるものであるときは、この限りでない。 2 前項の規定により損害賠償の請求をすることができる場合において、債権者は、次に掲げるときは、債務の履行に代わる損害賠償の請求をすることができる。 一　債務の履行が不能であるとき。 二　債務者がその債務の履行を拒絶する意思を明確に表示したとき。 三　債務が契約によって生じたものである場合において、その契約が解除され、又は債務の不履行による契約の解除権が発生したとき。 （損害賠償の範囲）	4 前三項の規定は、損害賠償の請求を妨げない。 （債務不履行による損害賠償） 第四百十五条　債務者がその債務の本旨に従った履行をしないときは、債権者は、これによって生じた損害の賠償を請求することができる。債務者の責めに帰すべき事由によって履行をすることができなくなったときも、同様とする。 （損害賠償の範囲）	者がした行為の結果を除去し、又は将来のため適当な処分をすることを裁判所に請求することができる。 その理由は、民事執行法には、不作為債務の強制執行に対応する条文が完備していないし、たとえ整備法によって条文が完備されたとしても、実体法上の規範を残しておくことが必要だからである。〕 〔*債務不履行の定義としての「債務者がその債務の本旨に従った履行をしないとき」には、「債務の履行が不能であるとき」も当然に含まれているので、両者を「又は」で並列させることは、論理的には、矛盾する。「又は債務の履行が不能であるとき」の部分は、重複しており、削除すべきであると思われる。〕 〔*濫用の危険が予想される「社会通念」が判断基準として明文で規定されているが、この用語は削除されるべきである。〕

第四百四十六条　（略） 2　特別の事情によって生じた損害であっても、当事者がその事情を予見すべきであったときは、債権者は、その賠償を請求することができる。 （中間利息の控除） 第四百四十七条の二　将来において取得すべき利益についての損害賠償の額を定める場合において、その利益を取得すべき時までの利息相当額を控除するときは、その損害賠償の請求権が生じた時点における法定利率により、これをする。 2　将来において負担すべき費用についての損害賠償の額を定める場合において、その費用を負担すべき時までの利息相当額を控除するときも、前項と同様とする。 （過失相殺） 第四百四十八条　債務の不履行又はこれによる損害の発生若しくは拡大に関して債権者に過失があったときは、裁判所は、これを考慮して、損害賠償の責任及びその額を定める。 （金銭債務の特則） 第四百四十九条　金銭の給付を目的とする債務の不履行については、その損害賠償の額は、債務者が遅滞の責任を負った最初の時	第四百四十六条　（同上） 2　特別の事情によって生じた損害であっても、当事者がその事情を予見し、又は予見することができたときは、債権者は、その賠償を請求することができる。 （新設） （過失相殺） 第四百四十八条　債務の不履行に関して債権者に過失があったときは、裁判所は、これを考慮して、損害賠償の責任及びその額を定める。 （金銭債務の特則） 第四百四十九条　金銭の給付を目的とする債務の不履行については、その損害賠償の額は、法定利率によって定める。ただし、約

改正案	現行	条文内容対照・コメント
点における法定利率によって定める。ただし、約定利率が法定利率を超えるときは、約定利率による。 2・3　（略） （賠償額の予定） 第四百二十条　当事者は、債務の不履行について損害賠償の額を予定することができる。 2・3　（略） （代償請求権） 第四百二十二条の二　債権者が、その債務の履行が不能となったのと同一の原因により債務の目的物の代償である権利又は利益を取得したときは、債権者は、その受けた損害の額の限度において、債務者に対し、その権利の移転又はその利益の償還を請求することができる。 第二款　債権者代位権 （債権者代位権の要件） 第四百二十三条　債権者は、自己の債権を保全するため必要があるときは、債務者に属する権利（以下「被代位権利」という。	定利率が法定利率を超えるときは、約定利率による。 2・3　（同上） （賠償額の予定） 第四百二十条　当事者は、債務の不履行について損害賠償の額を予定することができる。この場合において、裁判所は、その額を増減することができない。 2・3　（同上） （新設） 第二款　債権者代位権及び詐害行為取消権 （債権者代位権） 第四百二十三条　債権者は、自己の債権を保全するため、債務者に属する権利を行使することができる。ただし、債務者の一身	＊現行第四百二十条は、「契約自由」「私的自治」を重視するあまり、法外な損害賠償額の予定または違約金の定めが横行する現代社会において、実情に合わなくなった条文の典型例である。なぜなら、この条文は、消費者保護等の視点から裁判所が不適切な損害賠償・違約金の定めに干渉し、是正することを禁止してきた。この点、改正案が、「裁判所は、その額を増減することができない」という文言を削除したことは、評価できる。しかし、裁判所が、その額を増減するためには、法律上の基準が必要である。割賦販売法第六条とか、消費者契約法第九条とかは、その基準を明らかにしてきたのであり、民法においても、その基準を示すことが必要である。そこで、改正案の末尾に、「この場合において、その賠償額が通常生ずべき損害と比較して過大であるときは、裁判所は、その額を通常生ずべき損害の範囲まで減額することができる。」との条項を追加して、民法制定以来の社会・経済の変化への対応を図」るとともに、裁判官の判断に一定の基準を与えるべきであると考える。

(36)

◆　第Ⅲ部　法務省版新旧対照条文と編者による内容対照・コメント　　289

）を行使することができる。ただし、債務者の一身に専属する権利及び差押えを禁じられた権利は、この限りでない。

2　債権者は、その債権の期限が到来しない間は、被代位権利を行使することができない。ただし、保存行為は、この限りでない。

3　債権者は、その債権が強制執行により実現することのできないものであるときは、被代位権利を行使することができない。

（代位行使の範囲）
第四百二十三条の二　債権者は、被代位権利を行使する場合において、被代位権利の目的が可分であるときは、自己の債権の額の限度においてのみ、被代位権利を行使することができる。

（債権者への支払又は引渡し）
第四百二十三条の三　債権者は、被代位権利を行使する場合において、被代位権利が金銭の支払又は動産の引渡しを目的とするものであるときは、相手方に対し、その支払又は引渡しを自己に対してすることを求めることができる。この場合において、相手方が債権者に対してその支払又は引渡しをしたときは、被代位権利は、これによって消滅する。

（相手方の抗弁）

　　　　　　　　　　　　　に専属する権利は、この限りでない。

2　債権者は、その債権の期限が到来しない間は、裁判上の代位によらなければ、前項の権利を行使することができない。ただし、保存行為は、この限りでない。

（新設）

（新設）

（新設）

改正案	現行	条文内容対照・コメント
第四百二十三条の四　債権者が被代位権利を行使したときは、相手方は、債務者に対して主張することができる抗弁をもって、債権者に対抗することができる。 （債務者の取立てその他の処分の権限等） 第四百二十三条の五　債権者が被代位権利を行使した場合であっても、債務者は、被代位権利について、自ら取立てその他の処分をすることを妨げられない。この場合においては、相手方も、被代位権利について、債務者に対して履行をすることを妨げられない。 （被代位権利の行使に係る訴えを提起した場合の訴訟告知） 第四百二十三条の六　債権者は、被代位権利の行使に係る訴えを提起したときは、遅滞なく、債務者に対し、訴訟告知をしなければならない。 （登記又は登録の請求権を保全するための債権者代位権） 第四百二十三条の七　登記又は登録をしなければ権利の得喪及び変更を第三者に対抗することができない財産を譲り受けた者は、その譲渡人が第三者に対して有する登記手続又は登録手続をすべきことを請求する権利を行使しないときは、その権利を行使することができる。この場合においては、前三条の規定を準	（新設） （新設） （新設） （新設）	

用する。 　　　第三款　詐害行為取消権 　　　　第一目　詐害行為取消権の要件 　（詐害行為取消請求） 第四百二十四条　債権者は、債務者が債権者を害することを知ってした行為の取消しを裁判所に請求することができる。ただし、その行為によって利益を受けた者（以下この款において「受益者」という。）がその行為の時において債権者を害することを知らなかったときは、この限りでない。 2　前項の規定は、財産権を目的としない行為については、適用しない。 3　債権者は、その債権が第一項に規定する行為の前の原因に基づいて生じたものである場合に限り、同項の規定による請求（以下「詐害行為取消請求」という。）をすることができる。 4　債権者は、その債権が強制執行により実現することのできないものであるときは、詐害行為取消請求をすることができない。 　（相当の対価を得てした財産の処分行為の特則） 第四百二十四条の二　債務者が、その有する財産を処分する行為	（新設） 　（詐害行為取消権）　　　　　　（新設） 第四百二十四条　債権者は、債務者が債権者を害することを知ってした法律行為の取消しを裁判所に請求することができる。ただし、その行為によって利益を受けた者又は転得者がその行為又は転得の時において債権者を害すべき事実を知らなかったときは、この限りでない。 2　前項の規定は、財産権を目的としない法律行為については、適用しない。 　　　　　　　　　　　　　　　（新設） 　　　　　　　　　　　　　　　（新設） 　　　　　　　　　　　　　　　（新設）

改正案	現行	条文内容対照・コメント
をした場合において、受益者から相当の対価を取得しているときは、債権者は、次に掲げる要件のいずれにも該当する場合に限り、その行為について、詐害行為取消請求をすることができる。 一　その行為が、不動産の金銭への換価その他の当該処分による財産の種類の変更により、債務者において隠匿、無償の供与その他の債権者を害することとなる処分（以下この条において「隠匿等の処分」という。）をするおそれを現に生じさせるものであること。 二　債務者が、その行為の当時、対価として取得した金銭その他の財産について、隠匿等の処分をする意思を有していたこと。 三　受益者が、その行為の当時、債務者が隠匿等の処分をする意思を有していたことを知っていたこと。 （特定の債権者に対する担保の供与等の特則） 第四百二十四条の三　債務者がした既存の債務についての担保の供与又は債務の消滅に関する行為について、債権者は、次に掲げる要件のいずれにも該当する場合に限り、詐害行為取消請求をすることができる。 一　その行為が、債務者が支払不能（債務者が、支払能力を欠くために、その債務のうち弁済期にあるものにつき、一般的	(新設)	

かつ継続的に弁済することができない状態をいう。次項第一号において同じ。)の時に行われたものであること。

二　その行為が、債務者と受益者とが通謀して他の債権者を害する意図をもって行われたものであること。

2　前項に規定する行為が、債務者の義務に属せず、又はその時期が債務者の義務に属しないものである場合において、次に掲げる要件のいずれにも該当するときは、債権者は、同項の規定にかかわらず、その行為について、詐害行為取消請求をすることができる。

一　その行為が、債務者が支払不能になる前三十日以内に行われたものであること。

二　その行為が、債務者と受益者とが通謀して他の債権者を害する意図をもって行われたものであること。

（過大な代物弁済等の特則）

第四百二十四条の四　債務者がした債務の消滅に関する行為であって、受益者の受けた給付の価額がその行為によって消滅した債務の額より過大であるものについて、第四百二十四条に規定する要件に該当するときは、債権者は、前条第一項の規定にかかわらず、その消滅した債務の額に相当する部分以外の部分については、詐害行為取消請求をすることができる。

（新設）

改正案	現行	条文内容対照・コメント
(転得者に対する詐害行為取消請求) 第四百二十四条の五　債権者は、受益者に対して詐害行為取消請求をすることができる場合において、受益者に移転した財産を転得した者があるときは、次の各号に掲げる区分に応じ、それぞれ当該各号に定める場合に限り、その転得者に対しても、詐害行為取消請求をすることができる。 一　その転得者が受益者から転得した者である場合　その転得者が、転得の当時、債務者がした行為が債権者を害することを知っていたとき。 二　その転得者が他の転得者から転得した者である場合　その転得者及びその前に転得した全ての転得者が、それぞれの転得の当時、債務者がした行為が債権者を害することを知っていたとき。 　　　第二目　詐害行為取消権の行使の方法等 (財産の返還又は価額の償還の請求) 第四百二十四条の六　債権者は、受益者に対する詐害行為取消請求において、債務者がした行為の取消しとともに、その行為によって受益者に移転した財産の返還を請求することができる。受益者がその財産の返還をすることが困難であるときは、債権者は、その価額の償還を請求することができる。	(新設) (新設) (新設)	

2　債権者は、転得者に対する詐害行為取消請求において、債務者がした行為の取消しとともに、転得者が転得した財産の返還を請求することができる。転得者がその財産の返還をすることが困難であるときは、債権者は、その価額の償還を請求することができる。

（被告及び訴訟告知）

第四百二十四条の七　詐害行為取消請求に係る訴えについては、次の各号に掲げる区分に応じ、それぞれ当該各号に定める者を被告とする。

一　受益者に対する詐害行為取消請求に係る訴え　受益者

二　転得者に対する詐害行為取消請求に係る訴え　その詐害行為取消請求の相手方である転得者

2　債権者は、詐害行為取消請求に係る訴えを提起したときは、遅滞なく、債務者に対し、訴訟告知をしなければならない。

（詐害行為の取消しの範囲）

第四百二十四条の八　債権者は、詐害行為取消請求をする場合において、債務者がした行為の目的が可分であるときは、自己の債権の額の限度においてのみ、その行為の取消しを請求することができる。

2　債権者が第四百二十四条の六第一項後段又は第二項後段の規

（新設）

（新設）

改正案	現行	条文内容対照・コメント
定により価額の償還を請求する場合についても、前項と同様とする。 （債権者への支払又は引渡し） 第四百二十四条の九　債権者は、第四百二十四条の六第一項前段又は第二項前段の規定により受益者又は転得者に対して財産の返還を請求する場合において、その返還の請求が金銭の支払又は動産の引渡しを求めるものであるときは、受益者に対してその支払又は引渡しを、転得者に対してその引渡しを、自己に対してすることを求めることができる。この場合において、受益者又は転得者は、債務者に対してその支払又は引渡しをしたときは、債務者に対してその支払又は引渡しをすることを要しない。 2　債権者が第四百二十四条の六第一項後段又は第二項後段の規定により受益者又は転得者に対して価額の償還を請求する場合についても、前項と同様とする。 　　　　第三目　詐害行為取消権の行使の効果 （認容判決の効力が及ぶ者の範囲） 第四百二十五条　詐害行為取消請求を認容する確定判決は、債務者及びその全ての債権者に対してもその効力を有する。	（新設） （新設） （詐害行為の取消しの効果） 第四百二十五条　前条の規定による取消しは、すべての債権者の利益のためにその効力を生ずる。	

（債務者の受けた反対給付に関する受益者の権利）

第四百二十五条の二　債務者がした財産の処分に関する行為（債務の消滅に関する行為を除く。）が取り消されたときは、受益者は、債務者に対し、その財産を取得するためにした反対給付の返還を請求することができる。債務者がその反対給付の返還をすることが困難であるときは、受益者は、その価額の償還を請求することができる。

（新設）

（受益者の債権の回復）

第四百二十五条の三　債務者がした債務の消滅に関する行為が取り消された場合（第四百二十四条の四の規定により取り消された場合を除く。）において、受益者が債務者から受けた給付を返還し、又はその価額を償還したときは、受益者の債務者に対する債権は、これによって原状に復する。

（新設）

（詐害行為取消請求を受けた転得者の権利）

第四百二十五条の四　債務者がした行為が転得者に対する詐害行為取消請求によって取り消されたときは、その転得者は、次の各号に掲げる区分に応じ、それぞれ当該各号に定める権利を行使することができる。ただし、その転得者がその前者から財産を取得するためにした反対給付又はその前者から財産を取得す

（新設）

改正案	現行	条文内容対照・コメント
ることによって消滅した債権の価額を限度とする。 一　第四百二十五条の二に規定する行為が取り消された場合　その行為が受益者によって取り消されたとすれば同条の規定により生ずべき受益者の債務者に対する反対給付の返還請求権又はその価額の償還請求権 二　前条に規定する行為が取り消された場合（第四百二十四条の四の規定により取り消された場合を除く。）　その行為が受益者に対する詐害行為取消請求によって取り消されたとすれば前条の規定により回復すべき受益者の債務者に対する債権 　　　第四目　詐害行為取消権の期間の制限 第四百二十六条　詐害行為取消請求に係る訴えは、債務者が債権者を害することを知って行為をしたことを債権者が知った時から二年を経過したときは、提起することができない。行為の時から十年を経過したときも、同様とする。 （不可分債権） 第四百二十八条　次款（連帯債権）の規定（第四百三十三条及び第四百三十五条の規定を除く。）は、債権の目的がその性質上	（新設） （詐害行為取消権の期間の制限） 第四百二十六条　第四百二十四条の規定による取消権は、債権者が取消しの原因を知った時から二年間行使しないときは、時効によって消滅する。行為の時から二十年を経過したときも、同様とする。 （不可分債権） 第四百二十八条　債権の目的がその性質上不可分である場合において、数人の債権者があるときは当事者の意思表示	

不可分である場合において、数人の債権者があるときについて準用する。	は、各債権者はすべての債権者のために履行を請求し、債務者はすべての債権者のために各債権者に対して履行をすることができる。
（不可分債権者の一人との間の更改又は免除） 第四百二十九条　不可分債権者の一人と債務者との間に更改又は免除があった場合においても、他の不可分債権者は、債務の全部の履行を請求することができる。この場合においては、その一人の不可分債権者がその権利を失わなければ分与されるべき利益を債務者に償還しなければならない。	（不可分債権者の一人について生じた事由等の効力） 第四百二十九条　不可分債権者の一人と債務者との間に更改又は免除があった場合においても、他の不可分債権者は、債務の全部の履行を請求することができる。この場合においては、その一人の不可分債権者がその権利を失わなければ分与されるべき利益を債務者に償還しなければならない。
（削る）	2　前項に規定する場合のほか、不可分債権者の一人の行為又は一人について生じた事由は、他の不可分債権者に対してその効力を生じない。
（不可分債務） 第四百三十条　第四款（連帯債務）の規定（第四百四十条の規定を除く。）は、債務の目的がその性質上不可分である場合において、数人の債務者があるときについて準用する。	（不可分債務） 第四百三十条　前条の規定及び次款（連帯債務）の規定（第四百三十四条から第四百四十条までの規定を除く。）は、数人が不可分債務を負担する場合について準用する。
第三款　連帯債権	（新設）
（連帯債権者による履行の請求等）	

改正案	現行	条文内容対照・コメント
第四百三十二条　債権の目的がその性質上可分である場合において、法令の規定又は当事者の意思表示によって数人が連帯して債権を有するときは、各債権者は、全ての債権者のために全部又は一部の履行を請求することができ、債務者は、全ての債権者のために各債権者に対して履行をすることができる。（新設）		［＊確かに、現行第四百三十二条は、債権者を保護しすぎる規定であるが、債権者を適切に保護することは必要であり、第四百五十七条と矛盾が生じないようにするためにも、改正案第四百三十七条は、「連帯債務者の一人に対する履行の請求は、その負担部分の限度において、他の連帯債務者に対しても、その効力を生じる。」と改正すべきであると考える。］
（連帯債権者の一人との間の更改又は免除） 第四百三十三条　連帯債権者の一人と債務者との間に更改又は免除があったときは、その連帯債権者がその権利を失わなければ分与されるべき利益に係る部分については、他の連帯債権者は、履行を請求することができない。（新設）		
（連帯債権者の一人との間の相殺） 第四百三十四条　債務者が連帯債権者の一人に対して債権を有する場合において、その債務者が相殺を援用したときは、その相殺は、他の連帯債権者に対しても、その効力を生ずる。（新設）		
（連帯債権者の一人との間の混同） 第四百三十五条　連帯債権者の一人と債務者との間に混同があったときは、債務者は、弁済をしたものとみなす。（新設）		
（相対的効力の原則）		

第四百三十五条の二　第四百三十二条から前条までに規定する場合を除き、連帯債権者の一人の行為又は一人について生じた事由は、他の連帯債権者に対してその効力を生じない。ただし、他の連帯債権者の一人及び債務者が別段の意思を表示したときは、当該他の連帯債権者に対する効力は、その意思に従う。 　　　第四款　連帯債務 　（連帯債務者に対する履行の請求） 第四百三十六条　債務の目的がその性質上可分である場合において、法令の規定又は当事者の意思表示によって数人が連帯して債務を負担するときは、債権者は、その連帯債務者の一人に対し、又は同時に若しくは順次に全ての連帯債務者に対し、全部又は一部の履行を請求することができる。 　（連帯債務者の一人についての法律行為の無効等） 第四百三十七条　（略） 　（削る）	（新設） 　　　第三款　連帯債務 　（履行の請求） 第四百三十二条　数人が連帯債務を負担するときは、債権者は、その連帯債務者の一人に対し、又は同時に若しくは順次にすべての連帯債務者に対し、全部又は一部の履行を請求することができる。 　（連帯債務者の一人についての法律行為の無効等） 第四百三十三条　（同上） 　（連帯債務者の一人に対する履行の請求） 第四百三十四条　連帯債務者の一人に対する履行の請求は、他の連帯債務者に対しても、その効力を生ずる。

改正案	現行	条文内容対照・コメント
（連帯債務者の一人との間の更改） 第四百三十八条　連帯債務者の一人と債権者との間に更改があったときは、債権は、全ての連帯債務者の利益のために消滅する。	（連帯債務者の一人との間の更改） 第四百三十五条　連帯債務者の一人と債権者との間に更改があったときは、債権は、すべての連帯債務者の利益のために消滅する。	［＊連帯債務者の一人に生じた事由が他の連帯債務者に対して対外的にその効力を生じさせるのは、法律の規定によるのであり、債権者及び他の連帯債務者の一人との間の意思表示によって、対
（連帯債務者の一人による相殺等） 第四百三十九条　連帯債務者の一人が債権者に対して債権を有する場合において、その連帯債務者が相殺を援用したときは、債権は、全ての連帯債務者の利益のために消滅する。 2　前項の債権を有する連帯債務者が相殺を援用しない間は、その連帯債務者の負担部分の限度において、他の連帯債務者は、債権者に対して債務の履行を拒むことができる。	（連帯債務者の一人による相殺等） 第四百三十六条　連帯債務者の一人が債権者に対して債権を有する場合において、その連帯債務者が相殺を援用したときは、債権は、すべての連帯債務者の利益のために消滅する。 2　前項の債権を有する連帯債務者が相殺を援用しない間は、その連帯債務者の負担部分についてのみ他の連帯債務者が相殺を援用することができる。	
（削る）	（連帯債務者の一人に対する免除） 第四百三十七条　連帯債務者の一人に対してした債務の免除は、その連帯債務者の負担部分についてのみ、他の連帯債務者の利益のためにも、その効力を生ずる。	
（連帯債務者の一人との間の混同） 第四百四十条　（略）	（連帯債務者の一人との間の混同） 第四百三十八条　（同上）	
	（連帯債務者の一人についての時効の完成）	

(50)

(削る)		第四百三十九条　連帯債務者の一人のために時効が完成したときは、その連帯債務者の負担部分については、他の連帯債務者も、その義務を免れる。
（相対的効力の原則） 第四百四十一条　第四百三十八条、第四百三十九条第一項及び前条に規定する場合を除き、連帯債務者の一人について生じた事由は、他の連帯債務者に対してその効力を生じない。ただし、債権者及び他の連帯債務者の一人が別段の意思を表示したときは、当該他の連帯債務者に対する効力は、その意思に従う。	（相対的効力の原則） 第四百四十条　第四百三十四条から前条までに規定する場合を除き、連帯債務者の一人について生じた事由は、他の連帯債務者に対してその効力を生じない。	外的な効力を生じさせることはできない。この条文のただし書に象徴されるように、今回の連帯債務の改正は、連帯債務の性質をわきまえない稚拙な立法であり、この条文のただし書きを削除すると同時に、絶対的効力について、負担部分の消滅による必然的な効力〔連帯債務の保証部分の付従性の効力〕として、連帯債務全体の全面的な見直しを行うべきである。〕
（削る）	第四百四十一条　連帯債務者の全員又はそのうちの数人が破産手続開始の決定を受けたときは、債権者は、その債権の全額について各破産財団の配当に加入することができる。	
（連帯債務者間の求償権） 第四百四十二条　連帯債務者の一人が弁済をし、その他自己の財産をもって共同の免責を得たときは、その連帯債務者は、その免責を得た額が自己の負担部分を超えるかどうかにかかわらず、他の連帯債務者に対し、その免責を得るために支出した財産の額（その財産の額が共同の免責を得た額を超える場合にあっ	（連帯債務者間の求償権） 第四百四十二条　連帯債務者の一人が弁済をし、その他自己の財産をもって共同の免責を得たときは、その連帯債務者は、他の連帯債務者に対し、各自の負担部分について求償権を有する。	

改正案	現行	条文内容対照・コメント
ては、その免責を得た額）のうち各自の負担部分に応じた額の求償権を有する。 2　（略） （通知を怠った連帯債務者の求償の制限） 第四百四十三条　他の連帯債務者があることを知りながら、連帯債務者の一人が共同の免責を得ることを他の連帯債務者に通知しないで弁済をし、その他自己の財産をもって共同の免責を得た場合において、他の連帯債務者は、債権者に対抗することができる事由を有していたときは、その負担部分について、その事由をもってその免責を得た連帯債務者に対抗することができる。この場合において、相殺をもってその免責を得た連帯債務者に対抗したときは、その連帯債務者は、債権者に対し、相殺によって消滅すべきであった債務の履行を請求することができる。 2　弁済をし、その他自己の財産をもって共同の免責を得た連帯債務者が、他の連帯債務者があることを知りながらその免責を得たことを他の連帯債務者に通知することを怠ったため、他の連帯債務者が善意で弁済その他自己の財産をもって免責を得るための行為をしたときは、当該他の連帯債務者は、その免責を得るための行為を有効であったものとみなすことができる。	2　（同上） （通知を怠った連帯債務者の求償の制限） 第四百四十三条　連帯債務者の一人が債権者から履行の請求を受けたことを他の連帯債務者に通知しないで弁済をし、その他自己の財産をもって共同の免責を得た場合において、他の連帯債務者は、債権者に対抗することができる事由を有していたときは、その負担部分について、その事由をもってその免責を得た連帯債務者に対抗することができる。この場合において、相殺をもってその免責を得た連帯債務者に対抗したときは、その連帯債務者は、債権者に対し、相殺によって消滅すべきであった債務の履行を請求することができる。 2　連帯債務者の一人が弁済をし、その他自己の財産をもって共同の免責を得たことを他の連帯債務者に通知することを怠ったため、他の連帯債務者が善意で弁済をし、その他有償の行為をもって免責を得たときは、その免責を得た連帯債務者は、自己の弁済その他免責のためにした行為を有効であったものとみなすことができる。	

【左段】

（償還をする資力のない者の負担部分の分担）
第四百四十四条　連帯債務者の中に償還をする資力のない者があるときは、その償還をすることができない部分は、求償者及び他の資力のある者の間で、各自の負担部分に応じて分割して負担する。

2　前項に規定する場合において、求償者及び他の資力のある者がいずれも負担部分を有しない者であるときは、その償還をすることができない部分は、求償者及び他の資力のある者の間で等しい割合で負担する。

3　前二項の規定にかかわらず、償還を受けることができないことについて求償者に過失があるときは、他の連帯債務者に対して分担を請求することができない。

（連帯債務者の一人との間の免除等と求償権）
第四百四十五条　連帯債務者の一人に対して債務の免除がされ、又は連帯債務者の一人のために時効が完成した場合においても、他の連帯債務者は、その一人の連帯債務者に対し、第四百四十二条第一項の求償権を行使することができる。

第五款　保証債務

【中段】

（償還をする資力のない者の負担部分の分担）
第四百四十四条　連帯債務者の中に償還をする資力のない者があるときは、その償還をすることができない部分は、求償者及び他の資力のある者の間で、各自の負担部分に応じて分割して負担する。ただし、求償者に過失があるときは、他の連帯債務者に対して分担を請求することができない。

（新設）

（新設）

（連帯債務者の一人との間の免除等と求償権）
第四百四十五条　連帯債務者の一人が連帯の免除を得た場合において、他の連帯債務者の中に弁済をする資力のない者があるときは、債権者は、その資力のない者が弁済をすることができない部分のうち連帯の免除を得た者が負担すべき部分を負担する。

第四款　保証債務

【右段】

（新設）なお、第四百四十五条は、削除

【＊改正案は、現行第四百三十七条および第四百三十九条を削除すると同時に、債権者を保護するために、全額弁済をした連帯債務者に対して、免除を受けた連帯債務者、または、消滅時効が完成した連帯債務者に対して求償する権利を与え、その反面として、免除を受けたり、消滅時効を完成させたりした連帯債務者に対して、求償された部分を債権者から取り戻すという負担を負わす規定である。これに対して、現行法は、このような回り求償を避けるために、第四百三十七条および第四百三十九条の規定を置いていたのであり、これらの規定を削除して、回り求償の危険を連帯債務者に負担させるのは、免除を受けたり、時効を完成させたり行した連帯債務者に過酷な責任を負わすものであり、立法として行き過ぎであると思われる。連帯債務者を保護するために、この規定を撤廃し、現行第四百三十七条および第四百三十九条を復活させるべきであると考える。】

改正案	現行	条文内容対照・コメント
（保証人の責任等） 第四百四十六条　（略） 2　（略） 3　保証契約がその内容を記録した電磁的記録によってされたときは、その保証契約は、書面によってされたものとみなして、前項の規定を適用する。 （保証人の負担と主たる債務の目的又は態様） 第四百四十八条　（略） 2　主たる債務の目的又は態様が保証契約の締結後に加重されたときであっても、保証人の負担は加重されない。 （主たる債務者について生じた事由の効力） 第四百五十七条　主たる債務者に対する履行の請求その他の事由による時効の完成猶予及び更新は、保証人に対しても、その効力を生ずる。 2　保証人は、主たる債務者が主張することができる抗弁をもって債権者に対抗することができる。	（保証人の責任等） 第四百四十六条　（同上） 2　（同上） 3　保証契約がその内容を記録した電磁的記録（電子的方式、磁気的方式その他人の知覚によっては認識することができない方式で作られる記録であって、電子計算機による情報処理の用に供されるものをいう。）によってされたときは、その保証契約は、書面によってされたものとみなして、前項の規定を適用する。 （保証人の負担と主たる債務の目的又は態様） 第四百四十八条　（同上） （新設） （主たる債務者について生じた事由の効力） 第四百五十七条　主たる債務者に対する履行の請求その他の事由による時効の中断は、保証人に対しても、その効力を生ずる。 2　保証人は、主たる債務者の債権による相殺をもって債権者に対抗することができる。	［＊電磁的記録の定義は、改正案第百五十一条第四項ですでになされている。］

(54)

◆　第Ⅲ部　法務省版新旧対照条文と編者による内容対照・コメント　271

【改正案】

3　主たる債務者が債権者に対して相殺権、取消権又は解除権を有するときは、これらの権利の行使によって主たる債務者がその債務を免れるべき限度において、保証人は、債権者に対して債務の履行を拒むことができる。

（連帯保証人について生じた事由の効力）
第四五八条　第四百三十八条、第四百三十九条第一項、第四百四十条及び第四百四十一条の規定は、主たる債務者と連帯して債務を負担する保証人について生じた事由について準用する。

（主たる債務の履行状況に関する情報の提供義務）
第四百五十八条の二　保証人が主たる債務者の委託を受けて保証をした場合において、保証人の請求があったときは、債権者は、保証人に対し、遅滞なく、主たる債務の元本及び主たる債務に関する利息、違約金、損害賠償その他これらの債務に従たる全てのものについての不履行の有無並びにこれらの残額及びそのうち弁済期が到来しているものの額に関する情報を提供しなければならない。

（主たる債務者が期限の利益を喪失した場合における情報の提供義務）

【現行】

（新設）

（連帯保証人について生じた事由の効力）
第四五八条　第四百三十四条から第四百四十条までの規定は、主たる債務者が保証人と連帯して債務を負担する場合について準用する。

（新設）

【コメント】

〔＊改正案第四百五十七条第三項の最初に、「保証人又は」という文言を追加すべきである。その理由は、保証人が債権者に対して有している債権をもって、債権者の保証人に対する請求に対抗できることは、通説の認めるところであり、現行民法（現）の立法上の過誤であったことが指摘されているからである。したがって、改正案には、この点について、上記のような改正がなされるべきである。〕

改正案	現行	条文内容対照・コメント
第四百五十八条の三　主たる債務者が期限の利益を有する場合において、その利益を喪失したときは、債権者は、保証人に対し、その利益の喪失を知った時から二箇月以内に、その旨を通知しなければならない。 2　前項の期間内に同項の通知をしなかったときは、債権者は、保証人に対し、主たる債務者が期限の利益を喪失した時から同項の通知を現にするまでに生じた遅延損害金（期限の利益を喪失しなかったとしても生ずべきものを除く。）に係る保証債務の履行を請求することができない。 3　前二項の規定は、保証人が法人である場合には、適用しない。 （委託を受けた保証人の求償権） 第四百五十九条　保証人が主たる債務者の委託を受けて保証をした場合において、主たる債務者に代わって弁済その他自己の財産をもって債務を消滅させる行為（以下「債務の消滅行為」という。）をしたときは、その保証人は、主たる債務者に対し、そのために支出した財産の額（その財産の額がその債務の消滅行為によって消滅した主たる債務の額を超える場合にあっては、その消滅した額）の求償権を有する。 2　（略）	（新設） （委託を受けた保証人の求償権） 第四百五十九条　保証人が主たる債務者の委託を受けて保証をした場合において、過失なく債権者に弁済をすべき旨の裁判の言渡しを受け、又は主たる債務者に代わって弁済をし、その他自己の財産をもって債務を消滅させるべき行為をしたときは、その保証人は、主たる債務者に対して求償権を有する。 2　（同上）	

（委託を受けた保証人が弁済期前に弁済等をした場合の求償権） 第四百五十九条の二　保証人が主たる債務者の委託を受けて保証をした場合において、主たる債務の弁済期前に債務の消滅行為をしたときは、その保証人は、主たる債務者に対し、主たる債務者がその当時利益を受けた限度において求償権を有する。この場合において、主たる債務者が債務の消滅行為の日以前に相殺の原因を有していたことを主張するときは、保証人は、債権者に対し、その相殺によって消滅すべきであった債務の履行を請求することができる。 2　前項の規定による求償は、主たる債務の弁済期以後の法定利息及びその弁済期以後に債務の消滅行為をしたとしても避けることができなかった費用その他の損害の賠償を包含する。 3　第一項の求償権は、主たる債務の弁済期以後でなければ、これを行使することができない。 （委託を受けた保証人の事前の求償権） 第四百六十条　（略） 一・二　（略） 三　保証人が過失なく債権者に弁済をすべき旨の裁判の言渡しを受けたとき。	（新設） （委託を受けた保証人の事前の求償権） 第四百六十条　（同上） 一・二　（同上） 三　債務の弁済期が不確定で、かつ、その最長期をも確定することができない場合において、保証契約の後十年を経過したとき。

(57)

268

改正案	現行	条文内容対照・コメント
（主たる債務者が保証人に対して償還をする場合） 第四百六十一条　前条の規定により主たる債務者が保証人に対して償還をする場合において、債権者が全部の弁済を受けない間は、主たる債務者は、保証人に担保を供させ、又は保証人に対して自己に免責を得させることを請求することができる。 2　（略） （委託を受けない保証人の求償権） 第四百六十二条　第四百五十九条の二第一項の規定は、主たる債務者の委託を受けないで保証をした者が債務の消滅行為をした場合について準用する。 2　（略） 3　第四百五十九条の二第三項の規定は、前二項に規定する保証人が主たる債務の弁済期前に債務の消滅行為をした場合における求償権の行使について準用する。 （通知を怠った保証人の求償の制限等） 第四百六十三条　保証人が主たる債務者の委託を受けて保証をした場合において、主たる債務者にあらかじめ通知しないで債務の消滅行為をしたときは、主たる債務者は、債権者に対抗する	（主たる債務者が保証人に対して償還をする場合） 第四百六十一条　前二条の規定により主たる債務者が保証人に対して償還をする場合において、債権者が全部の弁済を受けない間は、主たる債務者は、保証人に担保を供させ、又は保証人に対して自己に免責を得させることを請求することができる。 2　（同上） （委託を受けない保証人の求償権） 第四百六十二条　主たる債務者の委託を受けないで保証をした者が弁済をし、その他自己の財産をもって主たる債務を免れさせたときは、主たる債務者は、その当時利益を受けた限度において償還をしなければならない。 2　（同上） （新設） （通知を怠った保証人の求償の制限） 第四百六十三条　第四百四十三条の規定は、保証人について準用する。 2　保証人が主たる債務者の委託を受けて保証をした場合におい	

(58)

◆　第Ⅲ部　法務省版新旧対照条文と編者による内容対照・コメント　267

ことができた事由をもってその保証人に対抗することができる。この場合において、相殺をもってその保証人に対抗したときは、その保証人は、債権者に対し、相殺によって消滅すべきであった債務の履行を請求することができる。

2 保証人が主たる債務者の委託を受けて保証をした場合において、主たる債務者が債務の消滅行為をしたことを保証人に通知することを怠ったため、その保証人が善意で債務の消滅行為をしたときは、その保証人は、その債務の消滅行為を有効であったものとみなすことができる。

3 保証人が債務の消滅行為をした後に主たる債務者が債務の消滅行為をした場合においては、保証人が主たる債務者の意思に反して保証をしたときのほか、保証人が債務の消滅行為をしたことを主たる債務者に通知することを怠ったため、主たる債務者が善意で債務の消滅行為をしたときも、主たる債務者は、その債務の消滅行為を有効であったものとみなすことができる。

第二目　個人根保証契約

（個人根保証契約の保証人の責任等）

第四百六十五条の二　一定の範囲に属する不特定の債務を主たる債務とする保証契約（以下「根保証契約」という。）であって保証人が法人でないもの（以下「個人根保証契約」という。）。

て、善意で弁済をし、その他自己の財産をもって債務を消滅させるべき行為をしたときは、第四百四十三条の規定は、主たる債務者についても準用する。

第二目　貸金等根保証契約

（貸金等根保証契約の保証人の責任等）

第四百六十五条の二　一定の範囲に属する不特定の債務を主たる債務とする保証契約（以下「根保証契約」という。）であってその債務の範囲に金銭の貸渡し又は手形の割引を受けることに

改正案	現行	条文内容対照・コメント
の保証人は、主たる債務の元本、主たる債務に関する利息、違約金、損害賠償その他その債務に従たる全てのもの及びその保証債務について約定された違約金又は損害賠償の額について、その全部に係る極度額を限度として、その履行をする責任を負う。 2　個人根保証契約は、前項に規定する極度額を定めなければ、その効力を生じない。 3　第四百四十六条第二項及び第三項の規定は、個人根保証契約における第一項に規定する極度額の定めについて準用する。 （個人根保証契約の元本確定期日） 第四百六十五条の三　個人根保証契約であってその主たる債務の範囲に金銭の貸渡し又は手形の割引を受けることによって負担する債務（以下「貸金等債務」という。）が含まれるもの（以下「個人貸金等根保証契約」という。）において主たる債務の元本の確定すべき期日（以下「元本確定期日」という。）の定めがある場合において、その元本確定期日がその個人貸金等根保証契約の締結の日から五年を経過する日より後の日と定められているときは、その元本確定期日の定めは、その効力を生じない。	の保証人は、主たる債務の元本、主たる債務に関する利息、違約金、損害賠償その他その債務に従たるすべてのもの及びその保証債務について約定された違約金又は損害賠償の額について、その全部に係る極度額を限度として、その履行をする責任を負う。 2　貸金等根保証契約は、前項に規定する極度額を定めなければ、その効力を生じない。 3　第四百四十六条第二項及び第三項の規定は、貸金等根保証契約における第一項に規定する極度額の定めについて準用する。 （貸金等根保証契約の元本確定期日） 第四百六十五条の三　貸金等根保証契約において主たる債務の元本の確定すべき期日（以下「元本確定期日」という。）の定めがある場合において、その元本確定期日がその貸金等根保証契約の締結の日から五年を経過する日より後の日と定められているときは、その元本確定期日の定めは、その効力を生じない。	

2 個人貸金等根保証契約において元本確定期日の定めがない場合（前項の規定により元本確定期日の定めがその効力を生じない場合を含む。）には、その元本確定期日は、その個人貸金等根保証契約の締結の日から三年を経過する日とする。 3 個人貸金等根保証契約における元本確定期日の変更をする場合において、変更後の元本確定期日がその変更をした日から五年を経過する日より後の日となるときは、その元本確定期日の変更は、その効力を生じない。ただし、元本確定期日の前二箇月以内に元本確定期日の変更をする場合において、変更後の元本確定期日が変更前の元本確定期日から五年以内の日となるときは、この限りでない。 4 第四百四十六条第二項及び第三項の規定は、個人貸金等根保証契約における元本確定期日の定め及びその変更（その個人貸金等根保証契約の締結の日から三年以内の日を元本確定期日とする旨の定め及び元本確定期日より前の日を変更後の元本確定期日とする変更を除く。）について準用する。 （個人根保証契約の元本の確定事由） 第四百六十五条の四 次に掲げる場合には、個人根保証契約における主たる債務の元本は、確定する。ただし、第一号に掲げる場合にあっては、強制執行又は担保権の実行の手続の開始があったときに限る。	2 貸金等根保証契約において元本確定期日の定めがない場合（前項の規定により元本確定期日の定めがその効力を生じない場合を含む。）には、その元本確定期日は、その貸金等根保証契約の締結の日から三年を経過する日とする。 3 貸金等根保証契約における元本確定期日の変更をする場合において、変更後の元本確定期日がその変更をした日から五年を経過する日より後の日となるときは、その元本確定期日の変更は、その効力を生じない。ただし、元本確定期日の前二箇月以内に元本確定期日の変更をする場合において、変更後の元本確定期日が変更前の元本確定期日から五年以内の日となるときは、この限りでない。 4 第四百四十六条第二項及び第三項の規定は、貸金等根保証契約における元本確定期日の定め及びその変更（その貸金等根保証契約の締結の日から三年以内の日を元本確定期日とする旨の定め及び元本確定期日より前の日を変更後の元本確定期日とする変更を除く。）について準用する。 （貸金等根保証契約の元本の確定事由） 第四百六十五条の四 次に掲げる場合には、貸金等根保証契約における主たる債務の元本は、確定する。

改正案	現行	条文内容対照・コメント
一　債権者が、保証人の財産について、金銭の支払を目的とする債権についての強制執行又は担保権の実行を申し立てたとき。 二　保証人が破産手続開始の決定を受けたとき。 三　(略) 2　前項に規定する場合のほか、個人貸金等根保証契約における主たる債務の元本は、次に掲げる場合にも確定する。ただし、第一号に掲げる場合にあっては、強制執行又は担保権の実行の手続の開始があったときに限る。 一　債権者が、主たる債務者の財産について、金銭の支払を目的とする債権についての強制執行又は担保権の実行を申し立てたとき。 二　主たる債務者が破産手続開始の決定を受けたとき。 (保証人が法人である根保証契約の求償権) 第四百六十五条の五　保証人が法人である根保証契約において、第四百六十五条の二第一項に規定する極度額の定めがないときは、その根保証契約の保証人の主たる債務者に対する求償権に係る債務を主たる債務とする保証契約は、その効力を生じない。 ⒈	一　債権者が、主たる債務者又は保証人の財産について、金銭の支払を目的とする債権についての強制執行又は担保権の実行を申し立てたとき。ただし、強制執行又は担保権の実行の手続の開始があったときに限る。 二　主たる債務者又は保証人が破産手続開始の決定を受けたとき。 三　(同上) (新設) (保証人が法人である貸金等債務の根保証契約の求償権) 第四百六十五条の五　保証人が法人である根保証契約であってその主たる債務の範囲に貸金等債務が含まれるものにおいて、第四百六十五条の二第一項に規定する極度額の定めがないとき、又は元本確定期日の定めがないとき若しくはその変更が第四百六十五条の三第一項若しくは第三項の規	

(62)

◆　第Ⅲ部　法務省版新旧対照条文と編者による内容対照・コメント　263

2　保証人が法人である根保証契約であってその主たる債務の範囲に貸金等債務が含まれるものにおいて、元本確定期日の定めがないとき、又は元本確定期日の定め若しくはその変更が第四百六十五条の三第一項の規定若しくは第三項の規定を適用するとすればその効力を生じないものであるときは、その根保証契約の保証人の主たる債務者に対する求償権に係る債務を主たる債務とする保証契約は、その効力を生じない。主たる債務の範囲にその求償権に係る債務が含まれる根保証契約も、同様とする。

3　前二項の規定は、求償権に係る債務を主たる債務とする保証契約又は主たる債務の範囲に求償権に係る債務が含まれる根保証契約の保証人が法人である場合には、適用しない。

　　　　第三目　事業に係る債務についての保証契約の特則

（新設）

（公正証書の作成と保証の効力）

第四百六十五条の六　事業のために負担した貸金等債務を主たる債務とする保証契約又は主たる債務の範囲に事業のために負担する貸金等債務が含まれる根保証契約は、その契約の締結に先立ち、その締結の日前一箇月以内に作成された公正証書で保証人になろうとする者が保証債務を履行する意思を表示していなければ、その効力を生じない。

2　前項の公正証書を作成するには、次に掲げる方式に従わなけ

（新設）

改正案	現行	条文内容対照・コメント

改正案:

ればならない。

一 保証人になろうとする者が、次のイ又はロに掲げる契約の区分に応じ、それぞれ当該イ又はロに定める事項を公証人に口授すること。

イ 保証契約（ロに掲げるものを除く。）　主たる債務の債権者及び債務者、主たる債務の元本、主たる債務に関する利息、違約金、損害賠償その他その債務に従たる全てのものの定めの有無及びその内容並びに主たる債務者がその債務を履行しないときには、その債務の全額について履行する意思（保証人になろうとする者が主たる債務者と連帯して債務を負担しようとするものである場合には、債権者が主たる債務者に対して催告をしたかどうか、主たる債務者がその債務を履行することができるかどうか、又は他に保証人があるかどうかにかかわらず、その全額について履行する意思）を有していること。

ロ 根保証契約　主たる債務の債権者及び債務者、主たる債務の範囲、根保証契約における極度額、元本確定期日の定めの有無及びその内容並びに主たる債務者がその債務を履行しないときには、極度額の限度において元本確定期日又は第四百六十五条の四第一項各号若しくは第二項各号に掲げる事由その他の元本を確定すべき事由が生ずる時までに生ずべき主たる債務の元本及び主たる債務に関する利息、

(64)

違約金、損害賠償その他その債務に従たる全てのものの全額について履行する意思（保証人になろうとする者が主たる債務者と連帯して債務を負担しようとする場合には、債権者が主たる債務者に対して催告をしたかどうか、主たる債務者がその債務を履行することができるかどうか、又は他に保証人があるかどうかにかかわらず、その全額について履行する意思）を有していること。

二　公証人が、保証人になろうとする者の口述を筆記し、これを保証人になろうとする者に読み聞かせ、又は閲覧させること。

三　保証人になろうとする者が、筆記の正確なことを承認した後、署名し、印を押すこと。ただし、保証人になろうとする者が署名することができない場合は、公証人がその事由を付記して、署名に代えることができる。

四　公証人が、その証書は前三号に掲げる方式に従って作ったものである旨を付記して、これに署名し、印を押すこと。

3　前二項の規定は、保証人になろうとする者が法人である場合には、適用しない。

（保証に係る公正証書の方式の特則）

第四百六十五条の七　前条第一項の保証契約又は根保証契約の保証人になろうとする者が口がきけない者である場合には、公証

（新設）

改正案	現行	条文内容対照・コメント
人の前で、同条第二項第一号イ又はロに掲げる契約の区分に応じ、それぞれ当該イ又はロに定める事項を通訳人の通訳により申述し、又は自書して、同号の口授に代えなければならない。この場合における同項第二号の規定の適用については、同号中「口述」とあるのは、「通訳人の通訳による申述又は自書」とする。 2 前条第一項の保証契約又は根保証契約の保証人になろうとする者が耳が聞こえない者である場合には、公証人は、同条第二項第二号に規定する筆記した内容を通訳人の通訳により保証人になろうとする者に伝えて、同号の読み聞かせに代えることができる。 3 公証人は、前二項に定める方式に従って公正証書を作ったときは、その旨をその証書に付記しなければならない。 〔公正証書の作成と求償権についての保証の効力〕 第四百六十五条の八 第四百六十五条の六第一項及び第三項並びに前条の規定は、事業のために負担した貸金等債務を主たる債務とする保証契約又は主たる債務の範囲に事業のために負担する貸金等債務が含まれる根保証契約の保証人の主たる債務者に対する求償権に係る債務を主たる債務とする保証契約について準用する。主たる債務の範囲にその求償権に係る債務が含まれる根保証契約も、同様とする。	(新設)	

2 前項の規定は、保証人になろうとする者が法人である場合には、適用しない。

(公正証書の作成と保証の効力に関する規定の適用除外)
第四百六十五条の九 前三条の規定は、保証人になろうとする者が次に掲げる者である保証契約については、適用しない。
一 主たる債務者が法人である場合のその理事、取締役、執行役又はこれらに準ずる者
二 主たる債務者が法人である場合の次に掲げる者
 イ 主たる債務者の総株主の議決権(株主総会において決議をすることができる事項の全部につき議決権を行使することができない株式についての議決権を除く。以下この号において同じ。)の過半数を有する者
 ロ 主たる債務者の総株主の議決権の過半数を他の株式会社が有する場合における当該他の株式会社の総株主の議決権の過半数を有する者
 ハ 主たる債務者の総株主の議決権の過半数を他の株式会社及び当該他の株式会社の総株主の議決権の過半数を有する者が有する場合における当該他の株式会社の総株主の議決権の過半数を有する者
 ニ 株式会社以外の法人が主たる債務者である場合におけるイ、ロ又はハに掲げる者に準ずる者

(新設)

改正案	現行	条文内容対照・コメント
三　主たる債務者（法人であるものを除く。以下この号において同じ。）と共同して事業を行う者又は主たる債務者が行う事業に現に従事している主たる債務者の配偶者 （契約締結時の情報の提供義務） 第四百六十五条の十　主たる債務者は、事業のために負担する債務を主たる債務とする保証又は主たる債務の範囲に事業のために負担する債務が含まれる根保証の委託をするときは、委託を受ける者に対し、次に掲げる事項に関する情報を提供しなければならない。 一　財産及び収支の状況 二　主たる債務以外に負担している債務の有無並びにその額及び履行状況 三　主たる債務の担保として他に提供し、又は提供しようとするものがあるときは、その旨及びその内容 2　主たる債務者が前項各号に掲げる事項に関して情報を提供せず、又は事実と異なる情報を提供したために委託を受けた者がその事項について誤認をし、それによって保証契約の申込み又はその承諾の意思表示をした場合において、主たる債務者がその事項に関して情報を提供せず又は事実と異なる情報を提供したことを債権者が知り又は知ることができたときは、保証人は保証契約を取り消すことができる。	（新設）	

3　前二項の規定は、保証をする者が法人である場合には、適用しない。 （債権の譲渡性） 第四百六十六条　（略） 2　当事者が債権の譲渡を禁止し、又は制限する旨の意思表示（以下「譲渡制限の意思表示」という。）をしたときであっても、債権の譲渡は、その効力を妨げられない。 3　前項に規定する場合には、譲渡制限の意思表示がされたことを知り、又は重大な過失によって知らなかった譲受人その他の第三者に対しては、債務者は、その債務の履行を拒むことができ、かつ、譲渡人に対する弁済その他の債務を消滅させる事由をもってその第三者に対抗することができる。 4　前項の規定は、債務者が債務を履行しない場合において、同項に規定する第三者が相当の期間を定めて譲渡人への履行の催告をし、その期間内に履行がないときは、その債務者については、適用しない。 （譲渡制限の意思表示がされた債権に係る債務者の供託） 第四百六十六条の二　債務者は、譲渡制限の意思表示がされた金銭の給付を目的とする債権が譲渡されたときは、その債権の全額に相当する金銭を債務の履行地（債務の履行地が債権者の現	（債権の譲渡性） 第四百六十六条　（同上） 2　前項の規定は、当事者が反対の意思を表示した場合には、適用しない。ただし、その意思表示は、善意の第三者に対抗することができない。 （新設） （新設） （新設）

改正案	現行	条文内容対照・コメント
在の住所により定まる場合にあっては、譲渡人の現在の住所を含む。次条において同じ。）の供託所に供託することができる。 2　前項の規定により供託をした債務者は、遅滞なく、譲渡人及び譲受人に供託の通知をしなければならない。 3　第一項の規定により供託をした金銭は、譲受人に限り、還付を請求することができる。 第四百六十六条の三　前条第一項に規定する場合において、譲渡人について破産手続開始の決定があったときは、譲受人（同項の債権の全額を譲り受けた者であって、その債権の譲渡を債務者その他の第三者に対抗することができるものに限る。）は、譲渡制限の意思表示がされたことを知り、又は重大な過失によって知らなかったときであっても、債務者にその債権の全額に相当する金銭を債務の履行地の供託所に供託させることができる。この場合においては、同条第二項及び第三項の規定を準用する。 （譲渡制限の意思表示がされた債権の差押え） 第四百六十六条の四　第四百六十六条第三項の規定は、譲渡制限の意思表示がされた債権に対する強制執行をした差押債権者に対しては、適用しない。	（新設） （新設）	

2　前項の規定にかかわらず、譲受人その他の第三者が譲渡制限の意思表示がされたことを知り、又は同項の規定に係る債権に対する強制執行をした場合において、その債権者が同項の債権に対する強制執行をしたときは、債務者は、その債務の履行を拒むことができ、かつ、譲渡人に対する弁済その他の債務を消滅させる事由をもって差押債権者に対抗することができる。

（預金債権に係る譲渡制限の意思表示の効力）

第四百六十六条の五　預金口座又は貯金口座に係る預金債権又は貯金に係る債権（以下「預貯金債権」という。）について当事者がした譲渡制限の意思表示は、第四百六十六条第二項の規定にかかわらず、その譲渡制限の意思表示がされたことを知り、又は重大な過失によって知らなかった譲受人その他の第三者に対抗することができる。

2　前項の規定は、譲渡制限の意思表示がされた預貯金債権に対する強制執行をした差押債権者に対しては、適用しない。

（将来債権の譲渡性）

第四百六十六条の六　債権の譲渡は、その意思表示の時に債権が現に発生していることを要しない。

2　債権が譲渡された場合において、その意思表示の時に債権が現に発生していないときは、譲受人は、発生した債権を当然に

（新設）

（新設）

【＊改正案第四百六十六条の四第二項は、削除されるべきである。なぜなら、"契約によって差押え禁止債権を作り出すことになり、不当だからである。】

改正案	現行	条文内容対照・コメント
取得する。 3 前項に規定する場合において、譲渡人が次条の規定による通知をし、又は債務者が同条の規定による承諾をした時（以下「対抗要件具備時」という。）までに譲渡制限の意思表示がされたことを知っていたものとみなして、第四百六十六条第三項（譲渡制限の意思表示がされた債権が預貯金債権の場合にあっては、前条第一項）の規定を適用する。 （債権の譲渡の対抗要件） 第四百六十七条　債権の譲渡（現に発生していない債権の譲渡を含む。）は、譲渡人が債務者に通知をし、又は債務者が承諾をしなければ、債務者その他の第三者に対抗することができない。 2　（略） （債権の譲渡における債務者の抗弁） 第四百六十八条　債務者は、対抗要件具備時までに譲渡人に対して生じた事由をもって譲受人に対抗することができる。 2　第四百六十六条第四項の場合における前項の規定の適用については、同項中「対抗要件具備時」とあるのは、「第四百六十六条第四項の相当の期間を経過した時」とし、第四百六十	（指名債権の譲渡の対抗要件） 第四百六十七条　指名債権の譲渡は、譲渡人が債務者に通知をし、又は債務者が承諾をしなければ、債務者その他の第三者に対抗することができない。 2　（同上） （指名債権の譲渡における債務者の抗弁） 第四百六十八条　債務者が異議をとどめないで前条の承諾をしたときは、譲渡人に対抗することができた事由があっても、これをもって譲受人に対抗することができない。この場合において債務者がその債務を消滅させるために譲渡人に払い渡したものがあるときはこれを取り戻し、譲渡人に対して負担した債務	

の三の場合における同項の規定の適用については、同項中「対抗要件具備時」とあるのは、「第四百六十六条の三の規定により同条の譲受人から供託の請求を受けた時」とする。

2　譲渡人が譲渡の通知をしたにとどまるときは、債務者は、その通知を受けるまでに譲渡人に対して生じた事由をもって譲受人に対抗することができる。

（債権の譲渡における相殺権）
第四百六十九条　債務者は、対抗要件具備時より前に取得した譲渡人に対する債権による相殺をもって譲受人に対抗することができる。

2　債務者が対抗要件具備時より後に取得した譲渡人に対する債権であっても、その債権が次に掲げるものであるときは、前項と同様とする。ただし、債務者が対抗要件具備時より後に他人の債権を取得したときは、この限りでない。
一　対抗要件具備時より前の原因に基づいて生じた債権
二　前号に掲げるもののほか、譲受人の取得した債権の発生原因である契約に基づいて生じた債権

3　第四百六十六条第四項の場合における前二項の規定の適用については、これらの規定中「対抗要件具備時」とあるのは、「第四百六十六条第四項の相当の期間を経過した時」とし、第四百六十六条の三の場合におけるこれらの規定の適用については、これらの規定中「対抗要件具備時」とあるのは、「第四百六十六条の三の規定により同条の譲受人から供託の請求を受けた

（指図債権の譲渡の対抗要件）
第四百六十九条　指図債権の譲渡は、その証書に譲渡の裏書をして譲受人に交付しなければ、債務者その他の第三者に対抗することができない。

（新設）

があるときはこれを成立しないものとみなすことができる。

改正案	現行	条文内容対照・コメント
時」とする。 （削る） （削る） （削る） （削る） （削る）	（指図債権の債務者の調査の権利等） 第四百七十条　指図債権の債務者は、その証書の所持人並びにその署名及び押印の真偽を調査する権利を有するが、その義務を負わない。ただし、債務者に悪意又は重大な過失があるときは、その弁済は、無効とする。 （記名式所持人払債権の債務者の調査の権利等） 第四百七十一条　前条の規定は、債権に関する証書に債権者を指名する記載がされているが、その証書の所持人に弁済をすべき旨が付記されている場合について準用する。 （指図債権の譲渡における債務者の抗弁の制限） 第四百七十二条　指図債権の債務者は、その証書に記載した事項及びその証書の性質から当然に生ずる結果を除き、その指図債権の譲渡前の債権者に対抗することができた事由をもって善意の譲受人に対抗することができない。 （無記名債権の譲渡における債務者の抗弁の制限） 第四百七十三条　前条の規定は、無記名債権について準用する。	

第五節　債務の引受け

第一款　併存的債務引受

（新設）

（併存的債務引受の要件及び効果）

第四百七十条　併存的債務引受の引受人は、債務者と連帯して、債務者が債権者に対して負担する債務と同一の内容の債務を負担する。

2　併存的債務引受は、債権者と引受人となる者との契約によってすることができる。

3　併存的債務引受は、債務者と引受人となる者との契約によってもすることができる。この場合において、併存的債務引受は、債権者が引受人となる者に対して承諾をした時に、その効力を生ずる。

4　前項の規定によってする併存的債務引受は、第三者のためにする契約に関する規定に従う。

（併存的債務引受における引受人の抗弁等）

第四百七十一条　引受人は、併存的債務引受により負担した自己の債務について、その効力が生じた時に債務者が主張することができた抗弁をもって債権者に対抗することができる。

2　債務者が債権者に対して取消権又は解除権を有するときは、引受人は、これらの権利の行使によって債務者がその債務を免

改正案	現行	条文内容対照・コメント
れるべき限度において、債権者に対して債務の履行を拒むことができる。 　　　第二款　免責的債務引受 （免責的債務引受の要件及び効果） 第四百七十二条　免責的債務引受の引受人は債権者に対して負担する債務と同一の内容の債務を負担し、債務者は自己の債務を免れる。 2　免責的債務引受は、債権者と引受人となる者との契約によってすることができる。この場合において、免責的債務引受は、債権者が債務者に対してその契約をした旨を通知した時に、その効力を生ずる。 3　免責的債務引受は、債務者と引受人となる者が契約をし、債権者が引受人となる者に対して承諾をすることによってもすることができる。 （免責的債務引受における引受人の抗弁等） 第四百七十二条の二　引受人は、免責的債務引受により負担した自己の債務について、その効力が生じた時に債務者が主張することができた抗弁をもって債権者に対抗することができる。 2　債務者が債権者に対して取消権又は解除権を有するときは、	（新設） （新設）	

引受人は、免責的債務引受がなければこれらの権利の行使によって債務者がその債務を免れることができた限度において、債権者に対して債務の履行を拒むことができる。

（免責的債務引受における引受人の求償権）
第四百七十二条の三　免責的債務引受の引受人は、債務者に対して求償権を取得しない。

（新設）

（免責的債務引受による担保の移転）
第四百七十二条の四　債権者は、第四百七十二条第一項の規定により債務者が免れる債務の担保として設定された担保権を引受人が負担する債務に移すことができる。ただし、引受人以外の者がこれを設定した場合には、その承諾を得なければならない。

（新設）

2　前項の規定による担保権の移転は、あらかじめ又は同時に引受人に対してする意思表示によってしなければならない。

3　前二項の規定は、第四百七十二条第一項の規定により債務者が免れる債務の保証をした者があるときについて準用する。

4　前項の場合において、同項において準用する第一項の承諾は、書面でしなければ、その効力を生じない。

5　前項の承諾がその内容を記録した電磁的記録によってされたときは、その承諾は、書面によってされたものとみなして、同

改正案	現行	条文内容対照・コメント
項の規定を適用する。 第六節　債権の消滅 （弁済） 第四百七十三条　債務者が債権者に対して債務の弁済をしたときは、その債権は、消滅する。 （第三者の弁済） 第四百七十四条　債務の弁済は、第三者もすることができる。 2　弁済をするについて正当な利益を有する者でない第三者は、債務者の意思に反して弁済をすることができない。ただし、債務者の意思に反することを債権者が知らなかったときは、この限りでない。 3　前項に規定する第三者は、債権者の意思に反して弁済をすることができない。ただし、その第三者が債務者の委託を受けて弁済をする場合において、そのことを債権者が知っていたときは、この限りでない。 4　前三項の規定は、その債務の性質が第三者の弁済を許さないとき、又は当事者が第三者の弁済を禁止し、若しくは制限する	第五節　債権の消滅 （新設） （第三者の弁済） 第四百七十四条　債務の弁済は、第三者もすることができる。ただし、その債務の性質がこれを許さないとき、又は当事者が反対の意思を表示したときは、この限りでない。 2　利害関係を有しない第三者は、債務者の意思に反して弁済をすることができない。 （新設） （新設）	

旨の意思表示をしたときは、適用しない。	
（弁済として引き渡した物の取戻し）	（弁済として引き渡した物の取戻し）
第四百七十五条　（略）	第四百七十五条　（同上）
（削る）	第四百七十六条　譲渡につき行為能力の制限を受けた所有者が弁済として物の引渡しをした場合において、その弁済を取り消したときは、その所有者は、更に有効な弁済をしなければ、その物を取り戻すことができない。
（弁済として引き渡した物の消費又は譲渡がされた場合の弁済の効力等）	（弁済として引き渡した物の消費又は譲渡がされた場合の弁済の効力等）
第四百七十六条　前条の場合において、債権者が弁済として受領した物を善意で消費し、又は譲り渡したときは、その弁済は、有効とする。この場合において、債権者が第三者から賠償の請求を受けたときは、弁済をした者に対して求償をすることを妨げない。	第四百七十七条　前二条の場合において、債権者が弁済として受領した物を善意で消費し、又は譲り渡したときは、その弁済は、有効とする。この場合において、債権者が第三者から賠償の請求を受けたときは、弁済をした者に対して求償をすることを妨げない。
（預金又は貯金の口座に対する払込みによる弁済）	
第四百七十七条　債権者の預金又は貯金の口座に対する払込みによってする弁済は、債権者がその預金又は貯金に係る債権の債務者に対してその払込みに係る金額の払戻しを請求する権利を	（新設）

改正案	現行	条文内容対照・コメント
取得した時に、その効力を生ずる。 （受領権者としての外観を有する者に対する弁済） 第四百七十八条　受領権者（債権者及び法令の規定又は当事者の意思表示によって弁済を受領する権限を付与された第三者をいう。以下同じ。）以外の者であって取引上の社会通念に照らして受領権者としての外観を有するものに対してした弁済は、その弁済をした者が善意であり、かつ、過失がなかったときに限り、その効力を有する。 （受領権者以外の者に対する弁済） 第四百七十九条　前条の場合を除き、受領権者以外の者に対してした弁済は、債権者がこれによって利益を受けた限度において のみ、その効力を有する。 第四百八十条　削除 （差押えを受けた債権の第三債務者の弁済）	（債権の準占有者に対する弁済） 第四百七十八条　債権の準占有者に対してした弁済は、その弁済をした者が善意であり、かつ、過失がなかったときに限り、その効力を有する。 （受領する権限のない者に対する弁済） 第四百七十九条　前条の場合を除き、弁済を受領する権限を有しない者に対してした弁済は、債権者がこれによって利益を受けた限度においてのみ、その効力を有する。 （受取証書の持参人に対する弁済） 第四百八十条　受取証書の持参人は、弁済を受領する権限があるものとみなす。ただし、弁済をした者がその権限がないことを知っていたとき、又は過失によって知らなかったときは、この限りでない。 （支払の差止めを受けた第三債務者の弁済）	［＊濫用の危険が予想される「社会通念」が判断基準として明文で規定されているが、この用語は削除されるべきである。］

第四百八十一条　差押えを受けた債権の第三債務者が自己の債権者に弁済をしたときは、差押債権者は、その受けた損害の限度において更に弁済をすべき旨を第三債務者に請求することができる。 2　（略） （代物弁済） 第四百八十二条　弁済をすることができる者（以下「弁済者」という。）が、債権者との間で、債務者の負担した給付に代えて他の給付をすることにより債務を消滅させる旨の契約をした場合において、その弁済者が当該他の給付をしたときは、その給付は、弁済と同一の効力を有する。 （特定物の現状による引渡し） 第四百八十三条　債権の目的が特定物の引渡しである場合において、契約その他の債権の発生原因及び取引上の社会通念に照らしてその引渡しをすべき時の品質を定めることができないときは、弁済をする者は、その引渡しをすべき時の現状でその物を引き渡さなければならない。 （弁済の場所及び時間） 第四百八十四条　（略）	第四百八十一条　支払の差止めを受けた第三債務者が自己の債権者に弁済をしたときは、差押債権者は、その受けた損害の限度において更に弁済をすべき旨を第三債務者に請求することができる。 2　（同上） （代物弁済） 第四百八十二条　債務者が、債権者の承諾を得て、その負担した給付に代えて他の給付をしたときは、その給付は、弁済と同一の効力を有する。 （特定物の現状による引渡し） 第四百八十三条　債権の目的が特定物の引渡しである場合には、弁済をする者は、その引渡しをすべき時の現状でその物を引き渡さなければならない。 （弁済の場所） 第四百八十四条　（同上）	【＊濫用の危険が予想される「社会通念」が判断基準として明文で規定されているが、この用語は削除されるべきである。】

(81)

244

改正案	現行	条文内容対照・コメント
2 法令又は慣習により取引時間の定めがあるときは、その取引時間内に限り、弁済をし、又は弁済の請求をすることができる。	(新設)	
(受取証書の交付請求) 第四百八十六条　弁済をする者は、弁済と引換えに、弁済を受領する者に対して受取証書の交付を請求することができる。	(受取証書の交付請求) 第四百八十六条　弁済をした者は、弁済を受領した者に対して受取証書の交付を請求することができる。	
(同種の給付を目的とする数個の債務がある場合の充当) 第四百八十八条　債務者が同一の債権者に対して同種の給付を目的とする数個の債務を負担する場合において、弁済として提供した給付が全ての債務を消滅させるのに足りないとき（次条第一項に規定する場合を除く。）は、弁済をする者は、給付の時に、その弁済を充当すべき債務を指定することができる。	(弁済の充当の指定) 第四百八十八条　債務者が同一の債権者に対して同種の給付を目的とする数個の債務を負担する場合において、弁済として提供した給付がすべての債務を消滅させるのに足りないときは、弁済をする者は、給付の時に、その弁済を充当すべき債務を指定することができる。	
2・3　(略)	2・3　(同上)	
4　弁済をする者及び弁済を受領する者がいずれも第一項又は第二項の規定による指定をしないときは、次の各号の定めるところに従い、その弁済を充当する。 一　債務の中に弁済期にあるものと弁済期にないものとがあるときは、弁済期にあるものに先に充当する。 二　全ての債務が弁済期にあるとき、又は弁済期にないときは、債務者のために弁済の利益が多いものに先に充当する。	(新設)	(法定充当) 第四百八十九条　弁済をする者及び弁済を受領する者がいずれも前条の規定による弁済の充当の指定をしないときは、次の各号の定めるところに従い、その弁済を充当する。 一　債務の中に弁済期にあるものと弁済期にないものとがあるときは、弁済期にあるものに先に充当する。 二　すべての債務が弁済期にあるとき、又は弁済期にないときは、債務者のために弁済の利益が多いものに先に充当する。 三　債務者のために弁済の利益が相等しいときは、弁済期が先に到来したもの又は先に到来すべきものに先に充当する。 四　前三号に掲げる事項が相等しい債務の弁済は、各債務の額に応じて充当する。

三 債務者のために弁済の利益が相等しいときは、弁済期が先に到来したもの又は先に到来すべきものに先に充当する。 四 前二号に掲げる事項が相等しい債務の弁済は、各債務の額に応じて充当する。 （元本、利息及び費用を支払うべき場合の充当） 第四百八十九条　債務者が一個又は数個の債務について元本のほか利息及び費用を支払うべき場合（債務者が数個の債務を負担する場合にあっては、同一の債権者に対して同種の給付を目的とする数個の債務を負担するときに限る。）において、弁済をする者がその債務の全部を消滅させるのに足りない給付をしたときは、これを順次に費用、利息及び元本に充当しなければならない。 2　前条の規定は、前項の場合において、費用、利息又は元本のいずれかの全てを消滅させるのに足りない給付をしたときについて準用する。 （合意による弁済の充当） 第四百九十条　前二条の規定にかかわらず、弁済をする者と弁済を受領する者との間に弁済の充当の順序に関する合意があるときは、その順序に従い、その弁済を充当する。	第四百八十九条　弁済をする者及び弁済を受領する者がいずれも前条の規定による弁済の充当の指定をしないときは、次の各号の定めるところに従い、その弁済を充当する。 一　債務の中に弁済期にあるものと弁済期にないものとがあるときは、弁済期にあるものに先に充当する。 二　すべての債務が弁済期にあるとき、又は弁済期にないときは、債務者のために弁済の利益が多いものに先に充当する。 三　債務者のために弁済の利益が相等しいときは、弁済期が先に到来したもの又は先に到来すべきものに先に充当する。 四　前二号に掲げる事項が相等しい債務の弁済は、各債務の額に応じて充当する。 （新設）	（元本、利息及び費用を支払うべき場合の充当） 第四百九十一条　債務者が一個又は数個の債務について元本のほか利息及び費用を支払うべき場合において、弁済をする者がその債務の全部を消滅させるのに足りない給付をしたときは、これを順次に費用、利息及び元本に充当しなければならない。 2　第四百八十九条の規定は、前項の場合について準用する。

改正案	現行	条文内容対照・コメント
（数個の給付をすべき場合の充当） 第四百九十一条　一個の債務の弁済として数個の給付をすべき場合において、弁済をする者がその債務の全部を消滅させるのに足りない給付をしたときは、前三条の規定を準用する。 （削る） （弁済の提供の効果） 第四百九十二条　債務者は、弁済の提供の時から、債務を履行しないことによって生ずべき責任を免れる。 （供託） 第四百九十四条　弁済者は、次に掲げる場合には、債権者のために弁済の目的物を供託することができる。この場合においては、弁済者が供託をした時に、その債権は、消滅する。 一　弁済の提供をした場合において、債権者がその受領を拒ん	（数個の給付をすべき場合の充当） 第四百九十条　一個の債務の弁済として数個の給付をすべき場合において、弁済をする者がその債務の全部を消滅させるのに足りない給付をしたときは、前二条の規定を準用する。 （元本、利息及び費用を支払うべき場合の充当） 第四百九十一条　債務者が一個又は数個の債務について元本のほか利息及び費用を支払うべき場合において、弁済をする者がその債務の全部を消滅させるのに足りない給付をしたときは、これを順次に費用、利息及び元本に充当しなければならない。 2　第四百八十九条の規定は、前項の場合について準用する。 （弁済の提供の効果） 第四百九十二条　債務者は、弁済の提供の時から、債務の不履行によって生ずべき一切の責任を免れる。 （供託） 第四百九十四条　債権者が弁済の受領を拒み、又はこれを受領することができないときは、弁済をすることができる者（以下この目において「弁済者」という。）は、債権者のために弁済の目的物を供託してその債務を免れることができる。弁済者が過	〔＊弁済の提供の効果に関する民法四百九十二条は、民法理由書によれば、旧民法財産編第四百七十六条、および、第四百七十八条を修正したものである。旧民法は、フランス民法に倣って、弁済の提供につき、それは供託の準備にすぎず、債務者の遅滞の責任のみを免責するだけであり、その後に供託をした場合に限って、債務者を免責し、危険を債権者に負担させるとしていた（同法同編第四百七十八条）。これに対して、現行民法の起草者は、弁済の「債権者ハ不履行ニ本ツ

(84)

◆　第Ⅲ部　法務省版新旧対照条文と編者による内容対照・コメント　241

だとき。 二　債権者が弁済を受領することができないとき。 2　弁済者が債権者を確知することができないときも、前項と同様とする。ただし、弁済者に過失があるときは、この限りでない。 （供託に適しない物等） 第四百九十七条　弁済者は、次に掲げる場合には、裁判所の許可を得て、弁済の目的物を競売に付し、その代金を供託することができる。 一　その物が供託に適しないとき。 二　その物について滅失、損傷その他の事由による価格の低落のおそれがあるとき。 三　その物の保存について過分の費用を要するとき。 四　前三号に掲げる場合のほか、その物を供託することが困難な事情があるとき。 （供託物の還付請求等） 第四九十八条　弁済の目的物又は前条の代金が供託された場合には、債権者は、供託物の還付を請求することができる。 2　（略）	失なく債権者を確知することができないときも、同様とする。 （供託に適しない物等） 第四百九十七条　弁済の目的物が供託に適しないとき、又はその物について滅失若しくは損傷のおそれがあるときは、弁済者は裁判所の許可を得て、これを競売に付し、その代金を供託することができる。その物の保存について過分の費用を要するときも、同様とする。 （供託物の受領の要件） 第四百九十八条　（新設） （同上）	「一切ノ責任ヲ免カレ此時以後危険ノ負担ハ債権者ニ移転スルモノト為セリ」として、民法四百九十二条によって、弁済の提供に対して、供託とは独立した効果を付与したのである。しかし、これは、国際的に見ても、行き過ぎであり、供託をせずに、弁済提供のまま供託を怠る債務者を過剰に保護するとともに、これが、ドイツ民法に倣って取り入れられた受領遅滞の制度と結びつくことによって、さまざまな理由に基づいて弁済を拒絶した債権者は、危険を移転され〔改正法案第四百十三条二項、第四百十三条の二、結果的に解除権を奪われる〔改正法案第五百四十三条〕という、国際的な傾向からは全く外れた不当な結果を甘受しなければならなくなったのである。これらの不当な結果が生じる根本原因は、弁済の提供にあまりにも強い効果を与えすぎたことにあるのだから、民法四百九十二条は、「債務者は、供託によって債務を消滅させた時に限り、弁済の提供の時から、履行遅滞の責任を免れる」とすべきであると考える。」

改正案	現行	条文内容対照・コメント
（弁済による代位の要件） 第四百九十九条　債務者のために弁済をした者は、債権者に代位する。 （削る） 第五百条　第四百六十七条の規定は、前条の場合（弁済をするについて正当な利益を有する者が債権者に代位する場合を除く。）について準用する。 （弁済による代位の効果） 第五百一条　前二条の規定により債権者に代位した者は、債権の効力及び担保としてその債権者が有していた一切の権利を行使することができる。 （削る） （削る） （削る）	（任意代位） 第四百九十九条　債務者のために弁済をした者は、その弁済と同時に債権者の承諾を得て、債権者に代位することができる。 2　第四百六十七条の規定は、前項の場合について準用する。 （法定代位） 第五百条　弁済をするについて正当な利益を有する者は、弁済によって当然に債権者に代位する。 （弁済による代位の効果） 第五百一条　前二条の規定により債権者に代位した者は、自己の権利に基づいて求償をすることができる範囲内において、債権の効力及び担保としてその債権者が有していた一切の権利を行使することができる。この場合においては、次の各号の定めるところに従わなければならない。 一　保証人は、あらかじめ先取特権、不動産質権又は抵当権の登記にその代位を付記しなければ、その先取特権、不動産質権又は抵当権の目的である不動産の第三取得者に対して債権者に代位することができない。 二　第三取得者は、保証人に対して債権者に代位しない。 三　第三取得者の一人は、各不動産の価格に応じて、他の第三	

取得者に対して債権者に代位する。 四　物上保証人の一人は、各財産の価格に応じて、他の物上保証人に対して債権者に代位する。 五　保証人と物上保証人との間においては、その数に応じて、債権者に代位する。ただし、物上保証人が数人あるときは、保証人の負担部分を除いた残額について、各財産の価格に応じて、債権者に代位する。 六　前号の場合において、その財産が不動産であるときは、第一号の規定を準用する。 （新設） （新設）	（削る） （削る） （削る） 2　前項の規定による権利の行使は、債権者に代位した者が自己の権利に基づいて債務者に対して求償をすることができる範囲内（保証人の一人が他の保証人に対して債権者に代位する場合には、自己の権利に基づいて当該他の保証人に対して求償をすることができる範囲内）に限り、することができる。 3　第一項の場合には、前項の規定によるほか、次に掲げるところによる。 一　第三取得者（債務者から担保の目的となっている財産を譲り受けた者をいう。以下この項において同じ。）は、保証人及び物上保証人に対して債権者に代位しない。 二　第三取得者の一人は、各財産の価格に応じて、他の第三取得者に対して債権者に代位する。 三　前号の規定は、物上保証人の一人が他の物上保証人に対し

改正案	現行	条文内容対照・コメント
て債権者に代位する場合について準用する。 四 保証人と物上保証人との間においては、その数に応じて、債権者に代位する。ただし、物上保証人が数人あるときは、保証人の負担部分を除いた残額について、各財産の価格に応じて、債権者に代位する。 五 第三取得者から担保の目的となっている財産を譲り受けた者は、第三取得者とみなして第一号及び第二号の規定を適用し、物上保証人から担保の目的となっている財産を譲り受けた者は、物上保証人とみなして第一号、第三号及び前号の規定を適用する。 （一部弁済による代位） 第五百二条 債権の一部について代位弁済があったときは、代位者は、債権者の同意を得て、その弁済をした価額に応じて、債権者とともにその権利を行使することができる。 2 前項の場合であっても、債権者は、単独でその権利を行使することができる。 3 前二項の場合に債権者が行使する権利は、その債権の担保の目的となっている財産の売却代金その他の当該権利の行使によって得られる金銭について、代位者が行使する権利に優先する。 4 第一項の場合において、債務の不履行による契約の解除は、	（一部弁済による代位） 第五百二条 債権の一部について代位弁済があったときは、代位者は、その弁済をした価額に応じて、債権者とともにその権利を行使する。 （新設） （新設） 2 前項の場合において、債務の不履行による契約の解除は、債	

(88)

◆ 第Ⅲ部　法務省版新旧対照条文と編者による内容対照・コメント　237

債権者のみがすることができる。この場合においては、代位者に対し、その弁済をした価額及びその利息を償還しなければならない。	債権者のみがすることができる。この場合においては、代位者に対し、その弁済をした価額及びその利息を償還しなければならない。
（債権者による担保の喪失等） 第五百四条　弁済をするについて正当な利益を有する者（以下この項において「代位権者」という。）がある場合において、債権者が故意又は過失によってその担保を喪失し、又は減少させたときは、その代位権者は、代位をするに当たって担保の喪失又は減少によって償還を受けることができなくなる限度において、その責任を免れる。その代位権者が物上保証人である場合において、その代位権者から担保の目的となっている財産を譲り受けた第三者及びその特定承継人についても、同様とする。 2　前項の規定は、債権者が担保を喪失し、又は減少させたことについて取引上の社会通念に照らして合理的な理由があると認められるときは、適用しない。	（債権者による担保の喪失等） 第五百四条　第五百条の規定により代位をすることができる者がある場合において、債権者が故意又は過失によってその担保を喪失し、又は減少させたときは、その代位をすることができる者は、その喪失又は減少によって償還を受けることができなくなった限度において、その責任を免れる。 （新設）
（相殺の要件等） 第五百五条　（略） 2　前項の規定にかかわらず、当事者が相殺を禁止し、又は制限する旨の意思表示をした場合には、その意思表示は、第三者がこれを知り、又は重大な過失によって知らなかったときに限り	（相殺の要件等） 第五百五条　（同上） 2　前項の規定は、当事者が反対の意思を表示した場合には、適用しない。ただし、その意思表示は、善意の第三者に対抗することができない。	［＊濫用の危険が予想される「社会通念」が判断基準として明文で規定されているが、この用語は削除されるべきである。］

改正案	現行	条文内容対照・コメント
、その第三者に対抗することができる。 （不法行為等により生じた債権を受働債権とする相殺の禁止） 第五百九条　次に掲げる債務の債務者は、相殺をもって債権者に対抗することができない。ただし、その債権者がその債務に係る債権を他人から譲り受けたときは、この限りでない。 一　悪意による不法行為に基づく損害賠償の債務 二　人の生命又は身体の侵害による損害賠償の債務（前号に掲げるものを除く。） （差押えを受けた債権を受働債権とする相殺の禁止） 第五百十一条　差押えを受けた債権の第三債務者は、差押え後に取得した債権による相殺をもって差押債権者に対抗することはできないが、差押え前に取得した債権による相殺をもって対抗することができる。 2　前項の規定にかかわらず、差押え後に取得した債権が差押え前の原因に基づいて生じたものであるときは、その第三債務者は、その債権による相殺をもって差押債権者に対抗することができる。ただし、第三債務者が差押え後に他人の債権を取得したときは、この限りでない。 （相殺の充当）	（不法行為により生じた債権を受働債権とする相殺の禁止） 第五百九条　債務が不法行為によって生じたときは、その債務者は、相殺をもって債権者に対抗することができない。 （支払の差止めを受けた債権を受働債権とする相殺の禁止） 第五百十一条　支払の差止めを受けた第三債務者は、その後に取得した債権による相殺をもって差押債権者に対抗することができない。 （新設） （相殺の充当）	

第五百五十二条　債権者が債務者に対して有する一個又は数個の債権と、債権者が債務者に対して負担する一個又は数個の債務について、債権者が相殺の意思表示をした場合において、当事者が別段の合意をしなかったときは、債権者の有する債権とその負担する債務は、相殺に適するようになった時期の順序に従って、その対当額について相殺によって消滅する。

2　前項の場合において、相殺をする債権者の有する債権がその負担する債務の全部を消滅させるのに足りないときであって、当事者が別段の合意をしなかったときは、次に掲げるところによる。

一　債権者が数個の債務を負担するとき（次号に規定する場合を除く。）は、第四百八十八条第四項第二号から第四号までの規定を準用する。

二　債権者が負担する一個又は数個の債務について元本のほか利息及び費用を支払うべきときは、第四百八十九条の規定を準用する。この場合において、同条第二項中「前条」とあるのは、「前条第四項第二号から第四号まで」と読み替えるものとする。

3　第一項の場合において、相殺をする債権者の負担する債務がその有する債権の全部を消滅させるのに足りないときは、前項の規定を準用する。

第五百十二条　第四百八十八条から第四百九十一条までの規定は、相殺について準用する。

改正案	現行	条文内容対照・コメント
第五百十二条の二　債権者が債務者に対して有する債権に、一個の債権の弁済として数個の給付をすべきものがある場合における相殺については、前条の規定を準用する。債権者が債務者に対して負担する債務に、一個の債務の弁済として数個の給付をすべきものがある場合における相殺についても、同様とする。 （更改） 第五百十三条　当事者が従前の債務に代えて、新たな債務であって次に掲げるものを発生させる契約をしたときは、更改によって消滅する。 一　従前の給付の内容について重要な変更をするもの 二　従前の債務者が第三者と交替するもの 三　従前の債権者が第三者と交替するもの （削る） （債務者の交替による更改） 第五百十四条　債務者の交替による更改は、債権者と更改後に債務者となる者との契約によってすることができる。この場合において、更改は、債権者が更改前の債務者に対してその契約をした旨を通知した時に、その効力を生ずる。	（新設） （更改） 第五百十三条　当事者が債務の要素を変更する契約をしたときは、その債務は、更改によって消滅する。 （新設） （新設） 2　条件付債務を無条件債務としたとき、又は債務の条件を変更したときは、いずれも債務の要素を変更したものとみなす。 （更改） （債務者の交替による更改） 第五百十四条　債務者の交替による更改は、債権者と更改後に債務者となる者との契約によってすることができる。ただし、更改前の債務者の意思に反するときは、この限りでない。	

2　債務者の交替による更改後の債務者は、更改前の債務者に対して求償権を取得しない。 （債権者の交替による更改） 第五百十五条　債権者の交替による更改は、更改前の債権者、更改後に債権者となる者及び債務者の契約によってすることができる。 2　（略） 第五百十六条及び第五百十七条　削除 （更改後の債務への担保の移転） 第五百十八条　債権者（債権者の交替による更改にあっては、更改前の債権者）は、更改前の債務の目的の限度において、その債務の担保として設定された質権又は抵当権を更改後の債務に移すことができる。ただし、第三者がこれを設定した場合には、その承諾を得なければならない。	（新設） （債権者の交替による更改） 第五百十五条　（新設） （同上） 第五百十六条　第四百六十八条第一項の規定は、債権者の交替による更改について準用する。 （更改前の債務が消滅しない場合） 第五百十七条　更改によって生じた債務が、不法な原因のため又は当事者の知らない事由によって成立せず又は取り消されたときは、更改前の債務は、消滅しない。 （更改後の債務への担保の移転） 第五百十八条　更改の当事者は、更改前の債務の目的の限度において、その債務の担保として設定された質権又は抵当権を更改後の債務に移すことができる。ただし、第三者がこれを設定した場合には、その承諾を得なければならない。	＊改正案第五百十五条は、「債権者の交替による更改は、更改前の債権者又は更改後に債権者となる者及び債務者の契約によってすることができる。」とされるべきである。なぜなら、債務引受について、債務者と引受人との間ですることができる（改正案四百七十二条第三項、第四百七十二条第三項）のと同様に、債権者の交代についても、更改前の債権者と債務者との契約ですることができることを明確にすべきである。

(93)

232

改正案	現行	条文内容対照・コメント
2 前項の質権又は抵当権の移転は、あらかじめ又は同時に更改の相手方（債権者の交替による更改にあっては、債務者）に対してする意思表示によってしなければならない。	（新設）	〔＊改正案第五百十八条第二項は、「前項の質権又は抵当権の移転は、あらかじめ又は同時に更改の相手方に対してする意思表示によってしなければならない。」とすべきである。その理由は、第五百十五条の提案理由と同じである。〕
第七節　有価証券 第一款　指図証券		
（指図証券の譲渡） 第五百二十条の二　指図証券の譲渡は、その証券に譲渡の裏書をして譲受人に交付しなければ、その効力を生じない。	（新設）	
（指図証券の裏書の方式） 第五百二十条の三　指図証券の譲渡については、その指図証券の性質に応じ、手形法（昭和七年法律第二十号）中裏書の方式に関する規定を準用する。	（新設）	
（指図証券の所持人の権利の推定） 第五百二十条の四　指図証券の所持人が裏書の連続によりその権利を証明するときは、その所持人は、証券上の権利を適法に有するものと推定する。	（新設）	
（指図証券の善意取得）		

第五百二十条の五　何らかの事由により指図証券の占有を失った者がある場合において、その所持人が前条の規定によりその権利を証明するときは、その所持人は、その証券を返還する義務を負わない。ただし、その所持人が悪意又は重大な過失によりその証券を取得したときは、この限りでない。

（新設）

（指図証券の譲渡における債務者の抗弁の制限）
第五百二十条の六　指図証券の債務者は、その証券に記載した事項及びその証券の性質から当然に生ずる結果を除き、その証券の譲渡前の債権者に対抗することができた事由をもって善意の譲受人に対抗することができない。

（新設）

（指図証券の質入れ）
第五百二十条の七　第五百二十条の二から前条までの規定は、指図証券を目的とする質権の設定について準用する。

（新設）

（指図証券の弁済の場所）
第五百二十条の八　指図証券の弁済は、債務者の現在の住所においてしなければならない。

（新設）

（指図証券の提示と履行遅滞）
第五百二十条の九　指図証券の債務者は、その債務の履行につい

（新設）

改正案	現行	条文内容対照・コメント
て期限の定めがあるときであっても、その期限が到来した後に所持人がその証券を提示してその履行の請求をした時から遅滞の責任を負う。 （指図証券の債務者の調査の権利等） 第五百二十条の十　指図証券の債務者は、その証券の所持人並びにその署名及び押印の真偽を調査する権利を有するが、その義務を負わない。ただし、債務者に悪意又は重大な過失があるときは、その弁済は、無効とする。 （指図証券の喪失） 第五百二十条の十一　指図証券は、非訟事件手続法（平成二十三年法律第五十一号）第百条に規定する公示催告手続によって無効とすることができる。 （指図証券喪失の場合の権利行使方法） 第五百二十条の十二　金銭その他の物又は有価証券の給付を目的とする指図証券の所持人がその指図証券を喪失した場合において、非訟事件手続法第百十四条に規定する公示催告の申立てをしたときは、その債務者に、その債務の目的物を供託させ、又は相当の担保を供してその指図証券の趣旨に従い履行をさせることができる。	 （新設） （新設） （新設）	

第二款　記名式所持人払証券

（記名式所持人払証券）
第五百二十条の十三　記名式所持人払証券（債権者を指名する記載がされている証券であって、その所持人に弁済をすべき旨が付記されているものをいう。以下同じ。）の譲渡は、その証券を交付しなければ、その効力を生じない。

（新設）

（記名式所持人払証券の所持人の権利の推定）
第五百二十条の十四　記名式所持人払証券の所持人は、証券上の権利を適法に有するものと推定する。

（新設）

（記名式所持人払証券の善意取得）
第五百二十条の十五　何らかの事由により記名式所持人払証券の占有を失った者がある場合において、その所持人が前条の規定によりその権利を証明するときは、その所持人は、その証券を返還する義務を負わない。ただし、その所持人が悪意又は重大な過失によりその証券を取得したときは、この限りでない。

（新設）

（記名式所持人払証券の譲渡における債務者の抗弁の制限）
第五百二十条の十六　記名式所持人払証券の債務者は、その証券

（新設）

改正案	現行	条文内容対照・コメント
に記載した事項及びその証券の性質から当然に生ずる結果を除き、その証券の譲渡前の債権者に対抗することができた事由をもって善意の譲受人に対抗することができない。 （記名式所持人払証券の質入れ） 第五百二十条の十七　記名式所持人払証券を目的とする質権の設定について準用する。 （指図証券の規定の準用） 第五百二十条の十八　第五百二十条の八から第五百二十条の十二までの規定は、記名式所持人払証券について準用する。 第三款　その他の記名証券 第五百二十条の十九　債権者を指名する記載がされている証券であって指図証券及び記名式所持人払証券以外のものは、債権の譲渡又はこれを目的とする質権の設定に関する方式に従い、かつ、その効力をもってのみ、譲渡し、又は質権の目的とすることができる。 2　第五百二十条の十一及び第五百二十条の十二の規定は、前項の証券について準用する。	（新設） （新設） （新設） （新設）	

第四款　無記名証券

第五百二十条の二十　第二款（記名式所持人払証券）の規定は、無記名証券について準用する。

（新設）

（契約の締結及び内容の自由）
第五百二十一条　何人も、法令に特別の定めがある場合を除き、契約をするかどうかを自由に決定することができる。
2　契約の当事者は、法令の制限内において、契約の内容を自由に決定することができる。

（新設）

（契約の成立と方式）
第五百二十二条　契約は、契約の内容を示してその締結を申し入れる意思表示（以下「申込み」という。）に対して相手方が承諾をしたときに成立する。
2　契約の成立には、法令に特別の定めがある場合を除き、書面の作成その他の方式を具備することを要しない。

（新設）

（承諾の期間の定めのある申込み）
第五百二十三条　承諾の期間を定めてした申込みは、撤回することができない。ただし、申込者が撤回をする権利を留保したときは、この限りでない。

（承諾の期間の定めのある申込み）
第五百二十一条　承諾の期間を定めてした契約の申込みは、撤回することができない。

（隔地者間の契約の成立時期）
第五百二十六条　隔地者間の契約は、承諾の通知を発した時に成立する。

（新設）

改正案	現行	条文内容対照・コメント
きは、この限りでない。 2　（略） （削る） （遅延した承諾の効力） 第五百二十四条　（略） （承諾の期間の定めのない申込み） 第五百二十五条　承諾の期間を定めないでした申込みは、申込者が承諾の通知を受けるのに相当な期間を経過するまでは、撤回することができない。ただし、申込者が撤回をする権利を留保したときは、この限りでない。 2　対話者に対してした前項の申込みは、同項の規定にかかわら	2　（同上） （承諾の通知の延着） 第五百二十二条　前条第一項の申込みに対する承諾の通知が同項の期間の経過後に到達した場合であっても、通常の場合にはその期間内に到達すべき時に発送したものであることを知ることができるときは、申込者は、遅滞なく、相手方に対してその延着の通知を発しなければならない。ただし、その到達前に遅延の通知を発したときは、この限りでない。 2　申込者が前項本文の延着の通知を怠ったときは、承諾の通知は、前条第一項の期間内に到達したものとみなす。 （遅延した承諾の効力） 第五百二十三条　（同上） （承諾の期間の定めのない申込み） 第五百二十四条　承諾の期間を定めないで隔地者に対してした申込みは、申込者が承諾の通知を受けるのに相当な期間を経過するまでは、撤回することができない。 （新設）	

ず、その対話が継続している間は、いつでも撤回することができる。

3 対話者に対してした第一項の申込みに対して対話が継続している間に申込者が承諾の通知を受けなかったときは、その申込みは、その効力を失う。ただし、申込者が対話の終了後もその申込みが効力を失わない旨を表示したときは、この限りでない。

（削る）

（申込者の死亡等）

第五百二十六条　申込者が申込みの通知を発した後に死亡し、意思能力を有しない常況にある者となり、又は行為能力の制限を受けた場合において、申込者がその事実が生じたとすればその申込みは効力を有しない旨の意思を表示していたとき、又はその相手方が承諾の通知を発するまでにその事実が生じたことを知ったときは、その申込みは、その効力を有しない。

（承諾の通知を必要としない場合における契約の成立時期）

（新設）

（申込者の死亡又は行為能力の喪失）

第五百二十五条　第九十七条第二項の規定は、申込者が反対の意思を表示した場合又はその相手方が申込者の死亡若しくは行為能力の喪失の事実を知っていた場合には、適用しない。

（隔地者間の契約の成立時期）

第五百二十六条　隔地者間の契約は、承諾の通知を発した時に成立する。

2 申込者の意思表示又は取引上の慣習により承諾の通知を必要としない場合には、契約は、承諾の意思表示と認めるべき事実があった時に成立する。

（申込みの撤回の通知の延着）

（申込者の死亡又は行為能力の喪失）

第五百二十五条　第九十七条第二項の規定は、申込者が反対の意思を表示した場合又はその相手方が申込者の死亡若しくは行為能力の喪失の事実を知っていた場合には、適用しない。

改正案	現行	条文内容対照・コメント
第五百二十七条　申込者の意思表示又は取引上の慣習により承諾の通知を必要としない場合には、契約は、承諾の意思表示と認めるべき事実があった時に成立する。 （懸賞広告） 第五百二十九条　ある行為をした者に一定の報酬を与える旨を広告した者（以下「懸賞広告者」という。）は、その行為をした者がその広告を知っていたかどうかにかかわらず、その者に対してその報酬を与える義務を負う。 ［指定した行為をする期間の定めのある懸賞広告］ 第五百二十九条の二　懸賞広告者は、その指定した行為をする期間を定めてした広告を撤回することができない。ただし、その広告において撤回をする権利を留保したときは、この限りでない。 2　前項の広告は、その期間内に指定した行為を完了する者がないときは、その効力を失う。	第五百二十七条　申込みの撤回の通知が承諾の通知を発した後に到達した場合であっても、通常の場合にはその前に到達すべき時に発送したものであることを知ることができるときは、承諾者は、遅滞なく、申込者に対してその延着の通知を発しなければならない。 2　承諾者が前項の延着の通知を怠ったときは、契約は、成立しなかったものとみなす。 （懸賞広告） 第五百二十九条　ある行為をした者に一定の報酬を与える旨を広告した者（以下この款において「懸賞広告者」という。）は、その行為をした者に対してその報酬を与える義務を負う。 （新設）	第五百二十六条 2　申込者の意思表示又は取引上の慣習により承諾の通知を必要としない場合には、契約は、承諾の意思表示と認めるべき事実があった時に成立する。

（指定した行為をする期間の定めのない懸賞広告） 第五百二十九条の三　懸賞広告者は、その指定した行為をする期間を定めないでした広告を撤回することができる。ただし、その広告中に撤回をしない旨を表示したときは、この限りでない。 （懸賞広告の撤回の方法） 第五百三十条　前の広告と同一の方法による広告の撤回は、これを知らない者に対しても、その効力を有する。 ２　広告の撤回は、前の広告と異なる方法によっても、することができる。ただし、その撤回は、これを知った者に対してのみ、その効力を有する。 （同時履行の抗弁） 第五百三十三条　双務契約の当事者の一方は、相手方がその債務の履行（債務の履行に代わる損害賠償の債務の履行を含む。）を提供するまでは、自己の債務の履行を拒むことができる。ただし、相手方の債務が弁済期にないときは、この限りでない。	（新設） （懸賞広告の撤回） 第五百三十条　前条の場合において、懸賞広告者は、その指定した行為を完了する者がない間は、前の広告と同一の方法によってその広告を撤回することができる。ただし、その広告中に撤回をしない旨を表示したときは、この限りでない。 ２　前項本文に規定する方法によって撤回をすることができない場合には、他の方法によって撤回をすることができる。この場合において、その撤回は、これを知った者に対してのみ、その効力を有する。 （同時履行の抗弁） 第五百三十三条　双務契約の当事者の一方は、相手方がその債務の履行を提供するまでは、自己の債務の履行を拒むことができる。ただし、相手方の債務が弁済期にないときは、この限りでない。	第五百三十条 ３　懸賞広告者がその指定した行為をする期間を定めたときは、その撤回をする権利を放棄したものと推定する。 【＊現行第五百三十条第三項について、法案では削除するかどうかが不明確であるので、明確にすべきである。なお本書第Ⅱ部（条文番号整理案）第五百三十条参照。】

改正案	現行	条文内容対照・コメント
第五百三十四条及び第五百三十五条　削除	（債権者の危険負担） 第五百三十四条　特定物に関する物権の設定又は移転を双務契約の目的とした場合において、その物が債務者の責めに帰することができない事由によって滅失し、又は損傷したときは、その滅失又は損傷は、債権者の負担に帰する。 2　不特定物に関する契約については、第四百一条第二項の規定によりその物が確定した時から、前項の規定を適用する。 （停止条件付双務契約における危険負担） 第五百三十五条　前条の規定は、停止条件付双務契約の目的物が条件の成否が未定である間に滅失した場合には、適用しない。 2　停止条件付双務契約の目的物が債務者の責めに帰することができない事由によって損傷したときは、その損傷は、債権者の負担に帰する。 3　停止条件付双務契約の目的物が債務者の責めに帰すべき事由によって損傷した場合において、条件が成就したときは、債権者は、その選択に従い、契約の履行の請求又は解除権の行使をすることができる。この場合においては、損害賠償の請求を妨げない。	
（債務者の危険負担等） 第五百三十六条　当事者双方の責めに帰することができない事由によって債務を履行することができなくなったときは、債権者	（債務者の危険負担等） 第五百三十六条　前二条に規定する場合を除き、当事者双方の責めに帰することができない事由によって債務を履行することが	

(104)

第Ⅲ部　法務省版新旧対照条文と編者による内容対照・コメント　221

は、反対給付の履行を拒むことができる。 2　債権者の責めに帰すべき事由によって債務を履行することができなくなったときは、債務者は、反対給付の履行を拒むことができない。この場合において、債務者は、自己の債務を免れたことによって利益を得たときは、これを債権者に償還しなければならない。 （第三者のためにする契約） 第五百三十七条　（略） 2　前項の契約は、その成立の時に第三者が現に存しない場合又は第三者が特定していない場合であっても、そのためにその効力を妨げられない。 3　第一項の場合において、第三者の権利は、その第三者が債務者に対して同項の契約の利益を享受する意思を表示した時に発生する。 （第三者の権利の確定） 第五百三十八条　（略） 2　前条の規定により第三者の権利が発生した後に、債務者がその第三者に対する債務を履行しない場合には、同条第一項の契約の相手方は、その第三者の承諾を得なければ、契約を解除す	できなくなったときは、債務者は、反対給付を受ける権利を有しない。 2　債権者の責めに帰すべき事由によって債務を履行することができなくなったときは、債務者は、反対給付を受ける権利を失わない。この場合において、債務者は、自己の債務を免れたことによって利益を得たときは、これを債権者に償還しなければならない。 （第三者のためにする契約） 第五百三十七条　（同上） 2　（新設） 2　前項の場合において、第三者の権利は、その第三者が債務者に対して同項の契約の利益を享受する意思を表示した時に発生する。 （第三者の権利の確定） 第五百三十八条　（同上） 2　（新設）

改正案	現行	条文内容対照・コメント
ることができない。 　　　第三款　契約上の地位の移転 第五百三十九条の二　契約の当事者の一方が第三者との間で契約上の地位を譲渡する旨の合意をした場合において、その契約の相手方がその譲渡を承諾したときは、契約上の地位は、その第三者に移転する。 　　　第四款　契約の解除 　　（催告による解除） 第五百四十一条　当事者の一方がその債務を履行しない場合において、相手方が相当の期間を定めてその履行の催告をし、その期間内に履行がないときは、相手方は、契約の解除をすることができる。ただし、その期間を経過した時における債務の不履行がその契約及び取引上の社会通念に照らして軽微であるときは、この限りでない。 　　（催告によらない解除） 第五百四十二条　次に掲げる場合には、債権者は、前条の催告をすることなく、直ちに契約の解除をすることができる。	（新設） 　　　第三款　契約の解除 　　（履行遅滞等による解除権） 第五百四十一条　当事者の一方がその債務を履行しない場合において、相手方が相当の期間を定めてその履行の催告をし、その期間内に履行がないときは、相手方は、契約の解除をすることができる。 　　（定期行為の履行遅滞による解除権） 第五百四十二条　契約の性質又は当事者の意思表示により、特定の日時又は一定の期間内に履行をしなければ契約をした目的を	【＊濫用の危険が予想される「社会通念」が判断基準として明文で規定されているが、この用語は削除されるべきである。】

一 債務の全部の履行が不能であるとき。
二 債務者がその債務の全部の履行を拒絶する意思を明確に表示したとき。
三 債務の一部の履行が不能である場合又は債務者がその債務の一部の履行を拒絶する意思を明確に表示した場合において、残存する部分のみでは契約をした目的を達することができないとき。
四 契約の性質又は当事者の意思表示により、特定の日時又は一定の期間内に履行をしなければ契約をした目的を達することができない場合において、債務者が履行をしないでその時期を経過したとき。
五 前各号に掲げる場合のほか、債務者がその債務の履行をせず、債権者が前条の催告をしても契約をした目的を達するのに足りる履行がされる見込みがないことが明らかであるとき。

2 次に掲げる場合には、債権者は、前条の催告をすることなく、直ちに契約の一部の解除をすることができる。
一 債務の一部の履行が不能であるとき。
二 債務者がその債務の一部の履行を拒絶する意思を明確に表示したとき。

（債権者の責めに帰すべき事由による場合）

達することができない場合において、当事者の一方が履行をしないでその時期を経過したときは、相手方は、前条の催告をすることなく、直ちにその契約の解除をすることができる。

（履行不能による解除権）

〔＊第一号〜第三号は現行第五百四十三条に規定されていた。〕

改正案	現行	条文内容対照・コメント
第五百四十三条　債務の不履行が債権者の責めに帰すべき事由によるものであるときは、債権者は、前二条の規定による契約の解除をすることができない。	第五百四十三条　履行の全部又は一部が不能となったときは、債権者は、契約の解除をすることができる。ただし、その債務の不履行が債務者の責めに帰することができない事由によるものであるときは、この限りでない。	（新設） ［＊この条文の新設は不要である。なぜなら、第五百四十八条があるのだからそれで十分であり、屋上屋を重ねる必要はないからである。］
第五百四十五条　（略） 2　（略） 3　第一項本文の場合において、金銭以外の物を返還するときは、その受領の時以後に生じた果実をも返還しなければならない 4　（略）	第五百四十五条　（同上） 2　（同上） 3　（新設）	
（解除の効果） （解除権者の故意による目的物の損傷等による解除権の消滅） 第五百四十八条　解除権を有する者が故意若しくは過失によって契約の目的物を著しく損傷し、若しくは返還することができなくなったとき、又は加工若しくは改造によってこれを他の種類の物に変えたときは、解除権は、消滅する。ただし、解除権を有する者がその解除権を有することを知らなかったときは、この限りでない。 （削る）	（解除の効果） （解除権者の行為等による解除権の消滅） 第五百四十八条　解除権を有する者が自己の行為若しくは過失によって契約の目的物を著しく損傷し、若しくは返還することができなくなったとき、又は加工若しくは改造によってこれを他の種類の物に変えたときは、解除権は、消滅する。 2　契約の目的物が解除権を有する者の行為又は過失によらないで滅失し、又は損傷したときは、解除権は、消滅しない。	

第五款　定型約款

(定型約款の合意)　　　　　　　　　　　　　　　（新設）

第五百四十八条の二　定型取引（ある特定の者が不特定多数の者を相手方として行う取引であって、その内容の全部又は一部が画一的であることがその双方にとって合理的なものをいう。以下同じ。）を行うことの合意（次条において「定型取引合意」という。）をした者は、次に掲げる場合には、定型約款（定型取引において、契約の内容とすることを目的としてその特定の者により準備された条項の総体をいう。以下同じ。）の個別の条項についても合意をしたものとみなす。

一　定型約款を契約の内容とする旨の合意をしたとき。

二　定型約款を準備した者（以下「定型約款準備者」という。）があらかじめその定型約款を契約の内容とする旨を相手方に表示していたとき。

2　前項の規定にかかわらず、同項の条項のうち、相手方の権利を制限し、又は相手方の義務を加重する条項であって、その定型取引の態様及びその実情並びに取引上の社会通念に照らして第一条第二項に規定する基本原則に反して相手方の利益を一方的に害すると認められるものについては、合意をしなかったものとみなす。

(109)

［＊濫用の危険が予想される「社会通念」が判断基準として明文で規定されているが、この用語は削除されるべきである。］

改正案	現行	条文内容対照・コメント
（定型約款の内容の表示） 第五百四十八条の三　定型取引を行い、又は行おうとする定型約款準備者は、定型取引合意の前又は定型取引合意の後相当の期間内に相手方から請求があった場合には、遅滞なく、相当な方法でその定型約款の内容を示さなければならない。ただし、定型約款準備者が既に相手方に対して定型約款を記載した書面を交付し、又はこれを記録した電磁的記録を提供していたときは、この限りでない。 2　定型約款準備者が定型取引合意の前において前項の請求を拒んだときは、前条の規定は、適用しない。ただし、一時的な通信障害が発生した場合その他正当な事由がある場合は、この限りでない。 （定型約款の変更） 第五百四十八条の四　定型約款準備者は、次に掲げる場合には、定型約款の変更をすることにより、変更後の定型約款の条項について合意があったものとみなし、個別に相手方と合意をすることなく契約の内容を変更することができる。 一　定型約款の変更が、相手方の一般の利益に適合するとき。 二　定型約款の変更が、契約をした目的に反せず、かつ、変更の必要性、変更後の内容の相当性、この条の規定により定型	（新設） （新設）	

約款の変更をすることがある旨の定めの有無及びその内容その他の変更に係る事情に照らして合理的なものであるとき。

2　定型約款準備者は、前項の規定による定型約款の変更をするときは、その効力発生時期を定め、かつ、定型約款を変更する旨及び変更後の定型約款の内容並びにその効力発生時期をインターネットの利用その他の適切な方法により周知しなければならない。

3　第一項第二号の規定による定型約款の変更は、前項の効力発生時期が到来するまでに同項の規定による周知をしなければ、その効力を生じない。

4　第五百四十八条の二第二項の規定は、第一項の規定による定型約款の変更については、適用しない。

（贈与）
第五百四十九条　贈与は、当事者の一方がある財産を無償で相手方に与える意思を表示し、相手方が受諾をすることによって、その効力を生ずる。

（書面によらない贈与の解除）
第五百五十条　書面によらない贈与は、各当事者が解除をすることができる。ただし、履行の終わった部分については、この限りでない。

（贈与）
第五百四十九条　贈与は、当事者の一方が自己の財産を無償で相手方に与える意思を表示し、相手方が受諾をすることによって、その効力を生ずる。

（書面によらない贈与の撤回）
第五百五十条　書面によらない贈与は、各当事者が撤回することができる。ただし、履行の終わった部分については、この限りでない。

改正案	現行	条文内容対照・コメント
（贈与者の引渡義務等） 第五百五十一条　贈与者は、贈与の目的である物又は権利を、贈与の目的として特定した時の状態で引き渡し、又は移転することを約したものと推定する。 2　（略） （手付） 第五百五十七条　買主が売主に手付を交付したときは、買主はその手付を放棄し、売主はその倍額を現実に提供して、契約の解除をすることができる。ただし、その相手方が契約の履行に着手した後は、この限りでない。 2　第五百四十五条第四項の規定は、前項の場合には、適用しない。 （権利移転の対抗要件に係る売主の義務） 第五百六十条　売主は、買主に対し、登記、登録その他の売買の目的である権利の移転についての対抗要件を備えさせる義務を負う。 （他人の権利の売買における売主の義務）	（贈与者の担保責任） 第五百五十一条　贈与者は、贈与の目的である物又は権利の瑕疵又は不存在について、その責任を負わない。ただし、贈与者がその瑕疵又は不存在を知りながら受贈者に告げなかったときは、この限りでない。 2　（同上） （手付） 第五百五十七条　買主が売主に手付を交付したときは、当事者の一方が契約の履行に着手するまでは、買主はその手付を放棄し、売主はその倍額を償還して、契約の解除をすることができる。 2　第五百四十五条第三項の規定は、前項の場合には、適用しない。 （他人の権利の売買における売主の義務） 第五百六十条　他人の権利を売買の目的としたときは、売主は、その権利を取得して買主に移転する義務を負う。 （他人の権利の売買における売主の担保責任）	（新設）

第五百六十一条　他人の権利（権利の一部が他人に属する場合におけるその権利の一部を含む。）を売買の目的としたときは、売主は、その権利を取得して買主に移転する義務を負う。 （買主の追完請求権） 第五百六十二条　引き渡された目的物が種類、品質又は数量に関して契約の内容に適合しないものであるときは、買主は、売主に対し、目的物の修補、代替物の引渡し又は不足分の引渡しによる履行の追完を請求することができる。ただし、売主は、買主に不相当な負担を課するものでないときは、買主が請求した方法と異なる方法による履行の追完をすることができる。 2　前項の不適合が買主の責めに帰すべき事由によるものであるときは、買主は、同項の規定による履行の追完の請求をすることができない。 （買主の代金減額請求権） 第五百六十三条　前条第一項本文に規定する場合において、買主が相当の期間を定めて履行の追完の催告をし、その期間内に履行の追完がないときは、買主は、その不適合の程度に応じて代金の減額を請求することができる。	第五百六十一条　前条の場合において、売主がその売却した権利を取得して買主に移転することができないときは、買主は、契約の解除をすることができる。この場合において、契約の時においてその権利が売主に属しないことを知っていたときは、損害賠償の請求をすることができない。 （他人の権利の売買における善意の売主の解除権） 第五百六十二条　売主が契約の時においてその売却した権利が自己に属しないことを知らなかった場合において、その権利を取得して買主に移転することができないときは、売主は、損害を賠償して、契約の解除をすることができる。 2　前項の場合において、買主が契約の時においてその売却した権利が売主に属しないことを知っていたときは、売主は、買主に対し、単にその売却した権利を移転することができない旨を通知して、契約の解除をすることができる。 （権利の一部が他人に属する場合における売主の担保責任） 第五百六十三条　売買の目的である権利の一部が他人に属することにより、売主がこれを買主に移転することができないときは、買主は、その不足する部分の割合に応じて代金の減額を請求することができる。	第五百六十条　他人の権利の売買における売主の義務 他人の権利の売買を売買の目的としたときは、売主は、その権利を取得して買主に移転する義務を負う。 （他人の権利の売買における売主の義務） 第五百六十条　他人の権利の売買を売買の目的としたときは、売主は、その権利を取得して買主に移転する義務を負う。 （新設）、第五百六十二条　削除 （新設）、第五百六十三条　削除

212

改正案	現行	条文内容対照・コメント
2　前項の規定にかかわらず、次に掲げる場合には、買主は、同項の催告をすることなく、直ちに代金の減額を請求することができる。 一　履行の追完が不能であるとき。 二　売主が履行の追完を拒絶する意思を明確に表示したとき。 三　契約の性質又は当事者の意思表示により、特定の日時又は一定の期間内に履行をしなければ契約をした目的を達することができない場合において、売主が履行の追完をしないでその時期を経過したとき。 四　前三号に掲げる場合のほか、買主が前項の催告をしても履行の追完を受ける見込みがないことが明らかであるとき。 3　第一項の不適合が買主の責めに帰すべき事由によるものであるときは、買主は、前二項の規定による代金の減額の請求をすることができない。 （買主の損害賠償請求及び解除権の行使） 第五百六十四条　前二条の規定は、第四百十五条の規定による損害賠償の請求並びに第五百四十一条及び第五百四十二条の規定による解除権の行使を妨げない。 （移転した権利が契約の内容に適合しない場合における売主の担保責任）	2　前項の場合において、残存する部分のみであれば買主がこれを買い受けなかったときは、善意の買主は、契約の解除をすることができる。 3　代金減額の請求又は契約の解除は、善意の買主が損害賠償の請求をすることを妨げない。 第五百六十四条　前条の規定による権利は、買主が善意であったときは事実を知った時から、悪意であったときは契約の時からそれぞれ一年以内に行使しなければならない。 （数量の不足又は物の一部滅失の場合における売主の担保責任）	 （新設）、第五百六十四条　削除 （新設）、第五百六十五条　削除

第五百六十五条　前三条の規定は、売主が買主に移転した権利が契約の内容に適合しないものである場合（権利の一部が他人に属する場合においてその権利の一部を移転しないときを含む。）について準用する。

（目的物の種類又は品質に関する担保責任の期間の制限）
第五百六十六条　売主が種類又は品質に関して契約の内容に適合しない目的物を買主に引き渡した場合において、買主がその不適合を知った時から一年以内にその旨を売主に通知しないときは、買主は、その不適合を理由として、履行の追完の請求、代金の減額の請求、損害賠償の請求及び契約の解除をすることができない。ただし、売主が引渡しの時にその不適合を知り、又は重大な過失によって知らなかったときは、この限りでない。

（目的物の滅失等についての危険の移転）
第五百六十七条　売主が買主に目的物（売買の目的として特定したものに限る。以下この条において同じ。）を引き渡した場合において、その引渡しがあった時以後にその目的物が当事者双方の

第五百六十五条　前二条の規定は、数量を指示して売買をした物に不足がある場合又は物の一部が契約の時に既に滅失していた場合において、買主がその不足又は滅失を知らなかったときについて準用する。

（地上権等がある場合における売主の担保責任）
第五百六十六条　売買の目的物が地上権、永小作権、地役権、留置権又は質権の目的である場合において、買主がこれを知らず、かつ、そのために契約をした目的を達することができないときは、買主は、契約の解除をすることができる。この場合において、契約の解除をすることができないときは、損害賠償の請求のみをすることができる。

2　前項の規定は、売買の目的である不動産のために存すると称した地役権が存しなかった場合及びその不動産について登記をした賃貸借があった場合について準用する。

3　前二項の場合において、契約の解除又は損害賠償の請求は、買主が事実を知った時から一年以内にしなければならない。

（抵当権等がある場合における売主の担保責任）
第五百六十七条　売買の目的である不動産について存した先取特権又は抵当権の行使により買主がその所有権を失ったときは、買主は、契約の解除をすることができる。

(新設)、第五百六十六条　削除

(新設)

改正案	現行
方の責めに帰することができない事由によって滅失し、又は損傷したときは、買主は、その滅失又は損傷を理由として、履行の追完の請求、代金の減額の請求、損害賠償の請求及び契約の解除をすることができない。この場合において、買主は、代金の支払を拒むことができない。 2 売主が契約の内容に適合する目的物をもって、その引渡しの債務の履行を提供したにもかかわらず、買主がその履行を受けることを拒み、又は受けることができない場合において、その履行の提供があった時以後に当事者双方の責めに帰することができない事由によってその目的物が滅失し、又は損傷したときも、前項と同様とする。 （競売における担保責任等） 第五百六十八条　民事執行法その他の法律の規定に基づく競売（以下この条において単に「競売」という。）における買受人は、第五百四十一条及び第五百四十二条の規定並びに第五百六十三条（第五百六十五条において準用する場合を含む。）の規定により、債務者に対し、契約の解除をし、又は代金の減額を請求することができる。 2・3　（略） 4　前三項の規定は、競売の目的物の種類又は品質に関する不適合については、適用しない。	2 買主は、費用を支出してその所有権を保存したときは、売主に対し、その費用の償還を請求することができる。 3 前二項の場合において、買主は、損害を受けたときは、その賠償を請求することができる。 （強制競売における担保責任） 第五百六十八条　強制競売における買受人は、第五百六十一条から前条までの規定により、債務者に対し、契約の解除をし、又は代金の減額を請求することができる。 2・3　（同上） （新設）

（抵当権等がある場合の費用の償還請求）

第五百七十条　買い受けた不動産について契約の内容に適合しない先取特権、質権又は抵当権が存していた場合において、買主が費用を支出してその不動産の所有権を保存したときは、買主は、売主に対し、その費用の償還を請求することができる。

第五百七十一条　削除

（担保責任を負わない旨の特約）

第五百七十二条　売主は、第五百六十二条第一項本文又は第五百六十五条に規定する場合における担保の責任を負わない旨の特約をしたときであっても、知りながら告げなかった事実及び自ら第三者のために設定し又は第三者に譲り渡した権利については、その責任を免れることができない。

（権利を取得することができない等のおそれがある場合の買主による代金の支払の拒絶）

第五百七十六条　売買の目的について権利を主張する者があることその他の事由により、買主がその買い受けた権利の全部若し

（売主の瑕疵担保責任）

第五百七十条　売買の目的物に隠れた瑕疵があったときは、第五百六十六条の規定を準用する。ただし、強制競売の場合は、この限りでない。

（売主の担保責任と同時履行）

第五百七十一条　第五百三十三条の規定は、第五百六十三条から第五百六十六条まで及び前条の場合について準用する。

（担保責任を負わない旨の特約）

第五百七十二条　売主は、第五百六十条から前条までの規定による担保の責任を負わない旨の特約をしたときであっても、知りながら告げなかった事実及び自ら第三者のために設定し又は第三者に譲り渡した権利については、その責任を免れることができない。

（権利を失うおそれがある場合の買主による代金の支払の拒絶）

第五百七十六条　売買の目的について権利を主張する者があったために買主がその買い受けた権利の全部又は一部を失うおそれが

（抵当権がある場合における売主の担保責任）

第五百六十七条　売買の目的である不動産について存した先取特権又は抵当権の行使により買主がその所有権を失ったときは、買主は、契約の解除をすることができる。

【＊なお、現行第五百七十条（売主の瑕疵担保責任）は、削除。】

改正案	現行	条文内容対照・コメント
くは一部を取得することができず、又は失うおそれがあるときは、買主は、その危険の程度に応じて、代金の全部又は一部の支払を拒むことができる。ただし、売主が相当の担保を供したときは、この限りでない。 （抵当権等の登記がある場合の買主による代金の支払の拒絶） 第五百七十七条　買い受けた不動産について契約の内容に適合しない抵当権の登記があるときは、買主は、抵当権消滅請求の手続が終わるまで、その代金の支払を拒むことができる。この場合において、売主は、買主に対し、遅滞なく抵当権消滅請求をすべき旨を請求することができる。 2　前項の規定は、買い受けた不動産について契約の内容に適合しない先取特権又は質権の登記がある場合について準用する。 （買戻しの特約） 第五百七十九条　不動産の売主は、売買契約と同時にした買戻しの特約により、買主が支払った代金（別段の合意をした場合にあっては、その合意により定めた金額。第五百八十三条第一項において同じ。）及び契約の費用を返還して、売買の解除をすることができる。この場合において、当事者が別段の意思を表示しなかったときは、不動産の果実と代金の利息とは相殺したものとみなす。	あるときは、買主は、その危険の限度に応じて、代金の全部又は一部の支払を拒むことができる。ただし、売主が相当の担保を供したときは、この限りでない。 （抵当権等の登記がある場合の買主による代金の支払の拒絶） 第五百七十七条　買い受けた不動産について抵当権の登記があるときは、買主は、抵当権消滅請求の手続が終わるまで、その代金の支払を拒むことができる。この場合において、売主は、買主に対し、遅滞なく抵当権消滅請求をすべき旨を請求することができる。 2　前項の規定は、買い受けた不動産について先取特権又は質権の登記がある場合について準用する。 （買戻しの特約） 第五百七十九条　不動産の売主は、売買契約と同時にした買戻しの特約により、買主が支払った代金及び契約の費用を返還して、売買の解除をすることができる。この場合において、当事者が別段の意思を表示しなかったときは、不動産の果実と代金の利息とは相殺したものとみなす。	

（買戻しの特約の対抗力）

第五百八十一条　売買契約と同時に買戻しの特約を登記したときは、買戻しは、第三者に対抗することができる。

2　前項の登記がされた後に第六百五条の二第一項に規定する対抗要件を備えた賃借人の権利は、その残存期間中一年を超えない期間に限り、売主に対抗することができる。ただし、売主を害する目的で賃貸借をしたときは、この限りでない。

（書面でする消費貸借等）

第五百八十七条の二　前条の規定にかかわらず、書面でする消費貸借は、当事者の一方が金銭その他の物を引き渡すことを約し、相手方がその受け取った物と種類、品質及び数量の同じ物をもって返還をすることを約することによって、その効力を生ずる。

2　書面でする消費貸借の借主は、貸主から金銭その他の物を受け取るまで、契約の解除をすることができる。この場合において、貸主は、その契約の解除によって損害を受けたときは、借主に対し、その賠償を請求することができる。

3　書面でする消費貸借は、借主が貸主から金銭その他の物を受け取る前に当事者の一方が破産手続開始の決定を受けたときは、その効力を失う。

（買戻しの特約の対抗力）

第五百八十一条　売買契約と同時に買戻しの特約を登記したときは、買戻しは、第三者に対しても、その効力を生ずる。

2　登記をした賃借人の権利は、その残存期間中一年を超えない期間に限り、売主に対抗することができる。ただし、売主を害する目的で賃貸借をしたときは、この限りでない。

（新設）

改正案	現行	条文内容対照・コメント
4 消費貸借がその内容を記録した電磁的記録によってされたときは、その消費貸借は、書面によってされたものとみなして、前三項の規定を適用する。 （準消費貸借） 第五百八十八条　金銭その他の物を給付する義務を負う者がある場合において、当事者がその物を消費貸借の目的とすることを約したときは、消費貸借は、これによって成立したものとみなす。 （利息） 第五百八十九条　貸主は、特約がなければ、借主に対して利息を請求することができない。 2　前項の特約があるときは、貸主は、借主が金銭その他の物を受け取った日以後の利息を請求することができる。 （貸主の引渡義務等） 第五百九十条　第五百五十一条の規定は、前条第一項の特約のない消費貸借について準用する。 2　前条第一項の特約の有無にかかわらず、貸主から引き渡された物が種類又は品質に関して契約の内容に適合しないものであるときは、借主は、その物の価額を返還することができる。	（準消費貸借） 第五百八十八条　消費貸借によらないで金銭その他の物を給付する義務を負う者がある場合において、当事者がその物を消費貸借の目的とすることを約したときは、消費貸借は、これによって成立したものとみなす。 （消費貸借の予約と破産手続の開始） 第五百八十九条　消費貸借の予約は、その後に当事者の一方が破産手続開始の決定を受けたときは、その効力を失う。 （貸主の担保責任） 第五百九十条　利息付きの消費貸借において、物に隠れた瑕疵があったときは、貸主は、瑕疵がない物をもってこれに代えなければならない。この場合においては、損害賠償の請求を妨げない。 2　無利息の消費貸借においては、借主は、瑕疵がある物の価額	（新設） （＊なお、第五百八十九条（消費貸借の予約と破産手続の開始）は、削除。）

(120)

第Ⅲ部　法務省版新旧対照条文と編者による内容対照・コメント　205

（返還の時期） 第五百九十一条　（略） 2　借主は、返還の時期の定めの有無にかかわらず、いつでも返還をすることができる。 3　当事者が返還の時期を定めた場合において、貸主は、借主がその時期の前に返還をしたことによって損害を受けたときは、借主に対し、その賠償を請求することができる。 （使用貸借） 第五百九十三条　使用貸借は、当事者の一方がある物を引き渡すことを約し、相手方がその受け取った物について無償で使用及び収益をして契約が終了したときに返還をすることを約することによって、その効力を生ずる。 （借用物受取り前の貸主による使用貸借の解除） 第五百九十三条の二　貸主は、借主が借用物を受け取るまで、契約の解除をすることができる。ただし、書面による使用貸借については、この限りでない。	を返還することができる。この場合において、貸主がその瑕疵を知りながら借主に告げなかったときは、前項の規定を準用する。 （返還の時期） 第五百九十一条　（同上） 2　借主は、いつでも返還をすることができる。 （新設） （使用貸借） 第五百九十三条　使用貸借は、当事者の一方が無償で使用及び収益をした後に返還をすることを約して相手方からある物を受け取ることによって、その効力を生ずる。 （新設）

〔＊改正案第五百九十一条第三項は削除すべきである。なぜなら、新設された第四百七条の二（中間利息控除）の精神に反するからである。〕

改正案	現行	条文内容対照・コメント
(貸主の引渡義務等) 第五百九十六条　（略） (期間満了等による使用貸借の終了) 第五百九十七条　当事者が使用貸借の期間を定めたときは、使用貸借は、その期間が満了することによって終了する。 2　当事者が使用貸借の期間を定めなかった場合において、使用及び収益の目的を定めたときは、使用貸借は、借主がその目的に従い使用及び収益を終えることによって終了する。 3　使用貸借は、借主の死亡によって終了する。 (使用貸借の解除) 第五百九十八条　貸主は、前条第二項に規定する場合において、同項の目的に従い借主が使用及び収益をするのに足りる期間を経過したときは、契約の解除をすることができる。 2　当事者が使用貸借の期間並びに使用及び収益の目的を定めなかったときは、貸主は、いつでも契約の解除をすることができる。	(貸主の担保責任) 第五百九十六条　（同上） (借用物の返還の時期) 第五百九十七条　借主は、契約に定めた時期に、借用物の返還をしなければならない。 2　当事者が返還の時期を定めなかったときは、借主は、契約に定めた目的に従い使用及び収益を終わった時に、返還をしなければならない。ただし、その使用及び収益を終わる前であっても、使用及び収益をするのに足りる期間を経過したときは、貸主は、直ちに返還を請求することができる。 3　当事者が返還の時期並びに使用及び収益の目的を定めなかったときは、貸主は、いつでも返還を請求することができる。 (借主による収去) 第五百九十八条　借主は、借用物を原状に復して、これに附属させた物を収去することができる。	(新設)

3 借主は、いつでも契約の解除をすることができる。 (借主の死亡による使用貸借の終了) 第五百九十八条 使用貸借は、借主の死亡によって、その効力を失う。 (借主による収去) 第五百九十九条 借主は、借用物を原状に復して、これに附属させた物を収去することができる。 [なお、第五百九十九条(借主の死亡による使用貸借の終了)は、削除。] (損害賠償及び費用の償還の請求権についての期間の制限) 第六百条 (同上) (新設) (賃貸借) 第六百一条 賃貸借は、当事者の一方がある物の使用及び収益を	3 借主は、いつでも契約の解除をすることができる。 (借主による収去等) 第五百九十九条 借主は、借用物を受け取った後にこれに附属させた物がある場合において、使用貸借が終了したときは、その附属させた物を収去する義務を負う。ただし、借用物から分離することができない物又は分離するのに過分の費用を要する物については、この限りでない。 2 借主は、借用物を受け取った後にこれに附属させた物を収去することができる。 3 借主は、借用物を受け取った後にこれに生じた損傷がある場合において、使用貸借が終了したときは、その損傷を原状に復する義務を負う。ただし、その損傷が借主の責めに帰することができない事由によるものであるときは、この限りでない。 (損害賠償及び費用の償還の請求権についての期間の制限) 第六百条 (略) 2 前項の損害賠償の請求権については、貸主が返還を受けた時から一年を経過するまでの間は、時効は、完成しない。 (賃貸借) 第六百一条 賃貸借は、当事者の一方がある物の使用及び収益を

改正案	現行	条文内容対照・コメント
相手方にさせることを約し、相手方がこれに対してその賃料を支払うこと及び引渡しを受けた物を契約が終了したときに返還することを約することによって、その効力を生ずる。 （短期賃貸借） 第六百二条　処分の権限を有しない者が賃貸借をする場合には、次の各号に掲げる賃貸借は、それぞれ当該各号に定める期間を超えることができない。契約でこれより長い期間を定めたときであっても、その期間は、当該各号に定める期間とする。 一～四　（略） （賃貸借の存続期間） 第六百四条　賃貸借の存続期間は、五十年を超えることができない。契約でこれより長い期間を定めたときであっても、その期間は、五十年とする。 2　賃貸借の存続期間は、更新することができる。ただし、その期間は、更新の時から五十年を超えることができない。 （不動産賃貸借の対抗力） 第六百五条　不動産の賃貸借は、これを登記したときは、その後その不動産について物権を取得した者その他の第三者に対抗することができる。	相手方にさせることを約し、相手方がこれに対してその賃料を支払うことを約することによって、その効力を生ずる。 （短期賃貸借） 第六百二条　処分につき行為能力の制限を受けた者又は処分の権限を有しない者が賃貸借をする場合には、次の各号に掲げる賃貸借は、それぞれ当該各号に定める期間を超えることができない。 一～四　（同上） （賃貸借の存続期間） 第六百四条　賃貸借の存続期間は、二十年を超えることができない。契約でこれより長い期間を定めたときであっても、その期間は、二十年とする。 2　賃貸借の存続期間は、更新することができる。ただし、その期間は、更新の時から二十年を超えることができない。 （不動産賃貸借の対抗力） 第六百五条　不動産の賃貸借は、これを登記したときは、その後その不動産について物権を取得した者に対しても、その効力を生ずる。	

（不動産の賃貸人たる地位の移転）

第六百五条の二　前条、借地借家法（平成三年法律第九十号）第十条又は第三十一条その他の法令の規定による賃貸借の対抗要件を備えた場合において、その不動産が譲渡されたときは、その不動産の賃貸人たる地位は、その譲受人に移転する。

2　前項の規定にかかわらず、不動産の譲渡人及び譲受人が、賃貸人たる地位を譲渡人に留保する旨及びその不動産を譲受人が譲渡人に賃貸する旨の合意をしたときは、賃貸人たる地位は、譲受人に移転しない。この場合において、譲渡人と譲受人又はその承継人との間の賃貸借が終了したときは、譲渡人に留保されていた賃貸人たる地位は、譲受人又はその承継人に移転する。

3　第一項又は前項後段の規定による賃貸人たる地位の移転は、賃貸物である不動産について所有権の移転の登記をしなければ、賃借人に対抗することができない。

4　第一項又は第二項後段の規定により賃貸人たる地位が譲受人又はその承継人に移転したときは、第六百八条の規定による費用の償還に係る債務及び第六百二十二条の二第一項の規定による同項に規定する敷金の返還に係る債務は、譲受人又はその承継人が承継する。

（新設）

改正案	現行	条文内容対照・コメント
（合意による不動産の賃貸人たる地位の移転） 第六百五条の三　不動産の譲渡人が賃貸人であるときは、その賃貸人たる地位は、賃借人の承諾を要しないで、譲渡人と譲受人との合意により、譲受人に移転させることができる。この場合においては、前条第三項及び第四項の規定を準用する。 （不動産の賃借人による妨害の停止の請求等） 第六百五条の四　不動産の賃借人は、第六百五条の二第一項に規定する対抗要件を備えた場合において、次の各号に掲げるときは、それぞれ当該各号に定める請求をすることができる。 一　その不動産の占有を第三者が妨害しているとき　その第三者に対する妨害の停止の請求 二　その不動産を第三者が占有しているとき　その第三者に対する返還の請求 （賃貸人による修繕等） 第六百六条　賃貸人は、賃貸物の使用及び収益に必要な修繕をする義務を負う。ただし、賃借人の責めに帰すべき事由によってその修繕が必要となったときは、この限りでない。 2　（略） （賃借人による修繕）	（新設） （新設） （賃貸物の修繕等） 第六百六条　賃貸人は、賃貸物の使用及び収益に必要な修繕をする義務を負う。 2　（同上）	

	(新設)
第六百七条の二　賃借物の修繕が必要である場合において、次に掲げるときは、賃借人は、その修繕をすることができる。 一　賃借人が賃貸人に修繕が必要である旨を通知し、又は賃貸人がその旨を知ったにもかかわらず、賃貸人が相当の期間内に必要な修繕をしないとき。 二　急迫の事情があるとき。	
（減収による賃料の減額請求） 第六百九条　耕作又は牧畜を目的とする土地の賃借人は、不可抗力によって賃料より少ない収益を得たときは、その収益の額に至るまで、賃料の減額を請求することができる。	（減収による賃料の減額請求） 第六百九条　収益を目的とする土地の賃借人は、不可抗力によって賃料より少ない収益を得たときは、その収益の額に至るまで、賃料の減額を請求することができる。ただし、宅地の賃貸借については、この限りでない。
（賃借物の一部滅失等による賃料の減額等） 第六百十一条　賃借物の一部が滅失その他の事由により使用及び収益をすることができなくなった場合において、それが賃借人の責めに帰することができない事由によるものであるときは、賃料は、その使用及び収益をすることができなくなった部分の割合に応じて、減額される。 2　賃借物の一部が滅失その他の事由により使用及び収益をすることができなくなった場合において、残存する部分のみでは賃借人が賃借をした目的を達することができないときは、賃借人は、契約の解除をすることができる。	（賃借物の一部滅失による賃料の減額請求等） 第六百十一条　賃借物の一部が賃借人の過失によらないで滅失したときは、賃借人は、その滅失した部分の割合に応じて、賃料の減額を請求することができる。 2　前項の場合において、残存する部分のみでは賃借人が賃借をした目的を達することができないときは、賃借人は、契約の解除をすることができる。

改正案	現行	条文内容対照・コメント
は、契約の解除をすることができる。		
（転貸の効果） 第六百十三条　賃借人が適法に賃借物を転貸したときは、転借人は、賃貸人と賃借人との間の賃貸借に基づく賃借人の債務の範囲を限度として、賃貸人に対して転貸借に基づく債務を直接履行する義務を負う。この場合においては、賃料の前払をもって賃貸人に対抗することができない。 2　（略） 3　賃貸人が賃借人と賃借物を転貸した場合には、賃貸人は、賃借人との間の賃貸借を合意により解除したことをもって転借人に対抗することができない。ただし、その解除の当時、賃貸人が賃借人の債務不履行による解除権を有していたときは、この限りでない。	（転貸の効果） 第六百十三条　賃借人が適法に賃借物を転貸したときは、転借人は、賃貸人に対して直接に義務を負う。この場合においては、賃料の前払をもって賃貸人に対抗することができない。 2　（同上） （新設）	［＊改正案第六百十二条は、判例法理を踏まえて、第二項を追加すべきである。 ②賃借人が前項の規定に違反して第三者に賃借物の使用又は収益をさせたときは、賃貸人は、契約の解除をすることができる。ただし、賃借人の行為が賃貸人との間の信頼関係を破壊するとはいえない特別の事情がある場合は、この限りでない。］
（賃借人による使用及び収益） 第六百十六条　第五百九十四条第一項の規定は、賃貸借について準用する。	（使用貸借の規定の準用） 第六百十六条　第五百九十四条第一項、第五百九十七条第一項及び第五百九十八条の規定は、賃貸借について準用する。	
（賃借物の全部滅失等による賃貸借の終了） 第六百十六条の二　賃借物の全部が滅失その他の事由により使用及び収益をすることができなくなった場合には、賃貸借は、こ	（新設）	

（賃貸借の更新の推定等） 第六百十九条　（略） ２　従前の賃貸借について当事者が担保を供していたときは、その担保は、期間の満了によって消滅する。ただし、第六百二十二条の二第一項に規定する敷金については、この限りでない。 （賃貸借の解除の効力） 第六百二十条　賃貸借の解除をした場合には、その解除は、将来に向かってのみその効力を生ずる。この場合においては、損害賠償の請求を妨げない。 （賃借人の原状回復義務） 第六百二十一条　賃借人は、賃借物を受け取った後にこれに生じた損傷（通常の使用及び収益によって生じた賃借物の損耗並びに賃借物の経年変化を除く。以下この条において同じ。）がある場合において、賃貸借が終了したときは、その損傷を原状に復する義務を負う。ただし、その損傷が賃借人の責めに帰することができない事由によるものであるときは、この限りでない。	（賃貸借の更新の推定等） 第六百十九条　（同上） ２　従前の賃貸借について当事者が担保を供していたときは、その担保は、期間の満了によって消滅する。ただし、敷金については、この限りでない。 （賃貸借の解除の効力） 第六百二十条　賃貸借の解除をした場合には、その解除は、将来に向かってのみその効力を生ずる。この場合において、当事者の一方に過失があったときは、その者に対する損害賠償の請求を妨げない。 （損害賠償及び費用の償還の請求権についての期間の制限） 第六百二十一条　第六百条の規定は、賃貸借について準用する。 （新設）

196

改正案	現行	条文内容対照・コメント
(使用貸借の規定の準用) 第六百二十二条　第五百九十七条第一項、第五百九十九条第一項及び第二項並びに第六百条の規定は、賃貸借について準用する。 　　　第四款　敷金 第六百二十二条の二　賃貸人は、敷金（いかなる名目によるかを問わず、賃料債務その他の賃貸借に基づいて生ずる賃借人の賃貸人に対する金銭の給付を目的とする債務を担保する目的で、賃借人が賃貸人に交付する金銭をいう。以下この条において同じ。）を受け取っている場合において、次に掲げるときは、賃借人に対し、その受け取った敷金の額から賃貸借に基づいて生じた賃借人の賃貸人に対する金銭の給付を目的とする債務の額を控除した残額を返還しなければならない。 一　賃貸借が終了し、かつ、賃貸物の返還を受けたとき。 二　賃借人が適法に賃借権を譲り渡したとき。 2　賃貸人は、賃借人が賃貸借に基づいて生じた金銭の給付を目的とする債務を履行しないときは、敷金をその債務の弁済に充てることができる。この場合において、賃借人は、賃貸人に対し、敷金をその債務の弁済に充てることを請求することができ	第六百二十二条　削除 （新設） （新設）	（損害賠償及び費用の償還の請求権についての期間の制限） 第六百二十一条　第六百条の規定は、賃貸借について準用する。 〔＊敷金は無利子で強制的に差し入れさせられるものであり貸借人の利益のためにも利用できることにすべきである。〕

ない。 （履行の割合に応じた報酬） 第六百二十四条の二　労働者は、次に掲げる場合には、既にした履行の割合に応じて報酬を請求することができる。 一　使用者の責めに帰することができない事由によって労働に従事することができなくなったとき。 二　雇用が履行の中途で終了したとき。 （期間の定めのある雇用の解除） 第六百二十六条　雇用の期間が五年を超え、又はその終期が不確定であるときは、当事者の一方は、五年を経過した後、いつでも契約の解除をすることができる。 2　前項の規定により契約の解除をしようとする者は、それが使用者であるときは三箇月前、労働者であるときは二週間前に、その予告をしなければならない。 （期間の定めのない雇用の解約の申入れ） 第六百二十七条　（略） 2　期間によって報酬を定めた場合には、使用者からの解約の申	（新設） （期間の定めのある雇用の解除） 第六百二十六条　雇用の期間が五年を超え、又は雇用が当事者の一方若しくは第三者の終身の間継続すべきときは、当事者の一方は、五年を経過した後、いつでも契約の解除をすることができる。ただし、この期間は、商工業の見習を目的とする雇用については、十年とする。 2　前項の規定により契約の解除をしようとするときは、三箇月前にその予告をしなければならない。 （期間の定めのない雇用の解約の申入れ） 第六百二十七条　（同上） 2　期間によって報酬を定めた場合には、解約の申入れは、次期

改正案	現行	条文内容対照・コメント
入れは、次期以後についてすることができる。ただし、その解約の申入れは、当期の前半にしなければならない。 3　（略） （注文者が受ける利益の割合に応じた報酬） 第六百三十四条　次に掲げる場合において、請負人が既にした仕事の結果のうち可分な部分の給付によって注文者が利益を受けるときは、その部分を仕事の完成とみなす。この場合において、請負人は、注文者が受ける利益の割合に応じて報酬を請求することができる。 一　注文者の責めに帰することができない事由によって仕事を完成することができなくなったとき。 二　請負が仕事の完成前に解除されたとき。 第六百三十五条　削除 （請負人の担保責任の制限） 第六百三十六条　請負人が種類又は品質に関して契約の内容に適合しない仕事の目的物を注文者に引き渡したとき（その引渡し	以後についてすることができる。ただし、その解約の申入れは、当期の前半にしなければならない。 3　（同上） （請負人の担保責任） 第六百三十四条　仕事の目的物に瑕疵があるときは、注文者は、請負人に対し、相当の期間を定めて、その瑕疵の修補を請求することができる。ただし、瑕疵が重要でない場合において、その修補に過分の費用を要するときは、この限りでない。 2　注文者は、瑕疵の修補に代えて、又はその修補とともに、損害賠償の請求をすることができる。この場合においては、第五百三十三条の規定を準用する。 （請負人の担保責任） 第六百三十五条　仕事の目的物に瑕疵があり、そのために契約をした目的を達することができないときは、注文者は、契約の解除をすることができる。ただし、建物その他の土地の工作物については、この限りでない。 （請負人の担保責任に関する規定の不適用） 第六百三十六条　前二条の規定は、仕事の目的物の瑕疵が注文者の供した材料の性質又は注文者の与えた指図によって生じたと	（新設） （請負人の担保責任） 第六百三十四条　仕事の目的物に瑕疵があるときは、注文者は、請負人に対し、相当の期間を定めて、その瑕疵の修補を請求する

◆　第Ⅲ部　法務省版新旧対照条文と編者による内容対照・コメント　193

を要しない場合にあっては、仕事が終了した時に仕事の目的物が種類又は品質に関して契約の内容に適合しないとき)は、注文者は、注文者の供した材料又は契約の性質又は履行の追完の請求、報酬の減額の請求、損害賠償の請求及び契約の解除をすることができない。ただし、請負人がその材料又は指図が不適当であることを知りながら告げなかったときは、この限りでない。

(目的物の種類又は品質に関する担保責任の期間の制限)
第六百三十七条 前条本文に規定する場合において、注文者がその不適合を知った時から一年以内にその旨を請負人に通知しないときは、注文者は、その不適合を理由として、履行の追完の請求、報酬の減額の請求、損害賠償の請求及び契約の解除をすることができない。
2 前項の規定は、仕事の目的物を注文者に引き渡した時(その引渡しを要しない場合にあっては、仕事が終了した時)において、請負人が同項の不適合を知り、又は重大な過失によって知らなかったときは、適用しない。

第六百三十八条から第六百四十条まで 削除

きは、適用しない。ただし、請負人がその材料又は指図が不適当であることを知りながら告げなかったときは、この限りでない。

(請負人の担保責任の存続期間)
第六百三十七条 前三条の規定による瑕疵の修補又は損害賠償の請求及び契約の解除は、仕事の目的物を引き渡した時から一年以内にしなければならない。
2 仕事の目的物の引渡しを要しない場合には、前項の期間は、仕事が終了した時から起算する。

第六百三十八条 建物その他の土地の工作物の請負人は、その工作物又は地盤の瑕疵について、引渡しの後五年間その担保の責任を負う。ただし、この期間は、石造、土造、れんが造、コン

ことができる。ただし、瑕疵が重要でない場合において、その修補に過分の費用を要するときは、この限りでない。
2 注文者は、瑕疵の修補に代えて、又はその修補とともに、損害賠償の請求をすることができる。この場合においては、第五百三十三条の規定を準用する。

改正案	現行	条文内容対照・コメント
（注文者についての破産手続の開始による解除） 第六百四十二条　注文者が破産手続開始の決定を受けたときは、請負人又は破産管財人は、契約の解除をすることができる。ただし、請負人による契約の解除については、仕事を完成した後は、この限りでない。 2　前項に規定する場合において、請負人は、既にした仕事の報	クリート造、金属造その他これらに類する構造の工作物については、十年とする。 工作物が前項の瑕疵によって滅失し、又は損傷したときは、注文者は、その滅失又は損傷の時から一年以内に、第六百三十四条の規定による権利を行使しなければならない。 （担保責任の存続期間の伸長） 第六百三十九条　第六百三十七条及び前条第一項の期間は、第百六十七条の規定による消滅時効の期間内に限り、契約で伸長することができる。 （担保責任を負わない旨の特約） 第六百四十条　請負人は、第六百三十四条又は第六百三十五条の規定による担保の責任を負わない旨の特約をしたときであっても、知りながら告げなかった事実については、その責任を免れることができない。 （注文者についての破産手続の開始による解除） 第六百四十二条　注文者が破産手続開始の決定を受けたときは、請負人又は破産管財人は、契約の解除をすることができる。この場合において、請負人は、既にした仕事の報酬及びその中に含まれていない費用について、破産財団の配当に加入することができる。 （新設）	

酬及びその中に含まれていない費用について、破産財団の配当に加入することができる。 3 第一項の場合には、契約の解除によって生じた損害の賠償は、破産管財人が契約の解除をした場合における請負人に限り、請求することができる。この場合において、請負人は、その損害賠償について、破産財団の配当に加入する。 （復受任者の選任等） 第六百四十四条の二 受任者は、委任者の許諾を得たとき、又はやむを得ない事由があるときでなければ、復受任者を選任することができない。 2 代理権を付与する委任において、受任者が代理権を有する復受任者を選任したときは、復受任者は、委任者に対して、その権限の範囲内において、受任者と同一の権利を有し、義務を負う。 （受任者の報酬） 第六百四十八条 （略） 2 （略） 3 受任者は、次に掲げる場合には、既にした履行の割合に応じて報酬を請求することができる。 一 委任者の責めに帰することができない事由によって委任事	2 前項の場合には、契約の解除によって生じた損害の賠償は、破産管財人が契約の解除をした場合における請負人に限り、請求することができる。この場合において、請負人は、その損害賠償について、破産財団の配当に加入する。 （新設） （受任者の報酬） 第六百四十八条 （同上） 2 （同上） 3 委任が受任者の責めに帰することができない事由によって履行の中途で終了したときは、受任者は、既にした履行の割合に応じて報酬を請求することができる。

改正案	現行	条文内容対照・コメント
務の履行をすることができなくなったとき。 二　委任が履行の中途で終了したとき。 （成果等に対する報酬） 第六百四十八条の二　委任事務の履行により得られる成果に対して報酬を支払うことを約した場合において、その成果が引渡しを要するときは、報酬は、その成果の引渡しと同時に、支払わなければならない。 2　第六百三十四条の規定は、委任事務の履行により得られる成果に対して報酬を支払うことを約した場合について準用する。 （委任の解除） 第六百五十一条　（略） 2　前項の規定により委任の解除をした者は、次に掲げる場合には、相手方の損害を賠償しなければならない。ただし、やむを得ない事由があったときは、この限りでない。 一　相手方に不利な時期に委任を解除したとき。 二　委任者が受任者の利益（専ら報酬を得ることによるものを除く。）をも目的とする委任を解除したとき。 （寄託） 第六百五十七条　寄託は、当事者の一方がある物を保管すること	 （新設） （委任の解除） 第六百五十一条　（同上） 2　当事者の一方が相手方に不利な時期に委任の解除をしたときは、その当事者の一方は、相手方の損害を賠償しなければならない。ただし、やむを得ない事由があったときは、この限りでない。 （寄託） 第六百五十七条　寄託は、当事者の一方が相手方のために保管を	

を相手方に委託し、相手方がこれを承諾することによって、その効力を生ずる。 （寄託物受取り前の寄託者による寄託の解除等） 第六百五十七条の二　寄託者は、受寄者が寄託物を受け取るまで、契約の解除をすることができる。この場合において、受寄者は、その契約の解除によって損害を受けたときは、寄託者に対し、その賠償を請求することができる。 2　無報酬の受寄者は、寄託物を受け取るまで、契約の解除をすることができる。ただし、書面による寄託については、この限りでない。 3　受寄者（無報酬で寄託を受けた場合にあっては、書面による寄託の受寄者に限る。）は、寄託物を受け取るべき時期を経過したにもかかわらず、寄託者が寄託物を引き渡さない場合において、相当の期間を定めてその引渡しの催告をし、その期間内に引渡しがないときは、契約の解除をすることができる。 （寄託物の使用及び第三者による保管） 第六百五十八条　受寄者は、寄託者の承諾を得なければ、寄託物を使用することができない。 2　受寄者は、寄託者の承諾を得たとき、又はやむを得ない事由があるときでなければ、寄託物を第三者に保管させることがで	することを約してある物を受け取ることによって、その効力を生ずる。 （新設） （寄託物の使用及び第三者による保管） 第六百五十八条　受寄者は、寄託者の承諾を得なければ、寄託物を使用し、又は第三者にこれを保管させることができない。 2　第百五条及び第百七条第二項の規定は、受寄者が第三者に寄託物を保管させることができる場合について準用する。

改正案	現行	条文内容対照・コメント
3 再受寄者は、寄託者に対して、その権限の範囲内において、受寄者と同一の権利を有し、義務を負う。 （無報酬の受寄者の注意義務） 第六百五十九条　無報酬の受寄者は、自己の財産に対するのと同一の注意をもって、寄託物を保管する義務を負う。 （受寄者の通知義務等） 第六百六十条　寄託物について権利を主張する第三者が受寄者に対して訴えを提起し、又は差押え、仮差押え若しくは仮処分をしたときは、受寄者は、遅滞なくその事実を寄託者に通知しなければならない。ただし、寄託者が既にこれを知っているときは、この限りでない。 2　第三者が寄託物について権利を主張する場合であっても、受寄者は、寄託者の指図がない限り、寄託者に対しその寄託物を返還しなければならない。ただし、受寄者が前項の通知をした場合又は同項ただし書の規定によりその通知を要しない場合において、その寄託物をその第三者に引き渡すべき旨を命ずる確定判決（確定判決と同一の効力を有するものを含む。）があったときであって、その第三者にその寄託物を引き渡したときは、この限りでない。	きない。 （新設） （無償受寄者の注意義務） 第六百五十九条　無報酬で寄託を受けた者は、自己の財産に対するのと同一の注意をもって、寄託物を保管する義務を負う。 （受寄者の通知義務） 第六百六十条　寄託物について権利を主張する第三者が受寄者に対して訴えを提起し、又は差押え、仮差押え若しくは仮処分をしたときは、受寄者は、遅滞なくその事実を寄託者に通知しなければならない。 （新設）	

◆　第Ⅲ部　法務省版新旧対照条文と編者による内容対照・コメント　187

3 受寄者は、前項の規定により寄託者に対して寄託物を返還しなければならない場合には、寄託者にその寄託物を引き渡したことによって第三者に損害が生じたときであっても、その賠償の責任を負わない。 （寄託者による返還請求等） 第六百六十二条　（略） 2 前項に規定する場合において、受寄者は、寄託者がその時期の前に返還を請求したことによって損害を受けたときは、寄託者に対し、その賠償を請求することができる。 （損害賠償及び費用の償還の請求権についての期間の制限） 第六百六十四条の二　寄託物の一部滅失又は損傷によって生じた損害の賠償及び受寄者が支出した費用の償還は、寄託者が返還を受けた時から一年以内に請求しなければならない。 2 前項の損害賠償の請求権については、寄託者が返還を受けた時から一年を経過するまでの間は、時効は、完成しない。 （委任の規定の準用） 第六百六十五条　第六百四十六条から第六百四十八条まで、第六百四十九条並びに第六百五十条第一項及び第三項の規定は、寄託について準用する。	（新設） （寄託者による返還請求） 第六百六十二条　（同上） （新設） （新設） （委任の規定の準用） 第六百六十五条　第六百四十六条から第六百五十条まで（同条第三項を除く。）の規定は、寄託について準用する。

改正案	現行	条文内容対照・コメント
（混合寄託） 第六百六十五条の二　複数の者が寄託した物の種類及び品質が同一である場合には、受寄者は、各寄託者の承諾を得たときに限り、これらを混合して保管することができる。 2　前項の規定に基づき受寄者が複数の寄託者からの寄託物を混合して保管したときは、寄託者は、その寄託した物と同じ数量の物の返還を請求することができる。 3　前項に規定する場合において、寄託物の一部が滅失したときは、寄託者は、混合して保管されている総寄託物に対するその寄託した物の割合に応じた数量の物の返還を請求することができる。この場合においては、損害賠償の請求を妨げない。 （消費寄託） 第六百六十六条　受寄者が契約により寄託物を消費することができる場合には、受寄者は、寄託された物と種類、品質及び数量の同じ物をもって返還しなければならない。 2　第五百九十条及び第五百九十二条の規定は、前項に規定する場合について準用する。 3　第五百九十一条第二項及び第三項の規定は、預金又は貯金に係る契約により金銭を寄託した場合について準用する。	（新設） （消費寄託） 第六百六十六条　第五節（消費貸借）の規定は、受寄者が契約により寄託物を消費することができる場合について準用する。 2　前項において準用する第五百九十一条第一項の規定にかかわらず、前項の契約に返還の時期を定めなかったときは、寄託者は、いつでも返還を請求することができる。	

（他の組合員の債務不履行）

第六百六十七条の二　第五百三十三条及び第五百三十六条の規定は、組合契約については、適用しない。

2　組合員は、他の組合員が組合契約に基づく債務の履行をしないことを理由として、組合契約を解除することができない。

（新設）

（組合員の一人についての意思表示の無効等）

第六百六十七条の三　組合員の一人について意思表示の無効又は取消しの原因があっても、他の組合員の間においては、組合契約は、その効力を妨げられない。

（新設）

（業務の決定及び執行の方法）

第六百七十条　組合の業務は、組合員の過半数をもって決定し、各組合員がこれを執行する。

2　組合の業務の決定及び執行は、組合契約の定めるところにより、一人又は数人の組合員又は第三者に委任することができる。

3　前項の委任を受けた者（以下「業務執行者」という。）は、組合の業務を決定し、これを執行する。この場合において、業務執行者が数人あるときは、組合の業務は、業務執行者の過半数をもって決定し、各業務執行者がこれを執行する。

4　前項の規定にかかわらず、組合の業務については、総組合員

（業務の執行の方法）

第六百七十条　組合の業務の執行は、組合員の過半数で決する。

2　前項の業務の執行は、組合契約でこれを委任した者（次項において「業務執行者」という。）が数人あるときは、その過半数で決する。

（新設）

（新設）

改正案	現行	条文内容対照・コメント
の同意によって決定し、又は総組合員が執行することを妨げない。 5　組合の常務は、前各項の規定にかかわらず、各組合員又は各業務執行者が単独で行うことができる。ただし、その完了前に他の組合員又は業務執行者が異議を述べたときは、この限りでない。 （組合の代理） 第六百七十条の二　各組合員は、組合の業務を執行する場合において、組合員の過半数の同意を得て、他の組合員を代理することができる。 2　前項の規定にかかわらず、業務執行者があるときは、業務執行者のみが組合員を代理することができる。この場合において、業務執行者が数人あるときは、各業務執行者は、業務執行者の過半数の同意を得たときに限り、組合員を代理することができる。 3　前二項の規定にかかわらず、各組合員又は各業務執行者は、組合の常務を行うときは、単独で組合員を代理することができる。 （委任の規定の準用） 第六百七十一条　第六百四十四条から第六百五十条までの規定は	3　組合の常務は、前二項の規定にかかわらず、各組合員又は各業務執行者が単独で行うことができる。ただし、その完了前に他の組合員又は業務執行者が異議を述べたときは、この限りでない。 （新設） （委任の規定の準用） 第六百七十一条　第六百四十四条から第六百五十条までの規定は	

、組合の業務を決定し、又は執行する組合員について準用する。	、組合の業務を執行する組合員について準用する。
（業務執行組合員の辞任及び解任） 第六百七十二条　組合契約の定めるところにより一人又は数人の組合員に業務の決定及び執行を委任したときは、その組合員は、正当な事由がなければ、辞任することができない。 2　（略）	（業務執行組合員の辞任及び解任） 第六百七十二条　組合契約で一人又は数人の組合員に業務の執行を委任したときは、その組合員は、正当な事由がなければ、辞任することができない。 2　（同上）
（組合員の組合の業務及び財産状況に関する検査） 第六百七十三条　各組合員は、組合の業務の決定及び執行をする権利を有しないときであっても、その業務及び組合財産の状況を検査することができる。	（組合員の組合の業務及び財産状況に関する検査） 第六百七十三条　各組合員は、組合の業務を執行する権利を有しないときであっても、その業務及び組合財産の状況を検査することができる。
（組合の債権者の権利の行使） 第六百七十五条　組合の債権者は、組合財産についてその権利を行使することができる。 2　組合の債権者は、その選択に従い、各組合員に対して損失分担の割合又は等しい割合でその権利を行使することができる。ただし、組合の債権者がその債権の発生の時に各組合員の損失分担の割合を知っていたときは、その割合による。	（組合員に対する組合の債権者の権利の行使） 第六百七十五条　組合の債権者は、その債権の発生の時に組合員の損失分担の割合を知らなかったときは、各組合員に対して等しい割合でその権利を行使することができる。 （新設）

改正案	現行	条文内容対照・コメント
（組合員の持分の処分及び組合財産の分割） 第六百七十六条　（略） 2　組合員は、組合財産である債権について、その持分についての権利を単独で行使することができない。 3　（略） （組合財産に対する組合員の債権者の権利の行使の禁止） 第六百七十七条　組合員の債権者は、組合財産についてその権利を行使することができない。 （組合員の加入） 第六百七十七条の二　組合員は、その全員の同意によって、又は組合契約の定めるところにより、新たに組合員を加入させることができる。 2　前項の規定により組合の成立後に加入した組合員は、その加入前に生じた組合の債務については、これを弁済する責任を負わない。 （脱退した組合員の責任等） 第六百八十条の二　脱退した組合員は、その脱退前に生じた組合の債務について、従前の責任の範囲内でこれを弁済する責任を	（組合員の持分の処分及び組合財産の分割） 第六百七十六条　（同上） （新設） 2　（同上） （組合の債務者による相殺の禁止） 第六百七十七条　組合の債務者は、その債務と組合員に対する債権とを相殺することができない。 （新設） （新設）	

負う。この場合において、債権者が全部の弁済を受けない間は、脱退した組合員は、組合に担保を供させ、又は組合に対して自己に免責を得させることを請求することができる。 2　脱退した組合員は、前項に規定する組合の債務を弁済したときは、組合に対して求償権を有する。 （組合の解散事由） 第六百八十二条　組合は、次に掲げる事由によって解散する。 一　組合の目的である事業の成功又はその成功の不能 二　組合契約で定めた存続期間の満了 三　組合契約で定めた解散の事由の発生 四　総組合員の同意 （組合の清算及び清算人の選任） 第六百八十五条　（略） 2　清算人の選任は、組合員の過半数で決する。 （清算人の業務の決定及び執行の方法） 第六百八十六条　第六百七十条第三項から第五項まで並びに第六百七十条の二第二項及び第三項の規定は、清算人について準用する。	（組合の解散事由） 第六百八十二条　組合は、その目的である事業の成功又はその成功の不能によって解散する。 （新設） （新設） （新設） （組合の清算及び清算人の選任） 第六百八十五条　（同上） 2　清算人の選任は、総組合員の過半数で決する。 （清算人の業務の執行の方法） 第六百八十六条　第六百七十条第三項の規定は、清算人が数人ある場合について準用する。

改正案	現行	条文内容対照・コメント
（組合員である清算人の辞任及び解任） 第六百八十七条　第六百七十二条の規定は、組合契約の定めるところにより組合員の中から清算人を選任した場合について準用する。 （損害賠償の方法、中間利息の控除及び過失相殺） 第七百二十二条　第四百十七条及び第四百十七条の二の規定は、不法行為による損害賠償について準用する。 2　（略） （不法行為による損害賠償請求権の消滅時効） 第七百二十四条　不法行為による損害賠償請求権は、次に掲げる場合には、時効によって消滅する。 一　被害者又はその法定代理人が損害及び加害者を知った時から三年間行使しないとき。 二　不法行為の時から二十年間行使しないとき。 （人の生命又は身体を害する不法行為による損害賠償請求権の消滅時効） 第七百二十四条の二　人の生命又は身体を害する不法行為による損害賠償請求権の消滅時効についての前条第一号の規定の適用	（組合員である清算人の辞任及び解任） 第六百八十七条　第六百七十二条の規定は、組合契約で組合員の中から清算人を選任した場合について準用する。 （損害賠償の方法及び過失相殺） 第七百二十二条　第四百十七条の規定は、不法行為による損害賠償について準用する。 2　（同上） （不法行為による損害賠償の期間の制限） 第七百二十四条　不法行為による損害賠償請求権は、被害者又はその法定代理人が損害及び加害者を知った時から三年間行使しないときは、時効によって消滅する。不法行為の時から二十年を経過したときも、同様とする。 （新設）	

(146)

第Ⅲ部　法務省版新旧対照条文と編者による内容対照・コメント

については、同号中「三年間」とあるのは、「五年間」とする。 （遺言執行者の権利義務） 第千十二条　（略） 2　第六百四十四条、第六百四十五条から第六百四十七条まで及び六百五十条の規定は、遺言執行者について準用する。 （遺言執行者の復任権） 第千十六条　（略） （削る） （遺言執行者の報酬） 第千十八条　（略） 2　第六百四十八条第二項及び第三項並びに第六百四十八条の二の規定は、遺言執行者が報酬を受けるべき場合について準用する。	（遺言執行者の権利義務） 第千十二条　（同上） 2　第六百四十四条、第六百四十五条から第六百四十七条まで及び六百五十条の規定は、遺言執行者について準用する。 （遺言執行者の復任権） 第千十六条　（同上） 2　遺言執行者が前項ただし書の規定により第三者にその任務を行わせる場合には、相続人に対して、第百五条に規定する責任を負う。 （遺言執行者の報酬） 第千十八条　（同上） 2　第六百四十八条第二項及び第三項並びに第六百四十八条の二の規定は、遺言執行者が報酬を受けるべき場合について準用する。